苏·区·振·兴·八·周·年

U0610905

赣南苏区
产业振兴实证研究

（服务业篇）

An Empirical Study on Industrial Revitalization in
Gannan Soviet Area（Service Industry）

刘善庆◎主编　张明林　张　琪　赵美琪　游　城◎著

经济管理出版社
ECONOMY & MANAGEMENT PUBLISHING HOUSE

图书在版编目（CIP）数据

赣南苏区产业振兴实证研究（服务业篇）/ 刘善庆主编；张明林等著. —北京：经济管理出版社，2020. 6

ISBN 978-7-5096-7245-7

Ⅰ. ①赣…　Ⅱ. ①刘…　②张…　Ⅲ. ①服务业—产业—发展—研究—赣南地区　Ⅳ. ①F269. 275. 6

中国版本图书馆 CIP 数据核字（2020）第 118118 号

组稿编辑：丁慧敏
责任编辑：丁慧敏　乔倩颖　杜羽茜
责任印制：黄章平
责任校对：陈晓霞

出版发行：经济管理出版社
　　　　　（北京市海淀区北蜂窝 8 号中雅大厦 A 座 11 层　100038）
网　　址：www. E-mp. com. cn
电　　话：（010）51915602
印　　刷：北京晨旭印刷厂
经　　销：新华书店
开　　本：720mm×1000mm /16
印　　张：15
字　　数：278 千字
版　　次：2020 年 6 月第 1 版　2020 年 6 月第 1 次印刷
书　　号：ISBN 978-7-5096-7245-7
定　　价：69.00 元

序　言

随着知识经济的发展，现代服务业的发达程度已经成为衡量经济、社会现代化水平的重要标志。以我国为例，2013~2018 年五年时间里服务业持续领跑国民经济增长，已成为我国经济发展的主要动力。2019 年 2 月 1 日，江西省委书记刘奇在江西省第十三届人民代表大会第三次会议上指出，要大力推进高质量跨越式发展，深入实施创新驱动发展战略，抢占数字经济发展机遇，积极发展现代服务业，加快构建现代化产业体系。作为经济增长的强动力和强引擎，江西省一直以来高度重视省内服务业的发展，于 2008 年成立了江西省服务业领导发展小组，2012 年出台了《关于加快推进全省服务业发展的若干意见》（赣府厅发〔2012〕18 号文件），2016 年出台了《江西省服务业"十三五"规划》（以下简称《规划》），《规划》指出要深入贯彻新发展理念，把加快服务业发展作为决胜全面小康建设富裕美丽幸福江西的重大战略举措。近年来，江西省一直把加快服务业发展放在全省经济社会发展的重要位置，据统计，江西省 2019 年上半年实现服务业增加值 4976.61 亿元，增长 9.4%，高于全国 2.4 个百分点，增速位列全国第一。当前江西省把推动服务业高质量发展作为深化供给侧结构性改革的重要抓手，全省上下立足于国内外产业升级转型重要战略机遇期，大力发展现代服务业，加快做大服务业经济总量，扩大有效和中高端供给，提升服务业发展质量和水平，推动全省服务业优质高效发展。

赣州市被称为江西省的"南大门"，作为全国著名的革命老区，2012 年国务院出台了《国务院关于支持赣南等原中央苏区振兴发展的若干意见》文件，文件的实施为赣州市带来了历史性的发展。近年来，赣州市以坚持以习近平新时代中国特色社会主义思想和党的十九大精神为指导，从更高层次贯彻落实习近平总书记对江西和赣州工作的重要要求，深入挖掘现代服务业发展潜力，积极推动现代服务业内部深度融合、良性互动，蓬勃发展的服务业占 GDP 比重持续上升。至 2018 年，赣州市规模以上服务业企业数量实现翻番，服务业增加值突破千亿元，增速连续三年全省第一，现代服务业对产业结构优化升级的支撑作用明显提高。目前，赣州市服务业发展势头良好，按照各项规划和行动计划，现代金融、文化旅游、现代物流、电子商务、健康养老五大重点产业呈现蓬勃

产业振兴实证研究（服务业篇）

发展态势：全市各类金融机构发展到172家，实现境内外上市企业8家，全市新三板挂牌企业累计29家，现代金融服务体系不断完善；完成了《赣州市全域旅游总体规划》修改稿，制订了文化产业三年行动计划，文旅产业顶层设计不断优化，产业总值增长迅速；德邦物流、申通快递、顺丰速运、京东物流等国内知名物流企业竞相落户赣州建设区域性物流基地，现代物流业发展迅猛；赣南优鲜平台、赣州稀有金属交易平台、南康康居网三大电商平台项目建设稳步推进，阿里巴巴农村淘宝和蚂蚁金服、京东、苏宁易购、1号店等知名电商企业和第三方平台纷纷入驻赣州市，电商交易日趋活跃，全市电子商务服务网络基本建成；全力推进国家级智慧养老试点示范建设，投资500万元的市级智慧养老信息管理服务平台建设有序推进，章贡区被列入全国第二批智慧健康养老示范基地。全市精心培育了省级现代服务业龙头企业19家，涌现出了赣州国际陆港、吉集号等一批叫响全国的现代服务业龙头，服务业的辐射带动效应进一步彰显。

2019年1月和2月，江西师范大学苏区振兴研究院赴赣州市各县（市、区）展开深入调研，在广泛调研的基础上由江西师范大学张明林教授、张琪以及赵美琪等人完成材料组织和本书撰写。全书共分为十三章：第一章是服务业概述与我国服务业的发展；第二章是赣南苏区服务业发展态势；第三章是赣南苏区服务业发展的空间差异分析；第四章是振兴赣南原中央苏区服务业战略；第五章是赣南苏区公共服务振兴发展；第六章是赣南苏区现代物流业发展及实践；第七章是赣南苏区旅游业发展及实践；第八章是赣南苏区金融业振兴发展；第九章是赣南苏区商贸业发展及实践；第十章是赣南客家传统文化继承与振兴发展；第十一章是赣南苏区县域教育事业发展——以上犹等县为例；第十二章是赣南苏区县域交通运输事业发展——以安远县为例；第十三章是赣南苏区深化医药卫生体制改革——以于都县为例。全书大纲由张明林教授拟定，具体作者分工如下：张琪撰写第一章至第七章，共计10.5万字左右；赵美琪撰写第九章至第十二章，共计10万字左右；游城撰写第十三章，共计1.5万字左右。全书由张明林教授统稿。

本书围绕赣南苏区2013~2018年的服务业发展，对赣南苏区服务业的整体发展进行了时间和空间上的系统分析，深入探究了赣南苏区主要服务业的发展况和实践做法，并提出了对于赣南苏区振兴服务业的思考与建议。全书以赣区特定时期内服务业的发展情况为研究对象，既有整体的分析也有细节的点面结合，总结了赣南苏区服务业发展的突破和创新式的发展经验，提南苏区振兴服务业的建议与思考，为今后我国其他地区服务业发展提供借鉴。

目　录

服务业概述与我国服务业的发展

第一节　服务业概述

一、服务业的概念

服务业的概念在理论界尚有争议。一般认为，服务业是指从事服务产品的生产部门和企业的集合。与其他产业产品相比，服务产品具有非实物性、不可储存性和生产与消费同时性等特征，包括代理业、旅店业、饮食业、旅游业、仓储业、租赁业、广告业和其他服务业。

服务业和第三产业在日常应用上是有区别的。一般地，通过国民经济具体产业部门如农业、工业、建筑业等描述国民经济产业部门时，就采用"服务业"；通过国民经济产业发展层次如第一产业、第二产业等描述国民经济产业部门时，就采用"第三产业"。

二、服务业发展的一般规律

根据英国经济学家克拉克和美国经济学家库兹涅茨的研究成果，产业结构的演变大致可以分为以下三个阶段：第一阶段是生产活动以单一的农业为主的阶段，农业劳动力在就业总数中占绝对优势；第二阶段是工业化阶段，其标志是第二产业大规模发展，工业收入在整个国民经济中的占比不断上升，劳动力逐步从第一产业向第二产业和第三产业转移；第三阶段是后工业化阶段，其标志是工业，特别是制造业在国民经济中的地位由快速上升逐步转为下降，第三产业则经历上升、徘徊、再上升的发展过程，最终成为国民经济中最大的产业。

对照工业化发展规律，服务业的结构演变同样具有规律性。一般来讲，在初级产品生产阶段，以发展住宿、餐饮等个人和家庭服务等传统生活性服务业为主。在工业化社会，与商品生产有关的生产性服务迅速发展，在工业化初期，以发展商业、交通运输、通信为主；在工业化中期，金融、保险和流通服务业得到发展；在工业化后期，服务业内部结构调整加快，新型业态开始出现，广告、咨询等中介服务业，以及房地产、旅游等娱乐服务业发展较快，生产和生活服务业互动发展。在后工业化社会，金融、保险、商务服务业等进一步发展，科研、信息、教育等现代知识型服务业崛起为主流业态，而且发展前景广阔、潜力巨大。

三、服务业的特点

服务业经济活动最基本的特点是服务产品的生产、交换和消费紧密结合。由此，其形成了以下经营上的特点：①范围广泛。由于服务业涉及经营社会生产、流通、消费所需要的服务产品。因此，在经营品种上没有限制。服务业可以在任何地方开展业务，因而也没有地域上的限制。在社会分工中，服务业是经营路子最宽、活动范围最广的行业。②综合服务。消费者的需要具有连带性，如旅店除住宿外，还需要有通信、交通、饮食、洗衣、理发、购物、医疗等多种服务相配合。大型服务企业一般采取综合经营的方式，小型服务企业多采取专业经营的形式，而同一个地区的各专业服务企业必然要相互联系以形成综合服务能力。③业务技术性强。随着互联网技术的日新月异，单纯依靠人力已经无法支撑起现代服务体系，各个服务行业在发展过程中，创新融入了大数据、人工智能等新型科学技术用以处理和优化业务流程，从而提升了服务效率和服务标准，呈现出业务对信息技术的利用越来越强的态势。④具有较强的分散性和地方性。服务业多数是直接为消费者服务的，而消费是分散进行的，因此服务业一般实行分散经营。同时，由于各地的自然条件和社会条件不同，经济、文化发展具有一定差别，特别是一些为生活服务的行业，地方色彩浓厚，因而服务业又具有较强的地方性。

四、服务业的作用

其一，提高物质文化水平。服务业的发展和服务产品的增多必然会增加社会物质财富，从而提高人民的物质文化生活水平。

其二，节约劳动时间。由于服务业有较高的劳动生产率，因此无论在宏观上还是在微观上，都实际地为社会节约了劳动时间。

其三，加强部门之间的协调。服务业既能加强生产与消费的联系，使产品顺利地流通至消费领域，又能帮助消费者更好地利用产品，指导和扩大消费，加速社会的再生产过程，还能传递信息，促进生产者和消费者之间的相互了解。因此，服务业在国民经济各个部门之间起连接作用和协调作用。

其四，扩大就业。服务业经营范围广，业务门路多，能容纳大量劳动力，发展服务业是解决和扩大劳动力就业的重要途径。

五、服务业的产生与发展

服务业是随着商品生产和商品交换的发展而产生的，是继商业之后产生的一个行业。商品的生产和交换扩大了人们的经济交往。为解决由此而产生的人的食宿、货物的运输和存放等问题，出现了住宿、餐饮和交通运输等服务业。服务业最早主要是为商品流通服务的。随着城市的繁荣和居民的日益增多，经济活动逐渐离不开服务业，同时服务业逐渐转向以为人们的生活服务为主。社会化大生产创造的较高的生产率和发达的社会分工，促使生产企业中的某些为生产服务的劳动从生产过程中逐渐分离出来（如工厂的维修车间逐渐变成修理企业），加入服务业的行列，成为为生产服务的独立行业。

服务业从为流通服务到为生活服务，进一步扩展到为生产服务，经历了一个长期的历史过程，服务业的社会性质也随着历史的发展而变化。在资本主义社会，主要是为奴隶主和封建主服务，大多由小生产者经营，因而具有小商品经济性质。资本主义服务业以盈利为目的，资本家和服务劳动者之间是雇佣关系。社会主义服务业是以生产资料公有制为基础，以提高人民群众物质文化生活为目的，是真正为全社会的生产、流通和消费服务的行业。

2007年，中国服务业占GDP比重约为40%，而在美国高达74%，印度也高达44%，"服务业可以创造大量的就业机会，有利于维护社会稳定。"但是很多服务业，比如金融服务业的垄断性较强，在当前的经济形势下，可以适当放松对服务业的管制，增加投资机会。

2012年，服务业吸收外资占全国实际使用外资总额的48.2%，连续第二年超过制造业。此外，高端产业吸收外资明显增加。2012年，交通运输设备制造业实际使用外资金额44.7亿美元，同比增长17.15%；通用设备制造业实际使用外资金额42.17亿美元，同比增长31.82%。

2016年1月19日，国家统计局公布了一组关于服务业的最新数据：2015年国内生产总值比上年增长6.9%，其中，第三产业增加值341567亿元，增长8.3%。2015年第三产业增加值占国内生产总值的比重为50.5%，比上年提高2.4个百分点，产业结构继续优化，经济增长动能顺利完成转变。其中，全国餐饮收入增长 11.7%，增速比上年提高 2 个百分点；旅游业年收入始终保持两位数增速，带动了交通、住宿等多个行业的共同发展，2015 年国内旅游突破 40 亿人次，旅游收入超过 4 万亿元；互联网及其衍生业态的迅速繁荣，更是推动了全社会领域的行业变革，物流、创意文化等行业强势崛起，带动服务业投资持续增长。2015 年以来，互联网消费更加活跃，商务部数据显示，全国实物商品网上零售额同比增长 31.6%，占社会消费品零售总额的比重达到 10.8%。

第二节　我国服务业的主要类型

一、我国服务业的基本类型

根据《国民经济行业分类》（GB/T 4754—2017），我国第三产业分类如表 1-1 所示。

表 1-1　我国第三产业（服务业）分类

第三产业（门类）	第三产业（大类）
F 批发和零售业	51. 批发业 52. 零售业
G 交通运输、仓储和邮政业	53. 铁路运输业 54. 道路运输业 55. 水上运输业 56. 航空运输业 57. 管道运输业 58. 多式联运和运输代理 59. 装卸搬运和仓储业 60. 邮政业
H 住宿和餐饮业	61. 住宿业 62. 餐饮业
I 信息传输、计算机服务和软件业	63. 电信、广播电视和卫星传输服务 64. 互联网和相关服务 65. 软件和信息技术服务业

第三产业（门类）	第三产业（大类）
J 金融业	66. 货币金融服务 67. 资本市场服务 68. 保险业 69. 其他金融业
K 房地产业	70. 房地产业
L 租赁和商务服务业	71. 租赁业 72. 商务服务业
M 科学研究和技术服务	73. 研究与试验发展 74. 专业技术服务业 75. 科技推广和应用服务业
N 水利、环境和公共设施管理业	76. 水利管理业 77. 生态保护和环境治理业 78. 公共设施管理业 79. 土地管理业
O 居民服务、修理和其他服务业	80. 居民服务业 81. 机动车、电子产品和日用产业修理业 82. 其他服务业
P 教育	83. 教育
Q 卫生和社会工作	84. 卫生 85. 社会工作
R 文化、体育和娱乐业	86. 新闻出版业 87. 广播、电视、电影和录音制作业 88. 文化艺术业 89. 体育 90. 娱乐业
S 公共管理、社会保障和社会组织	91. 中国共产党机关 92. 国家机构 93. 人民政协、民主党派 94. 社会保障 95. 群众团体、社会团体和其他成员组织 96. 基层群众自治组织
T 国际组织	97. 国际组织

第一章　服务业概述与我国服务业的发展

二、我国传统服务业

（一）代理业

代理业是指代委托人办理受托事项的业务，包括代购代销货物、代办进出口、介绍服务、其他代理服务。

（1）代购代销货物是指受托购买货物或销售货物，按实购或实销额进行结算并收取手续费的业务。

（2）代办进出口是指受托办理商品或劳务进出口的业务。

（3）介绍服务是指中介人介绍双方商谈交易或其他事项的业务。

（4）其他代理服务是指受托办理上列事项以外的其他事项的业务。

（二）旅店业

旅店业是指提供住宿服务的业务。

（三）饮食业

饮食业是指同时为顾客提供饮食和饮食场所，从而提供饮食消费服务的业务。饭馆、餐厅及其他饮食服务场所，为顾客在就餐时提供的歌舞活动等服务，按"娱乐业"税目征税。

（四）旅游业

旅游业是指为旅游者安排食宿、交通工具和提供导游等旅游服务的业务。

（五）仓储业

仓储业是指利用仓库、货场或其他场所代客贮放、保管货物的业务。

（六）租赁业

租赁业是指在约定的时间内将场地、房屋、物品、设备或设施等转让给他人使用的业务。

（七）电信服务业

2000年以来，我国电信服务业发展增速明显高于其他服务行业，在国民经济中的比重迅速上升，其行业地位和作用日益明显。目前，我国电信服务业已经形成打破垄断，不同规模、不同业务、不同所有制形式之间互相竞争的市场格局。电信服务整体保持了平稳增长势头，我国已经成为世界上最大的电信市场。

（八）其他服务业

其他服务业是指上列业务以外的服务业务，如沐浴、理发、洗染、照相、美术、裱画、誊写、打字、镌刻、计算、测试、试验、化验、录音、录像、复印、晒图、测绘、勘探、打包、咨询等。

第三节　现代服务业概述

一、现代服务业的内涵

现代服务业随着信息技术和知识经济的发展而产生，是指用现代化的新技术、新业态和新服务方式改造传统服务业，创造需求，引导消费，向社会提供高附加值、高层次、知识型的生产服务和生活服务的服务业。现代服务业的发展本质上来自社会进步、经济发展、社会分工的专业化等需求，具有智力要素密集度高、产出附加值高、资源消耗少、环境污染少等特点。现代服务业既包括新兴服务业，也包括对传统服务业的技术改造和升级，其本质是实现服务业的现代化。

我国"现代服务业"的提法最早出现于 1997 年 9 月党的十五大报告中。2000 年中央经济工作会议提出："既要改造和提高传统服务业，又要发展旅游、信息、会计、咨询、法律服务等新兴服务业。"2007 年，国务院发布了《关于加快发展服务业的若干意见》（国发〔2007〕7 号），对加快发展现代服务业起到了政策支持和促进作用。

二、现代服务业的特征

现代服务业具有"两新四高"的时代特征。

"两新"：①新服务领域。适应现代城市和现代产业的发展需求，突破了消费性服务业领域，形成了新的生产性服务业、智力（知识）型服务业和公共服务业的新领域。②新服务模式。现代服务业是通过服务功能换代和服务模式创新而产生新的服务业态。

"四高"：①高文化品位和高技术含量；②高增值服务；③高素质、高智力的人力资源结构；④高体验、高精神享受的消费服务质量。

现代服务业具有资源消耗少、环境污染少的优点，是地区综合竞争力和现代化水平的重要标志。

另外，现代服务业在发展过程中呈现集群性特点，主要表现在行业集群和空间上的集群。

三、现代服务业与先进制造业融合的三种形态

（一）折叠结合型融合

结合型融合是指在制造业产品生产过程中，中间投入品中服务投入所占比重越来越大，如在市场调研、产品研发、员工培训、管理咨询和销售服务的投入日益增加。同时，在最终产品的提供过程中，中间投入品中制造业产品投入所占比重越来越大，如在提供移动通信、互联网、金融等服务的过程中均依赖于大量的制造业"硬件"投入。这些作为中间投入的制造业或制造业产品，往往不出现在最终的服务或产品中，而是在服务或产品的生产过程中与之结合为一体。发展迅猛的生产性服务业，正是服务业与制造业融合的产物，服务作为一种软性生产资料，正越来越多地进入生产领域，导致制造业生产过程的"软化"，并对提高经济效益和竞争力产生重要影响。

（二）折叠绑定型融合

绑定型融合是指越来越多的制造业实体产品必须与相应的服务产品绑定在一起使用，才能使消费者获得完整的功能体验。消费者对制造业的需求不仅仅是有形产品，还需要扩展到从产品购买、使用、维修到报废、回收全生命周期的服务保证，产品的内涵已经从单一的实体扩展到提供全面解决方案。很多实体产品就是为了提供某种服务而生产，如通信产品与家电等。部分制造业企业还将技术服务等与产品一同出售，如电脑与操作系统软件等。在绑定型融合过程中，服务正在引导制造业部门的技术变革和产品创新，服务的需求与供给指引着制造业的技术进步和产品开发方向，如对拍照、发邮件、听音乐等服务的需求，推动了由功能单一的普通手机向功能更强的多媒体手机升级。

(三) 折叠延伸型融合

折叠延伸型融合是指以体育文化产业、娱乐产业为代表的服务业引致周边衍生产品的生产需求，从而带动相关制造产业的共同发展。电影、动漫、体育赛事等能够带来大量的衍生品消费，包括服装、食品、玩具、装饰品、音像制品、工艺纪念品等实体产品，这些产品在文化、体育和娱乐产业周围构成一个庞大的产业链。这个产业链在为服务业供应带来丰厚利润的同时，也给相关制造产业带来了巨大商机，从而把服务业同制造业紧密结合在一起，推动着整个连带产业共同向前发展。有资料显示，美国等电影产业比较发达的国家，票房一般只占到电影收入的1/3，其余收入则来自相关的电影衍生产品。发达国家的经验表明，在动漫游戏的庞大产业链中，有70%~80%的利润是靠周边产品实现的。

第四节　我国服务业的发展目标与重点

服务业是国民经济的重要组成部分，是经济转型发展的"牛鼻子"，是吸纳就业的"主渠道"，是扩大内需的"加速器"，是推动县域经济转型发展，优化经济发展结构，适应新常态，打造县域经济"升级版"，筑牢底部经济基础，促进全县经济社会持续稳定增长的重要抓手。

一、服务业发展目标

坚持把服务业发展作为拉动经济增长的"新引擎"，坚持传统服务业与现代服务业并重，生产性服务业与生活性服务业并举，着力于提速度、增总量、优质量、上水平。到2020年，服务业增加值在县域生产总值中的比重达到35%，服务业从业员占县域就业总数的比重达到43%。

二、服务业发展重点

(一) 电子商务

电子商务是综合性、战略性和基础性产业，电子商务的持续、快速、健康发展对优化产业结构、提升产业发展水平、转变经济增长方式和支撑战略性新兴产业发展，具有非常重要的作用。切实按照产业特色化、平台专业化、市场纵深化、应用全域化的发展思路，以改革开放和创新发展为驱动，放手发展电子商务，充分发挥电子商务在加快城乡一体化、全面现代化、充分国际化进程中的引领作用，全面改造提升传统产业，着力培育发展新兴产业。到 2020 年电子商务交易总额达到 35 亿元，网上交易零售总额占县域社会消费品零售总额的比重达到 10%。

（二）现代物流业

（1）加强物流体系建设。按照政府引导、企业主体、项目支撑、市场推动的原则，大力发展现代物流产业；用新机制、新业态、高技术手段改造和提升传统物流业；推进、完善电子信息网络功能；构建交通、仓储、物流配送、信息交换等物流平台；主动融入成渝物流市场，对接及周边二级城市物流市场，打造成渝次区域生产性物流集聚区。

（2）加强物流基础设施建设。高起点规划，加快推进粮药物流园区建设；引进一批驰名物流企业入驻，盘活、改造、提升传统物流市场；积极争取项目资金和人才技术支持；建设生产性物流集聚区。

（3）全面优化物流体系。切实扶持发展壮大县域物流龙头企业，招商引进国内外品牌物流企业；大力发展第三方物流业务；引导工业企业通过技术创新，核心业务逐步实现"主辅分离"，走"归核化"发展路子，为第三方物流业发展助力。

（三）旅游业

（1）依托区位优势、产业基础，突出地域特色、文化底蕴，不断丰富旅游产业内容和内涵。通过规划旅游产业，改造城乡环境，建设城市景观，挖掘人文底蕴，优化组合自然资源和历史人文景观，打造全域旅游环境。全面推动浪漫地中海、中华梦幻谷、中国"慢"谷等一批重大文旅项目建成达效，逐步形成生态田园景区、现代新村景区、现代工业景区和充满浓郁地域特色的城市景区"四位一体"的旅游产业组合体。做响品牌，做优产业，不断提升旅游产业在县域经济中的比重。

（2）大力拓展旅游渠道，围绕"游、购、娱、休闲体验、文化创意"做文章，以"中国死海"为平台构建川中旅游环线。

（3）大力发展餐饮酒店产业。以市场为导向、文化为内核促进餐饮业、酒店业和文化娱乐业有机结合。逐步形成集吃、住、健身、休闲体验、文化创意于一体的旅游产业链。

（四）商贸流通业

（1）围绕构建"成渝黄金节点上的区域性商贸流通产业新兴区"的目标定位，着力构建现代商业流通体系，坚持规划引领、项目支撑、市场主导。着力推进经济发展方式由投资拉动为主向消费拉动为主转变。以增加总量、优化结构、提升素质、打造品牌、扩大美誉度和辐射范围为着力点，全面改造提升传统服务业。加快引进国内外知名企业，以大型商贸综合体、连锁专营直销、货仓式商场为重点，切实有效地推进商贸流通和现代服务业的持续发展。

（2）创新商贸流通方式。进一步完善县域城市商业综合体、服务业发展集聚区、重点商贸集镇、商业街、特色街、星级农贸市场规划建设。以重点乡镇中心场镇为依托，建设辐射全县城乡的商贸流通产业体系。

（五）农村服务业

（1）加快构建和完善以生产销售服务、科技服务、信息服务和金融服务为主体的农村社会化服务体系。

（2）加大对农业产业化的扶持力度。积极开展种子统供、重大病虫病防治、农业机械等生产性服务项目。

（3）建设健全农副产品流通体系，充分利用"万村千乡市场工程"和"农超对接"平台，引进和培育农产品流通企业，构建网络交易和实体店展示销售相结合的现代流通方式，优化农产品流通体系，促进县域农产品畅销。

（4）加强农业公共服务能力建设，健全农业技术推广、农户科学储粮、动植物疫病防控、农产品质量监管等公共服务机构，逐步建立村级服务点。推进农业科技创新，实施科技入户工程的新型农民培训工程。

（5）以实施"金农工程"为重点，构建多平台农村信息服务体系。

（6）大力发展各类农民专业合作社，支持其开展市场营销、信息、技术服务和培训，开展农产品加工储藏和农资购销经营服务，构建以农民为主体的农村社会化服务体系。

三、现代服务新型业态——以信息服务为例

顺应新一代信息技术发展和变革趋势，着力研发云计算、大数据、移动互联网、物联网等新兴领域关键产品，鼓励平台型企业、平台型产业发展，加快培育新业态和新模式，形成"平台、数据、应用、服务、安全"协同发展

格局。

（一）创新云计算应用和服务

支持发展云计算产品和服务，推动各行业领域信息系统向云平台迁移，促进基于云计算的业务模式和商业模式创新。支持云计算与大数据、物联网、移动互联网等融合发展与创新应用，积极培育新产品、新业态。支持大企业开放云平台资源，推动中小企业采用云服务，打造协同共赢的云平台服务环境。发展安全可信的云计算外包服务，推动政府业务外包。引导建立面向个人信息存储、在线开发工具、学习娱乐的云服务平台，培育信息消费新热点。完善推广云计算综合标准体系，加强云计算测评工具研发和测评体系建设，提高云计算标准化水平和服务能力。

（二）加快大数据发展和应用

（1）构建大数据产业体系。加强大数据关键技术研发和应用，培育大数据产品体系。发展大数据采集和资源建设、大数据资源流通交易、大数据成熟度评估等专业化数据服务新业态，推进大数据资源流通共享。培育大数据龙头企业和创新型中小企业，打造多层次、梯队化的产业创新主体。优化大数据产业布局，建设大数据产业集聚区和综合试验区。支持大数据公共服务平台建设，发展大数据标准验证、测评认证等服务，完善大数据产业公共服务体系。

（2）发展工业大数据。支持研发面向研发设计、生产制造、经营管理、市场营销、运维服务等关键环节的大数据分析技术和平台，推动建立完善面向全产业链的大数据资源整合和分析平台，开展大数据在工业领域的应用创新和试点示范。依托高端装备、电子信息等数据密集型产业集聚区，支持建设一批工业大数据创新中心、行业平台和服务示范基地，丰富工业大数据服务内容、创新服务模式。

（3）深化大数据应用服务。面向金融、能源、农业、物流、交通等重点行业领域，开发推广大数据产品和解决方案，促进大数据跨行业融合应用，助力重点行业转型发展。以服务民生需求为导向，加快大数据在医疗、教育、交通、旅游、就业、社保、环保、应急管理等领域的应用。支持建立面向政务、社会治理和网络安全领域的大数据平台，强化顶层设计、整合资源，推动大数据技术深入应用，提升政府治理能力和服务水平。

（三）深化移动互联网、物联网等领域软件创新应用

加快发展移动互联网应用软件和服务，面向新兴媒体、医疗健康、文化教

育、交通出行、金融服务、商贸流通等领域创新发展需求，鼓励建立分享经济平台，支持发展基于软件和移动互联网的移动化、社交化、个性化信息服务，积极培育新型网络经济模式。加强物联网运行支撑软件平台、应用开发环境等研发应用，进一步深化物联网软件技术在智能制造、智慧农业、交通运输等领域的融合应用。加快发展车联网、北斗导航等新型应用，支持智能网联汽车、北斗导航软件技术及应用平台发展。

赣南苏区服务业发展态势

赣南等原中央苏区地跨赣闽粤，是土地革命战争时期中国共产党创建的最大、最重要的革命根据地，是中华苏维埃共和国临时中央政府所在地，是人民共和国的摇篮和苏区精神的主要发源地，为中国革命做出了重大贡献和巨大牺牲。2012 年 6 月 28 日，国务院印发了《关于支持赣南等原中央苏区振兴发展的若干意见》（国发〔2012〕12 号，以下简称《意见》），旨在支持赣南等原中央苏区振兴发展。《意见》的实施为赣南苏区的发展带来了历史性的跨越，经济总量跃居全省前列，综合实力显著增强；一大批民生项目推进落实，人民生活水平大幅提高；生态环境保护建设得到加强，城乡面貌焕然一新。

众所周知，第三产业是用来衡量一个国家或地区经济发展水平的重要指标，在一定程度上反映了经济增长的质量。在 2012~2017 年，赣南苏区在经济发展所取得的一个突出成就是"产业结构持续优化，第三产业比重持续提高"，也就是说，在赣南苏区经济飞速发展中服务业正在逐渐成为其经济增长的主导力量。那么，自《意见》实施以来，赣南苏区服务业的发展究竟呈现出了怎样的发展态势？本章选取 2012~2018 年赣州市服务业及其子行业的相关发展数据，通过进行统计比较分析探究赣州市在 2012~2017 年服务业的发展情况。本章数据来源于赣州市当年统计年鉴、当年统计公报及官网信息。

第一节 服务业发展情况

当前人们已经形成的普遍认识是将服务业视同于第三产业。但是具体而言，第三产业是指以服务劳动为基础，为社会生产和生活服务的部门，第三产业的界定采用了剩余法，即把第一、第二产业以外的所有经济活动统称为第三产业；而服务业是指生产或提供各种服务的经济部门或各类企业的集合。可以看出，前者涵盖的范围更广，第三产业包括了服务业。但在实际情况中，服务业在第三产业中占据了大部分，因此本章在进行分析时并未将服务业和第三产业做具体区分，书中的服务业即第三产业。

一、服务业生产总值

2012~2018 年，赣州市服务业生产总值（见图 2-1）分别为 559.3 亿元、641.9 亿元、717.6 亿元、807.8 亿元、953.8 亿元、1102.0 亿元和 1271.7 亿元，增加了 712.4 亿元，增长了 1.27 倍。2012~2018 年，赣州市服务业占 GDP 比重分别为 37.1%、38.5%、38.8%、40.8%、43.2%、44.1%、45.3%，增长了 8.2 个百分点。可以看出，2012~2018 年，赣州市服务业得到了长足发展，并且呈现出持续增长的趋势。赣州市服务业加快发展主要得益于《意见》的政策扶持。党中央、国务院为赣南苏区释放了一系列产业发展红利，在现代物流业、文化产业、体育产业等第三产业发展领域制定了一系列政策措施，输入资金、土地和人才等元素共同支持发展赣州市的服务业。

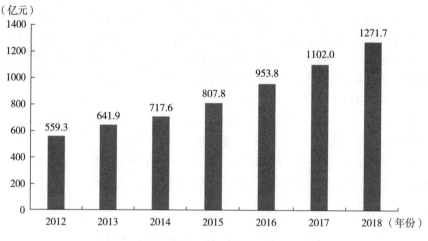

图 2-1 2012~2018 年赣州市服务业（第三产业）总产值

二、服务业增长率

从增长率来看，与 2012 年的 559.3 亿元相比，赣州市 2013~2018 年服务业年平均增长率为 63.75%，分别高于同期 GDP 44% 和第二产业 35.26% 的平均增长率，说明服务业的增长对 GDP 增长起到了越来越大的贡献。2012~2018 年，赣州市服务业增速呈下降—上升—下降的平缓"S"形趋势，2012~2014 年增速减缓，2014~2017 年增速逐渐上升，2017~2018 年增速减缓（见图 2-2）。预计未来两年内赣州市服务业增速会有所减缓，但是总体趋势是保持增长的。自 2015 年赣州市在产业发展上定下了"主攻工业，三年翻番"的目标，全市上下集中精力抓工业建设，因而受产业结构调整影响，服务业增速会有所放缓。

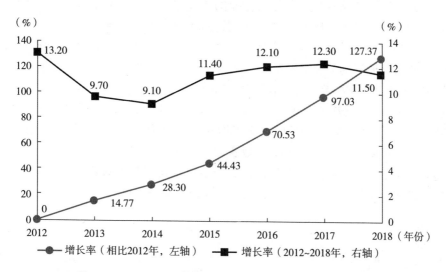

图 2-2　2012~2018 年赣州市服务业（第三产业）增长率

第二节　服务业细分行业发展情况

根据国务院办公厅转发国家统计局《关于建立第三产业统计的报告》对我国三次产业的划分，我国第三产业包括流通和服务两大部门，具体分为四个层次：一是流通部门，包括交通运输业、邮电通信业、商业饮食业、物资供销和仓储业等；二是为生产和生活服务的部门，包括金融业、保险业、地质普查业、房地产管理业、公用事业、居民服务业、旅游业、信息咨询服务业和各类技术服务业等；三是为提高科学文化水平和居民素质服务的部门，包括教育、文化、广播电视事业，科学研究事业，卫生、体育和社会福利事业等；四是为社会公共需要服务的部门，包括国家机关、政党机关、社会团体、警察、军队等。

本书根据赣州市统计年鉴的统计数据，选取了交通运输、仓储及邮政业，信息传输、计算机服务和软件业，批发和零售业，金融业，房地产业，教育，公共管理和社会组织七大服务业细分行业的相关发展数据进行分析。

一、交通运输、仓储及邮政业

交通运输、仓储及邮政业是服务业的重要组成部分，是联系产业间的重要纽带，对经济的健康发展起着重要作用，对区域产业经济结构的发展也有直接的影响，因此，交通运输、仓储及邮政业也被称为"现代物流业"。2012~2017年，赣州市交通运输、仓储及邮政业地区生产总值分别为81.37亿元、88.80亿元、92.30亿元、96.45亿元、102.15亿元和108.26亿元，增加了26.89亿元，2017年比2012年增长了1/3，年平均增长率为7.49%，增长率曲线呈不完整的"U"形（见图2-3），预计未来几年增长率会持续上升。就交通运输而言，2012~2017年赣州市在公路建设、铁路建设、航空建设上均取得了重大突破。伴随着赣州市经济发展进程的加快，交通运输、仓储及邮政业作为基础性支撑服务，必定会受到工业的带动和影响而呈现出不断增长的趋势。

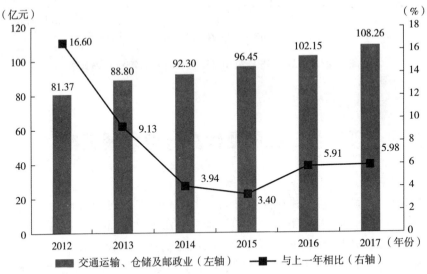

图2-3 2012~2017年赣州市交通运输、仓储及邮政业产值及增长率

二、信息传输、计算机服务和软件业

信息传输、计算机服务和软件业属于高新技术产业，其主要特征有资金高度密集、非劳动密集型产业、营利性较强、高附加值、低带动能力和高消费率。目前，我们正处于信息经济和知识经济时代，信息传输、计算机服务和软件业作为信息产业的重要载体，对国民经济体系中的各个产业部门都有着重要的影响。2012~2017年，赣州市信息传输、计算机服务和软件业地区生产总值分别为40.82亿元、42.29亿元、45.76亿元、52.85亿元、73.91亿元和103.89亿元，增加了63.07亿元，增长了1.55倍，年均增长率为20.20%，高于同等情况下的服务业11.3%的平均增长率，在2016年的时候增长率突增达到了39.85%（见图2-4），并且在2017年也保持了较高的增长率。目前，赣州市正在着力打造赣粤电子信息产业带，加快发展电子信息产业集群，可以预见，未来赣州市信息传输、计算机服务和软件业地区生产总值将继续增加，产业竞争力将进一步提升。

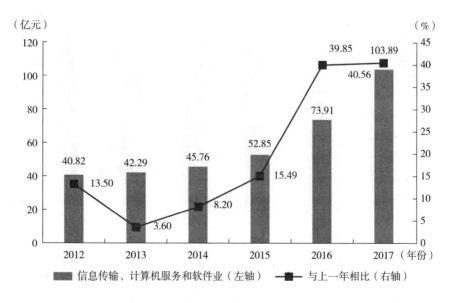

图2-4 2012~2017年赣州市信息传输、计算机服务和软件业地区生产总值及增长率

三、批发和零售业

批发和零售业是社会化大生产过程中的重要环节，上接生产、下连消费，是决定经济运行速度、质量和效益的引导性力量，是衡量地区经济发展快慢、市场繁荣与否的重要标志，是我国市场化程度最高、竞争最为激烈的行业之一，也是国民经济的重要先导产业，直接影响和带动经济增长与产业结构优化，关系到人民群众生活品质的提高。2012～2017 年，赣州市批发和零售业地区生产总值分别为 83.76 亿元、99.59 亿元、109.51 亿元、117.82 亿元、102.15 亿元和 134.76 亿元，增加了 51 亿元，增长了 60.9%，年均增长率为 10.12%（见图2-5）。增长率曲线呈"波浪形"，总体仍表现出上升趋势，可以看出，2012～2017 年赣州市人民生活水平得到了很大改善。值得注意的是，由于统计数据均以当年价格计算，并且在计算增长率时去除了价格因素，因此 2016 年的总值虽然低于 2015 年，但仍为正增长。

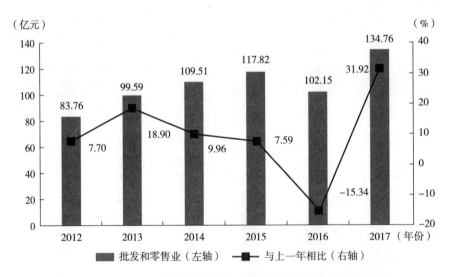

图 2-5　2012～2017 年赣州市批发和零售业地区生产总值及增长率

四、金融业

金融业是现代经济的核心，具有资本积累效应与资本配置效率，对经济发展有着决定性作用，能有效促进区域经济的产业结构优化和升级。2012～2017年，赣州市金融业总值分别为64.52亿元、72.85亿元、86.10亿元、103.20亿元、126.65亿元和146.55亿元，增加了82.03亿元，增长了1.27倍，年均增长率为17.02%，高于同期服务业的平均增长率（见图2-6）。目前，赣州市金融业占GDP比重不断提升，全市现有金融机构173家，已成为周边四省九市中金融机构最多、种类最齐全的设区市；金融体系日益健全，金融业呈现出不断增长的趋势，与经济发展相互促进。

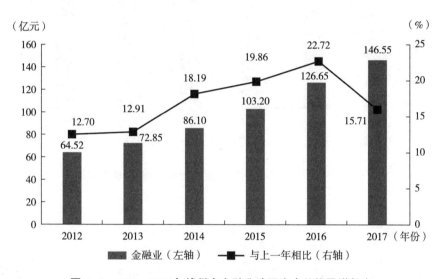

图2-6　2012～2017年赣州市金融业地区生产总值及增长率

五、房地产业

房地产业是进行房地产投资、开发、经营、管理、服务的行业，是具有基础性、先导性、带动性和风险性的产业。作为国民经济新的增长点，房地产业为经济快速增长做出了突出贡献，但是其发展受政策影响较大。2012～2017年，赣州市房地产业地区生产总值分别为52.66亿元、69.70亿元、77.07亿元、79.79亿元、93.34亿元和110.26亿元，增加了57.6亿元，增长了91.4%，年均增长率为14.45%（见图2-7）。2012～2013年房地产业火热的时候赣州市房地产业增长率达到了最高点32.36%，随后几年在政府的宏观调控下增长速度逐渐平稳。从趋势来看赣州市房地产业地区生产总值在今后仍将不断增长，目前加快建立促进房地产市场平稳健康发展的长效机制已成为房地产市场的主基调，因此赣州市房地产业的增速也将符合经济增长的正常速度。

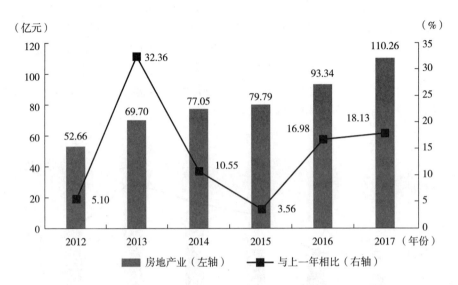

图 2-7 2012~2017 年赣州市房地产业地区生产总值及增长率

六、教育

教育是国家发展的基石，事关民族兴旺、人民福祉和国家未来，教育事业涉及千家万户。加快发展教育服务业，不仅有利于加强社会建设与管理创新，提高人民生活水平，而且有利于发挥人力资源丰富的优势，促进创新型国家建设，真正实现"人才强国"战略。2012~2017 年，赣州市教育地区总产值分别为 68.73 亿元、66.82 亿元、70.02 亿元、83.02 亿元、96.11 亿元和 110.20 亿元，增加了 41.47 亿元，增长了 60%，年均增长率为 11.11%（见图 2-8）。由图 2-8 可知，仅在 2013 年增速出现了负值。虽然总体而言赣州市教育值呈增长趋势，教育水平也得到了一定改善和提高，但就发展速度而言，其教育发展程度在全国仍属于落后位置，尤其是职业教育发展滞后。因而，未来赣州市教育事业仍然具有很大的发展潜力，从而为服务业的整体发展提供人才支撑。

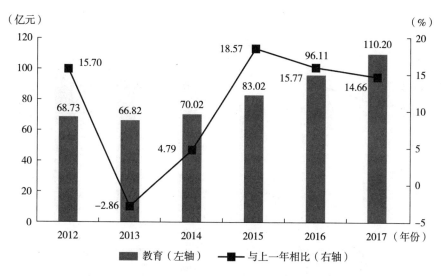

（亿元）

（%）

图 2-8　2012~2017 年赣州市教育地区生产总值及增长率

七、公共管理和社会组织

公共管理是对社会公共事务的管理，以公共的福祉和公共利益为目标，以政府为主，非营利组织参与。社会组织是各种类型的社会群体，包括政治组织、经济组织（企业）、文化组织、军事组织、宗教组织。在社会公共事物的管理过程中，政府部门和社会组织共同发挥着重要作用。2012~2017 年，赣州市公共管理和社会组织业产值分别为 58.17 亿元、66.89 亿元、79.53 亿元、91.06 亿元、107.35 亿元和 119.36 亿元，增加了 61.19 亿元，增长了 1.05 倍，年均增长率为 15.03%（见图 2-9）。由图 2-9 可知，赣州市公共管理和社会组织产业规模持续扩大，增速在 2016~2017 年有所放缓，但上升趋势仍然明显。公共事务管理事关民生发展，公共管理和社会组织的发展可以看出赣州市在 2012~2017 年重视民生建设，政府投资向民生、公共服务领域倾斜，民生发展水平得到了很大提高。

第二章　赣南苏区服务业发展态势

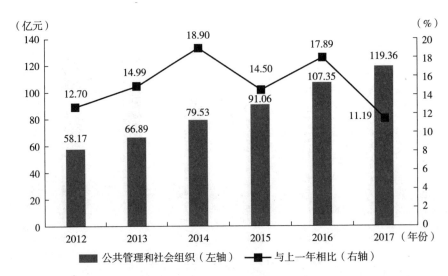

图 2-9 2012~2017 年赣州市公共管理和社会组织地区生产总值及增长率

第三节 服务业细分行业投资情况

　　由于固定资产投资在整个社会投资中占据主导地位，因此，通常所说的投资主要是指固定资产投资。固定资产投资是指投资主体垫付货币或物资，以获得生产经营性或服务性固定资产的过程。固定资产投资包括改造原有固定资产以及构建新增固定资产。第三产业是一个投资少、见效快、吸纳就业能力强的产业，近年来，随着人民生产生活需求的日益多样化，新兴服务行业应运而生，社会各界对第三产业的投资力度不断加大。本节根据 2012~2017 年赣州市国民经济和社会发展统计公报，选取了批发和零售业，交通运输、仓储及邮政业，住宿和餐饮业，信息传输、软件和信息技术服务业，金融业，房地产业，租赁和商务服务业，科学研究和技术服务业，水利、环境和公共设施管理业，居民服务、修理和其他服务业，教育，卫生和社会工作，文化、体育和娱乐业，公共管理、社会保障和社会组织 14 个服务业细分行业的相关投资数据进行分析。

一、交通运输、仓储及邮政业

2012~2017 年，赣州市交通运输、仓储及邮政业的投资额分别为 73.14 亿元、69.12 亿元、114.45 亿元、178.22 亿元、213.98 亿元和 162.12 亿元，平均值为 135.17 亿元，最高值与最低值相差 144.86 亿元，年均增长率为 17.13%，最高增长率与最低增长率相差 97.57%（见图 2-10）。由图 2-10 可知，交通运输、仓储及邮政业的投资额和增长率经历了从增加到减少的过程，呈倒"U"形。预计在未来几年内，该行业投资额会有所减少。

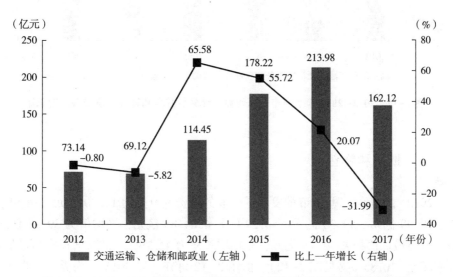

图 2-10　2012~2017 年赣州市交通运输、仓储和邮政业投资额及增长率

二、信息传输、计算机服务和软件业

2012~2017 年，赣州市信息传输、计算机服务和软件业的投资额分别为 23.7 亿元、0.52 亿元、1.77 亿元、3.84 亿元、4.09 亿元和 2.58 亿元，平均值为 2.44 亿元，最高值与最低值相差 3.57 亿元，年均增长率为 12.22%，最高增长率与最低增长率相差 496.1%（见图 2-11）。由图 2-11 可知，信息传输、计算机服务和软件业的投资额和增长率起伏很大，呈波浪形趋势，并且总体投资额处于较低的水平。由于该行业的巨大发展潜力，预计在未来几年内投资额会增加。

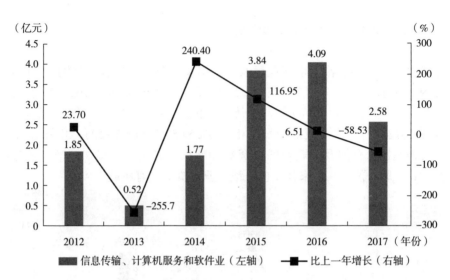

图 2-11　2012~2017 年赣州市信息传输、计算机服务和软件业投资额及增长率

三、批发和零售业

2012~2017 年，赣州市批发和零售业的投资额分别为 10.70 亿元、14.98 亿元、28.90 亿元、59.36 亿元、56.29 亿元和 64.85 亿元，平均值为 39.18 亿元，最高值与最低值相差 54.15 亿元，年均增长率为 44.76%，最高增长率与最低增长率相差 110.85%（见图 2-12）。由图 2-12 可知，以 2015 年为界限，批发和零售业投资额达到了一个新水平。总体来看，批发和零售业投资额在未来几年内呈上升趋势。

四、住宿和餐饮业

2012~2017 年，赣州市住宿和餐饮业的投资额分别为 6.79 亿元、7.55 亿元、8.26 亿元、5.82 亿元、4.33 亿元和 6.52 亿元，平均值为 6.55 亿元，最高值与最低值相差 3.93 亿元，年均增长率为-4.98%，最高增长率与最低增长率相差 92.5%（见图 2-13）。由图 2-13 可知，以 2015 年为界限，住宿和餐饮业投资额开始低于平均值，总体起伏不大，预计未来几年住宿和餐饮业投资额会高于平均值水平。

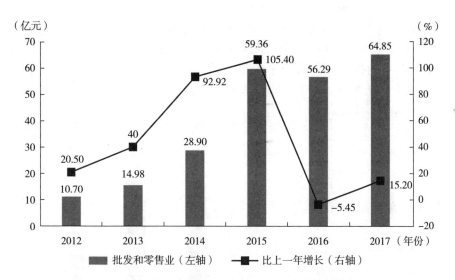

图 2-12　2012~2017 年赣州市批发和零售业投资额及增长率

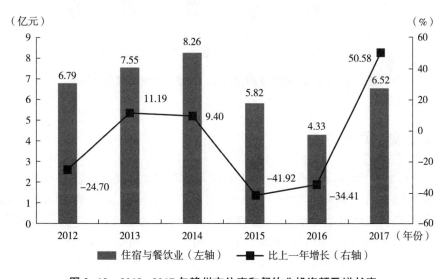

图 2-13　2012~2017 年赣州市住宿和餐饮业投资额及增长率

五、金融业

2012~2017 年，赣州市金融业的投资额分别为 0. 75 亿元、2. 53 亿元、0. 65

亿元、9.64 亿元、10.09 亿元和 5.83 亿元，平均值为 4.92 亿元，最高值与最低值相差 9.44 亿元，年均增长率为 198.92%，最高增长率与最低增长率相差 1669.63%（见图 2-14）。由图 2-14 可知，住宿和餐饮业投资额在 2015 年大幅增加，随后的投资额均高于平均值，起伏明显，目前呈下降趋势，预计未来几年金融业投资额会高于平均值水平。

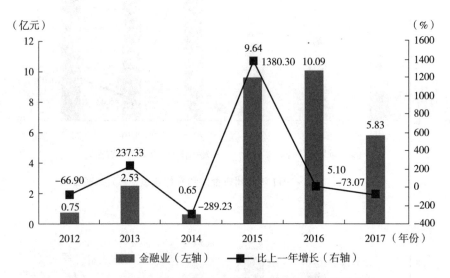

图 2-14　2012~2017 年赣州市住宿和餐饮业投资额及增长率

六、房地产业

2012~2017 年，赣州市房地产业的投资额分别为 346.01 亿元、458.79 亿元、480.68 亿元、493.46 亿元、507.43 亿元和 464.69 亿元，平均值为 458.51 亿元，最高值与最低值相差 161.42 亿元，年均增长率为 18.96%，最高增长率与最低增长率相差 89.30%（见图 2-15）。由图 2-15 可知，房地产业的投资额较大，一年的投资额超过了其他细分行业六年的投资额，投资额总体波动不大，目前呈下降趋势，结合当前宏观政策，预计未来几年房地产业投资额会有所下降。

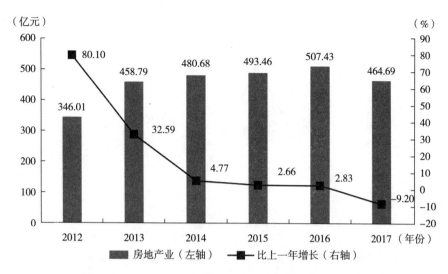

图 2-15　2012~2017 年赣州市房地产业投资额及增长率

七、租赁和商务服务业

2012~2017 年，赣州市租赁和商务服务业的投资额分别为 5.84 亿元、6.32 亿元、19.45 亿元、21.02 亿元、15.45 亿元和 14.46 亿元，平均值为 13.76 亿元，最高值与最低值相差 15.18 亿元，年均增长率为 47.91%，最高增长率与最低增长率相差 243.80%（见图 2-16）。由图 2-16 可知，租赁和商务服务业的投资额呈倒 "U" 形，增长率起伏大，预计未来几年增长率会上升，投资额会有所增加。

八、科学研究、技术服务和地质勘查业

2012~2017 年，赣州市科学研究、技术服务和地质勘查业投资额分别为 3.72 亿元、1.33 亿元、1.74 亿元、3.91 亿元、9.37 亿元和 6.71 亿元，平均值为 4.46 亿元，最高值与最低值相差 8.04 亿元，年均增长率为 36.32%，最高增长率与最低增长率相差 321.8%（见图 2-17）。由图 2-17 可知，科学研究、技术服务和地质勘查业的投资额和增长率起伏较大，预计未来几年增长率会下降，投资额会在平均值水平浮动。

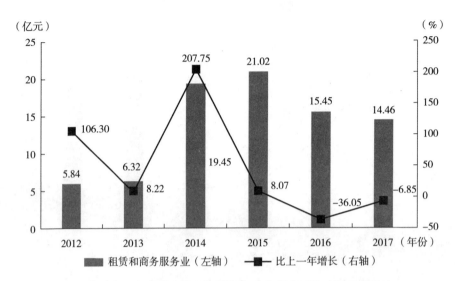

图 2-16　2012～2017 年赣州市租赁和商务服务业投资额及增长率

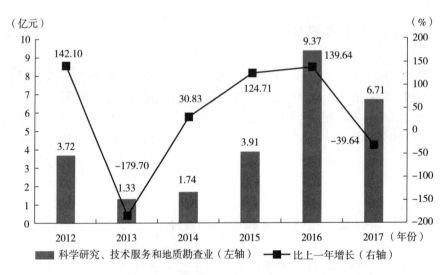

图 2-17　2012～2017 年赣州市科学研究、技术服务和地质勘查业投资额及增长率

九、水利、环境和公交设施管理业

2012～2017 年，赣州市水利、环境和公交设施管理业投资额分别为 125.90

亿元、139.06 亿元、190.14 亿元、316.24 亿元、429.62 亿元和 536.84 亿元，平均值为 289.63 亿元，最高值与最低值相差 410.94 亿元，年均增长率为 32.80%，最高增长率与最低增长率相差 55.87%（见图 2-18）。由图 2-18 可知，水利、环境和公交设施管理业的投资额在这段时间内保持着稳定上升，对于改善民生具有重要作用，预计未来几年增长率会下降，投资额仍会增加。

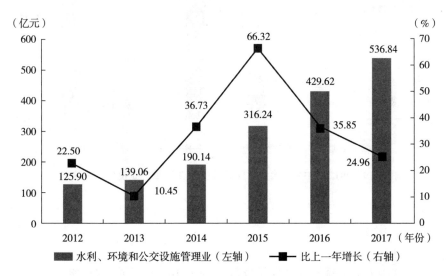

图 2-18　2012～2017 年赣州市水利、环境和公交设施管理业投资额及增长率

十、居民服务和其他服务业

2012～2017 年，赣州市居民服务和其他服务业投资额分别为 1.74 亿元、1.34 亿元、1.20 亿元、8.04 亿元、3.77 亿元和 6.82 亿元，平均值为 3.82 亿元，最高值与最低值相差 6.84 亿元，年均增长率为 137.97%，最高增长率与最低增长率相差 683.26%（见图 2-19）。由图 2-19 可知，居民服务和其他服务业的投资额在 2012～2017 年起伏较大，呈"W"形，尤其是在 2015 年，随着房地产业的火热居民服务业和其他服务业投资额翻倍增加，随着宏观政策的调控，预计未来几年内增长率会下降，投资额会在平均值水平浮动。

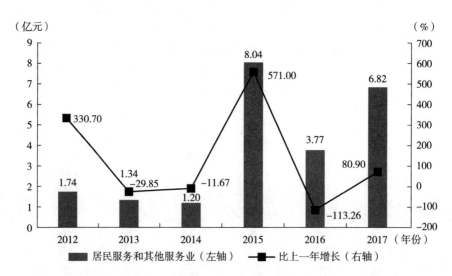

图 2-19　2012~2017 年赣州市居民服务和其他服务业投资额及增长率

十一、教育

2012~2017 年，赣州市教育投资额分别为 16.77 亿元、21.08 亿元、40.29 亿元、57.48 亿元、37.48 亿元和 52.95 亿元，平均值为 37.68 亿元，最高值与最低值相差 40.71 亿元，年均增长率为 30.40%，最高增长率与最低增长率相差 144.69%（见图 2-20）。由图 2-20 可知，教育投资额增长率呈"W"形，投资额在 2015 年以后有所下降，预计未来几年投资额和增长率会下降。

十二、卫生、社会保险和社会福利业

2012~2017 年，赣州市卫生、社会保险和社会福利业投资额分别为 13.02 亿元、17.70 亿元、25.90 亿元、40.80 亿元、25.59 亿元和 40.64 亿元，平均值为 27.28 亿元，最高值与最低值相差 27.78 亿元，年均增长率为 17.58%，最高增长率与最低增长率相差 118.25%（见图 2-21）。由图 2-21 可知，卫生、社会保险和社会福利业投资额增长率曲线呈波浪形，投资额在 2015 年以后下降又回升，预计未来几年投资额和增长率起伏较小。

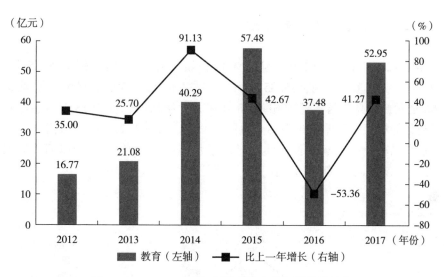

图 2-20　2012~2017 年赣州市教育投资额及增长率

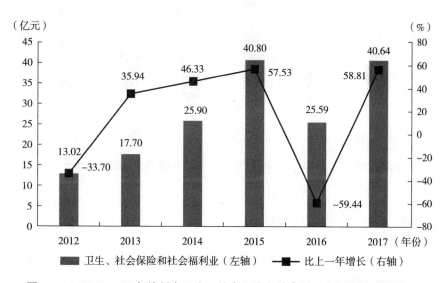

图 2-21　2012~2017 年赣州市卫生、社会保险和社会福利业投资额及增长率

第二章　赣南苏区服务业发展态势

十三、文化、体育和娱乐业

2012~2017 年，赣州市文化、体育和娱乐业投资额分别为 8.85 亿元、11.92 亿元、29.02 亿元、36.85 亿元、13.30 亿元和 30.02 亿元，平均值为 21.66 亿元，最高值与最低值相差 28.0 亿元，年均增长率为 18.73%，最高增长率与最低增长率相差 320.53%（见图 2-22）。由图 2-22 可知，卫生、社会保险和社会福利业投资额增长率曲线呈波浪形，投资额在 2015 年以后下降又回升，预计未来几年投资额和增长率呈下降趋势。

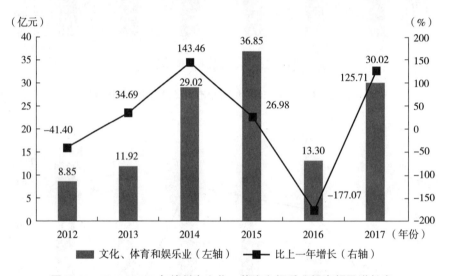

图 2-22　2012~2017 年赣州市文化、体育和娱乐业投资额及增长率

十四、公共管理和社会组织

2012~2017 年，赣州市公共管理和社会组织投资额分别为 5.05 亿元、7.03 亿元、7.58 亿元、21.02 亿元、16.10 亿元和 8.14 亿元，平均值为 10.82 亿元，最高值与最低值相差 15.97 亿元，年均增长率为 23.67%，最高增长率与最低增长率相差 275.1%（见图 2-23）。由图 2-23 可知，公共管理和社会组织业投资额增长率曲线呈倒"U"形，投资额在 2015 年达到最高值，预计未来几年投资额和增长率呈下降趋势。

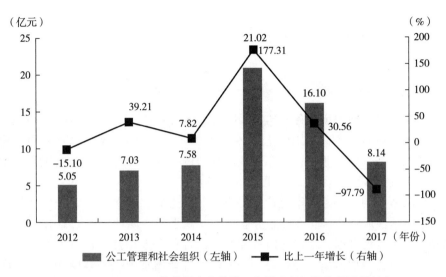

图 2-23　2012~2017 年赣州市公共管理和社会组织投资额及增长率

第四节　服务业发展分析
——以赣州市为例

　　服务业对第一、第二产业的发展具有促进作用，服务业的加快发展是生产力提高和社会进步的必然结果，服务业的兴旺发达是现代化经济的一个必要特征。大力发展第三产业有利于增强农业和工业生产的后劲，促进工农业生产的社会化和专业化水平的提高，有利于优化生产结构，促进市场充分发育，缓解就业压力，从而促进整个经济持续、快速健康发展。正确处理好三大产业的关系，既有利于经济的协调发展，也有利于社会的稳定。大力发展服务业并不是说把服务业发展起来以后再发展第一、第二产业，更不是通过削弱第一、第二产业来发展服务业，而应从相互联系、相互促进的关系中认识到发展服务业的重要性。近年来，赣州市发展迅速，经济实力日益增强，经济增速不断加快，目前，赣州市产业结构呈现"二、三、一"格局，根据钱纳里工业化阶段理论，赣州市正处于工业化中后期，在加速工业、产业发展的同时，关键是发展与工业、产业配套的具有核心竞争力和赣州特色的服务业。因此，服务业的发展对于加快工业化进程有着重要的促进作用，服务业也呈现出加速发展的趋势。

一、赣州市服务业发展现状

（一）发展相对滞后，内部结构合理性差

虽然近些年赣州市服务业的发展取得了不错的成绩，但是 2018 年赣州市服务业增加值占 GDP 比重刚刚超过 45%，服务业增加值仅占到了江西省服务业增加值的 12.9%，相当于南昌市服务业增加值的一半。2018 年，全国服务业增加值占 GDP 比重已经达到 52%，可见赣州市服务业发展水平与江西省乃至全国相比是比较落后的。参考国家统计局提供的分类形式，服务业可划分为现代化服务业、生活性服务业、生产性服务业、公共性服务业四种，根据 2012~2017 年赣州市相关发展数据，现代化服务业和生活性服务业增加值比重不断提高，而生产性服务业增加值呈下降趋势，公共性服务业增加值提高幅度不大，占比依然较低。近年来，随着互联网、云计算及大数据等技术的发展，新型沪港通等金融产物的诞生，推动了金融产业的发展，与其他服务行业形成了很大的差距，以金融、房地产及高科技等为代表的现代服务产业占比巨大。服务业结构不合理，导致各种资源无法合理使用，不利于保障产品供给，尤其不利于农业和工业的持续健康发展。

（二）地区发展不均衡，存在较大差异

赣州市各地区经济发展缓慢，不平衡、不同步是其发展的主要特点。从总产值角度分析，经济发达的县区第三产业产值较高，各县区服务业的发展情况也反映出赣州市各县区域经济与城乡发展存在一定的差距。从相对值角度分析，2017 年赣州市各县区相关调查数据显示，GDP 总值最高的章贡区第三产业占比达 65%，而 GDP 总值排名第二、第三的南康区和于都县第三产业占比仅有 38% 左右，GDP 总值最低的石城县第三产业占比达 44.9%，可以看出，产业结构与经济能力的发展不成正比。同时，服务业发展与当地财政、农工业生产力、自然与旅游资源、人口素质、地理位置、城市发展定位与历史等因素也有着非常密切的联系。在赣州市"主攻工业"的战略部署下，大部分县区的经济动能还是以工业为主，区域服务业发展差异非常显著。

（三）服务业结构不合理，产业服务质量水平偏低

随着"互联网+"与大数据产业的快速发展，近年来新型服务行业发展此起彼伏，产品快速更新，为全国第三产业带来了新的发展机遇。但无论是传统

服务行业还是互联网时代的新兴服务行业，赣州市第三产业重发展轻质量的问题较为突出。当前，生活性服务产业从业人员综合素养不高，不利于当地服务性行业的快速发展，发展质量难以提升，而服务行业从业人员的培养又与当地职业教育发展水平息息相关。赣州市在发展服务业时注重引进和发展能带来直接经济效益的服务业，比如房地产业，赣州市房地产业占第三产业总值的近50%，服务业结构不合理，低附加值的初级服务业占比较大。值得注意的是，没有高端制造业等为依托，民众的消费水平不可能提高，服务业也难以持续健康发展。

二、赣州市服务业发展相关建议

(一) 合理发挥政府职能

首先，在资源配置中，赣州市政府要尊重市场的决定性作用。对于企业与市场无法解决的问题，政府可以进行适当的干预；对于市场与企业能够解决的问题，政府要发挥自身的引导等推动作用，为企业提供充足的发展空间。其次，要明确政府职责。在产业结构升级中，政府要合理制定相关政策，为中小企业发展提供推动力，对能源市场资源配置进行优化，及时引入先进生产技术淘汰落后产能，降低落后产业占比。再次，应加强建设信贷信用体系，引导产业优化升级，灵活构建市场供求关系；加强政府部门的分工合作，创新行政机制。同时，企业要积极履行自身社会责任与义务，鼓励企业积极参与社会稳定就业与安全等各类问题，刺激市场消费、拉动再就业。最后，政府应加大改革创新力度，为产业转型升级创造良好的社会环境。

(二) 调整服务业内部结构

调整服务业内部结构，必须要正确处理第一、第二、第三产业的结构关系，尤其是要正确处理第三产业与第一、第二产业的适应性问题。在经济发展中，第一、第二产业是基础，只有第一、第二产业获得发展，才能推动第三产业发展。随着社会分工发展的精细化，人民追求更高的生活品质，结合金融、旅游、医疗及信息技术等数据提升人民生活质量是发展现代服务业良好时机。针对第三产业的发展，政府不能以加快经济发展为着眼点，而应该调整与升级优化产业结构，以此提高经济发展的可持续能力。赣州市应优先发展商务服务业、科学研究和技术服务业，加强对信息传输、计算机服务和软件业的支持力度，全面发展并升级作为经济支撑的金融业。

（三）大力扶持第三产业发展

政府在制定宏观政策与结构政策的过程中，要将第三产业放在与工业同等重要的位置上，对于垄断性服务行业，应加快推进改革，积极引入市场竞争机制，拓宽市场准入标准，制定并完善服务行业标准与行为规范，持续扩大服务行业的对外开放性。开放产生的竞争与示范效应，能够推动当地服务行业降低生产成本，提高工作效率，增强企业市场竞争力。针对服务行业，加强建设并完善行业发展基础条件，将地区特别是农村地区的基础服务设施建设作为重点，扩大其覆盖范围。另外，加大行业监管力度，推动服务行业健康发展。在社会经济发展的过程中，生活性服务行业企业有着特殊的经济地位，因而政府监管显得尤为重要。特别是服务行业对外开放的扩大，必须要符合政府监管职能，在充分发挥市场竞争力与开放性积极作用的同时，有效控制并降低其造成的负面影响。

赣南苏区服务业发展的空间差异分析

近年来，革命老区的振兴发展越来越受到社会和政府的关注，而服务业的发展最能直观地反映一个地区经济的发展程度，因此深入了解和研究革命老区的服务业发展情况尤为重要。为此，本章通过传统统计方法和探索性空间数据分析（Exploratory Spatial Data Analysis，ESDA）方法，以赣南苏区 18 个县（市、区）为研究对象，分别从时间、空间以及关联性三个角度对 2009～2017 年赣南苏区服务业发展的空间格局及演化进行分析。结果表明，赣南苏区服务业发展不平衡，绝对差异呈逐步扩大趋势，相对差异呈"低、高、中"发展趋势；赣南苏区服务业发展缓慢，整体发展水平较低；赣南苏区服务业空间分异质明显，呈现出"西南高、东北低"的分布特征；赣南苏区服务业空间极化呈波动增强趋势；赣南苏区服务业发展呈负的空间自相关，区域间联系较弱；赣南苏区服务业发展类型多以传染型为主，并呈现出扩散型减少，极化型增多的发展趋势。基于此，本章最后提出了推动赣南苏区服务业发展的可行性建议。

第一节　研究综述

一、研究目的

改革开放 40 多年来我国一直保持较高的经济增速。2018 年我国 GDP 首次突破 90 万亿元，同比增长 6.6%，占世界 GDP 总量的 16.6%左右，2010 年我国 GDP 总量超越日本，成为世界第二大经济体。随着经济发展水平的提升，我国服务业发展水平不断提高，其占 GDP 的比重逐渐上升，2018 年我国服务业对经济增长贡献率接近 60%，已经成为我国经济增长的新引擎，我国产业结构也呈现出由"工业型经济"向"服务型经济"转变的趋势，服务业的发展在提高经济发展水平、增强地区竞争力方面发挥着越来越重要的作用，服务业作为国民经济的重要组成部分越来越成为学术界研究的一个热点话题。事实上，由于各地区人口、资源禀赋、地理区位、发展基础等差异，我国服务业发展存在较大的不平衡性，但学术界很少关注经济区域内部服务业发展水平的空间差异，缺乏区域视角的服务业空间异质性分析框架，而这种差异在区域均衡发展的趋势下显得尤为重要。因此，探讨缩小区域服务业发展差距，促进地区服务业发展水平收敛，对于缩小区域经济发展差距，实现经济均衡发展，具有较强的理论和现实意义。

从现有文献来看，学术界关于服务业发展差异的研究多集中于发达省份，对于欠发达地区，特别是对革命老区的服务业发展差异研究相对不足。关于服务业发展差异研究，学术界多从格局、过程、机理和政策等视角进行阐述。近年来，服务业发展差异研究呈现出以下两个特征：其一，研究视角多集中在纵向时间的比较上。学术界更为关注服务业的增长研究，借助纵向时间的比较探索服务业的发展水平、发展路径、增长机制等。其二，研究方法多元化。在传统的变异系数、基尼系数、泰尔指数和综合熵指数等分析方法的基础上，开始应用空间计量方法，即空间经济学家开始试图从横向空间的比较上揭示服务业发展空间差异，弥补纵向比较研究的不足。

赣南苏区是我国著名的革命老区，是中华人民共和国的摇篮和苏区精神的主要发源地。自中华人民共和国成立特别是改革开放以来，赣南苏区发生了翻天覆地的变化，但从现状看，其经济社会发展明显滞后，贫困落后面貌仍然没有得到根本改变，属于典型的欠发达地区和相对贫困地区。2012年6月28日，为支持赣南苏区振兴发展，国务院印发《关于支持赣南等原中央苏区振兴发展的若干意见》（国发〔2012〕21号，以下简称《意见》）。为落实《意见》精神，加快推动赣州市服务业发展，促进经济结构战略性调整和经济发展方式转变，构建服务业与制造业、产业与城市协调发展的现代产业体系，加快实现赣南苏区振兴发展，赣州市先后制订并出台了《赣州市现代服务业攻坚战三年行动计划（2016—2018年）》《赣州市发展全域旅游行动方案（2017—2019年）》《赣州市全国现代物流创新发展试点城市三年行动计划》《赣州市居家和社区养老服务改革试点实施方案》《赣州市"十三五"体育产业发展规划》《赣州市电子商务产业发展规划》等规划或行动计划。2018年，赣州市服务业增加值为1272.70亿元，占GDP比重达45.3%。赣州市服务业发展态势持续向好，正在成为推动产业转型升级、促进经济高质量发展的"新引擎"。但由于赣南各个地区在区位、资源禀赋等方面存在很大差异，以及赣南革命老区区域内部受到的政策支持存在差异，导致赣南各县域服务业发展水平存在巨大差距。因此，研究赣南各个地区服务业发展水平，有利于丰富革命老区（苏区）振兴发展的研究成果，也将为进一步优化革命老区（苏区）空间布局提供理论依据。因此，本章以赣南18个县域为研究范围，应用探索性空间数据分析方法等揭示赣南苏区服务业发展差异的空间格局及演化特征，这对推动赣南苏区经济可持续发展，都具有重要的理论意义和现实意义。

二、研究区域和数据来源

（一）研究区域

赣州市位于江西省南部，东经113°54′～116°38′，北纬24°29′～27°09′，地形以山地、丘陵、盆地为主，总面积39379.64平方千米，占江西省总面积的23.6%，下辖3个市辖区、14个县、1个县级市、2个功能区，2018年户籍人口为981.46万人。2018年，赣州市地区生产总值2807.24亿元，财政总收入459.51亿元，服务业增加值1272.70亿元，增速连续三年全省第一，占GDP比重达45.3%。

本章所指的赣南苏区主要是赣州市所辖的18个县（市、区）。据《赣州市城市总体规划（2017—2035年）》的规划部署，打造以赣州都市区为核心，东部和南部城镇群协同发展的"一区两群"市域城镇发展空间结构。其中，"一区"即以章贡区为核心的赣州都市区，包括章贡、赣县区（2016年撤县设区）、南康区（2012年撤县设区）、兴国县、上犹县、信丰县、大余县、于都县、崇义县9个县（区）；"两群"即以龙南县为核心的赣州南部城镇群和以瑞金市为核心的赣州东部城镇群，赣州南部城镇群包括龙南县、定南县、全南县、安远县、寻乌县5个县；赣州东部城镇群包括石城县、瑞金市、会昌县、宁都县4个县（市）。为了便于研究，本章按照"一区两群"的规划部署依次将赣南苏区划定为赣州西部地区、赣州南部地区及赣州东部地区。

（二）数据来源

本章以赣南苏区，包括赣州西部、赣州南部以及赣州东部共18个县（市、区）作为研究对象，采用人均工业产值作为分析赣南苏区区域工业发展差异的衡量指标，时间跨度为2009～2017年。研究数据主要来源于《中国县域统计年鉴》《中国区域经济统计年鉴》《江西省统计年鉴》《赣州市统计年鉴》及各地区统计年鉴及统计公报等。

三、研究方法

（一）标准差指数及变异系数

区域经济差异可分为绝对差异和相对差异。绝对差异指区域经济指标之间的偏离距离，反映的是区域之间经济发展量上的等级水平差异；相对差异指区域经济指标之间的比例，反映了区域经济发展水平的差异。本章采用标准差指数（S）和变异系数（V）分别从相对差异和绝对差异测度出区域间的经济差距。可表示为：

$$S = \sqrt{\frac{1}{N} \sum_{i=1}^{N} (Y_i - Y_0)^2} \qquad (3-1)$$

$$V = \frac{S}{Y_0} \qquad (3-2)$$

式（3-1）和式（3-2）中，N 为研究区域个数；Y_i 为第 i 个区域的人均服务业增加值；Y_0 为 N 个区域的服务业增加值的平均值。S 的值越大，表明绝对差异越大；V 的值越大，表明相对差异越大。

（二）泰尔指数及 KZ 指数

泰尔指数（Theil Index）能够将整体差异划分为组内和组间差异，很好地应用于区域整体差异和区域间差异的实证研究。KZ 指数即坎贝尔—张指数，常用区间差异（TBR）与区内差异（TWR）之比表示，反映区域之间的极化程度。在区内差异一定的情况下，极化程度随区间差异增大而增大，其计算公式为：

$$I(0) = \frac{\sum_{i=1}^{n} \log(\overline{Y}/Y_i)}{n} \qquad (3-3)$$

$$I(0) = T_{WB} + T_{BR} = \sum_{g=1}^{G} P_g I(0)_g + \sum_{g=1}^{G} P_g \log\left(\frac{P_g}{V_g}\right) \qquad (3-4)$$

$$KZ = T_{BR}/T_{WR} \qquad (3-5)$$

式（3-3）中，n 为统计单位数；Y_i 是第 i 个单位的人均服务业增加值；$\overline{Y}$ 是 Y_i 的平均值。对泰尔指数进行分解，按照一定的分组方式将所有单位分成 G

组（G=3），可将式（3-3）分解为式（3-4）。式（3-4）中，T_{WR} 为区域内的差异，T_{BR} 为区域间的差异；P_g 表示第 g 组人口在总人口中的份额；V_g 表示第 g 组服务业增加值占 GDP 总值的份额。泰尔指数越大，表明区域之间差异越大。

（三）TW 指数

TW 指数是由崔启源和王有强两位学者以沃尔夫森指数为基础，使用增加的两极化与增加的扩散两个部分排序公理概括而得，计算公式如下：

$$TW = \frac{\theta}{N} \sum_{i=1}^{n} \pi_i \left| \frac{x_i - m}{m} \right|^r \qquad (3-6)$$

式（3-6）中，θ 为反映空间极化指数敏感性的正的常数标量，本章取 $\theta = 0.5$；n 是地理区域数；N 为全部地理区域的人口数；r 为（0，1）的任一值，本章取 r=0.5；π_i 为 i 地理区域的人口数；x_i 为 i 区域的人均服务业增加值；m 为所有区域人均服务业生产总值的中位数。TW 指数值越大说明研究区域服务业空间极化程度越高。

（四）空间自相关

1. 全局空间自相关

空间自相关是一个区域单元上的某种地理现象或某一属性值与邻近区域单元上同一现象或属性值的相关程度。它分为全局空间自相关与局部空间自相关，其全局测度主要为 Moran's I 统计量，计算公式如下：

$$I = \frac{\sum_{i=1}^{n} \sum_{j=1}^{n} W_{ij}(x_i - \bar{x})(x_j - \bar{x})}{S^2 \sum_{i=1}^{n} \sum_{j=1}^{n} W_{ij}} \qquad (3-7)$$

式（3-7）中，S^2 为人均 GDP 的方差值，即：

$$S^2 = \frac{1}{n} \sum_{i=1}^{n} (x_i - \bar{x})^2 \qquad (3-8)$$

$$\bar{x} = \frac{1}{n} \sum_{i=1}^{n} x_i \qquad (3-9)$$

式（3-7）中，x_i 和 x_j 分别为 i 区域单元和 j 区域单元的人均工业产值；W_{ij} 为空间权重矩阵的要素，可以采用邻接标准和距离标准来判定，本章采用邻接标准，即区域 i 和区域 j 具有公共边界，空间权重 W_{ij} 取 1，否则取为 0。全局空间自相关通常采用 Moran's I 值作为测度指标，Morans' I 值介于 –1 和 1 之间，如果 Morans' I 值为正，说明具有正的空间自相关性，且值越接近 1 集聚度越明显；如果 Morans' I 值为负，说明具有负的空间自相关性，且值或接近 –1 离散度越明显；如果 Morans' I 值接近 0 则表明不存在空间相关性，空间随机分布。

2. 局部空间自相关

局部空间自相关分析可以用来度量每个区域与周边地区之间的局部空间关联和空间差异程度。本章使用 Moran 散点图来探索区域单元 i 和 j 间要素的空间异质性。局部 Moran's I 值计算公式如下：

$$I_i = n(x_i - \bar{x}) \frac{\sum_i W_{ij}(x_j - \bar{x})}{\sum_i (x_i - \bar{x})^2} \tag{3-10}$$

式（3-10）中，I_i 表示局部 Moran 指数，其他变量的含义与式（3-7）相同。I_i 的值大于零表示该区域单元周围相似值（高值或低值）的空间集聚，I_i 的值小于零表示该区域单元周围非相似值的空间集聚。

局部空间自相关通过 Moran 散点图的四个象限，揭示区域单元间的空间关联度。Moran 散点图可划分为四个象限，第一象限为"HH"类型，表示区域自身和周边地区服务业发展水平均较高，两者的空间差异程度较小；第二象限为"HL"类型，表示区域自身服务业发展水平较高，周边较低，两者的空间差异程度较大；第三象限为"LH"类型，表示区域自身服务业发展水平较低，周边地区较高，两者的空间差异程度较大；第四象限为"LL"类型，表示区域自身和周边地区服务业发展水平均较低，两者的空间差异程度较小。

第二节　赣南苏区服务业发展差异的时间演变特征

一、赣南苏区服务业发展不平衡，差异呈逐步扩大趋势

由图 3-1 可知，赣南苏区服务业发展不平衡，2009 年，赣州西部地区人均服务业增加值为 4641 元，赣州南部地区人均服务业增加值为 4059 元，赣州东部地区人均服务业增加值为 2858 元，赣南苏区人均服务业增加值（这里采用赣州市人均服务业增加值，下同）为 3865 元；2017 年，赣州西部地区人均服务

业增加值为 14248 元，赣州南部地区人均服务业增加值为 12015 元，赣州东部地区人均服务业增加值为 8327 元，赣南苏区人均服务业增加值为 11415 元。2009 年和 2017 年四者比值（西部地区：南部地区：东部地区：赣南苏区）分别为：1∶0.87∶0.62∶0.83 和 1∶0.84∶0.58∶0.8。近十年来，比例基本未变，表明赣南苏区区域间服务业发展速度大致趋同，但赣州西部地区服务业发展速度明显快于其他两个区域，赣州西部地区服务业发展与赣州东部地区和南部地区的服务业发展差距逐步在拉大，其中由于赣州东部地区经济基础较落后，服务业发展处在较低的水平，2009 年人均服务业增加值与赣州西部地区和赣州南部地区分别相差 1783 元和 1201 元，2017 年扩大到 5921 元和 3688 元。由此可见，近十年来，赣南苏区区域间服务业发展不平衡状况不但没有改变，甚至有加剧的趋势。

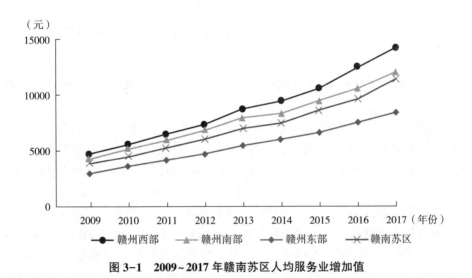

图 3-1　2009~2017 年赣南苏区人均服务业增加值

二、赣南苏区服务业发展绝对差异呈不断扩大趋势

由式（3-1）可以测度出绝对差异指标。从标准差系数来看，如图 3-2 所示，2009~2017 年标准差系数逐年递增，由 2009 年的 2881 增长到 2017 年的 9718，增长了近 2.4 倍，年均增长率为 26%。标准差系数增长趋势表明赣南地区服务业发展绝对差距不断扩大，赣南苏区区域间服务业发展极度不平衡，且差异越来越明显。

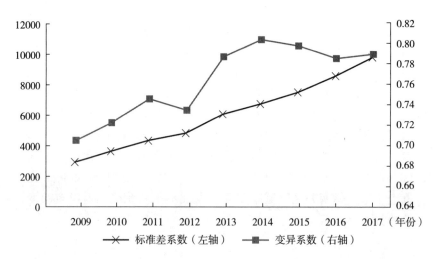

图 3-2　2009~2017 年赣南苏区人均服务业增加值标准差系数与变异系数

三、赣南苏区服务业发展相对差异呈现"低、高、中"的发展趋势

由图 3-3 可知，赣南苏区服务业发展差异呈波动变化趋势，总体来看呈现出明显的阶段性特征，大致可以分为以下三个阶段：第一阶段是低差异阶段（2009~2012 年）。变异系数由 2009 年的 0.7056 增加到 2012 年的 0.7344，仅增长了 4%，年均率增长仅为 1%。虽然在这一阶段变异系数出现了小幅的增长，但整体来看，在这一阶段变异系数还处于较低水平。由此可见，这一阶段赣南苏区服务业的发展处于低差异阶段。第二阶段是高差异阶段（2013~2014 年）。这一阶段变异系数出现了大幅增加的趋势，处于较高水平，变异系数由 2012 年的 0.7344 增加至 2013 年的 0.7872，仅一年就增加了 7%，且变异系数在 2014 年达到了 2009~2017 年的峰值。由此看来，赣南苏区服务业发展差异呈进一步加剧的态势。第三阶段是中差异阶段（2015~2017 年）。与第二个阶段相比，在这一阶段变异系数出现了小幅度的下降，变异系数由 2014 年的 0.8043 下降到 2017 年的 0.7893，下降了 1.9%。但与低差异阶段（2009~2012 年）相比，这一阶段的变异系数仍然处于中高水平。总而言之，在 2009~2017 年，赣南苏区服务业发展差异呈波动变化趋势，发展差异并未得到缓解，在一定程度上还有加剧的趋势。

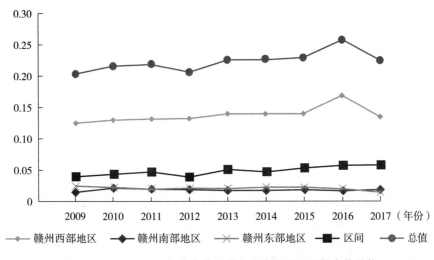

图 3-3　2009~2017 年赣南苏区服务业发展差异系数变化趋势

四、赣南苏区服务业发展差异小幅度扩大，差异主要来源赣州西部地区

根据泰尔指数，利用式（3-3）和式（3-4）可对赣南苏区服务业发展相对差异进行分解，结果如图 3-3 和表 3-1 所示。由表 3-1 可知，2009~2017年，赣南苏区服务业发展差异呈小幅度上升趋势，泰尔指数由 2009 年的 0.2021增加到 2017 年的 0.2227，增加了 10%，年均增长率为 1%。总差异的变化趋势与赣州西部地区内部差异基本保持一致，表明赣州西部地区是总差异变化的主要原因，也是总差异的主要贡献者，贡献率一直维持在 60% 左右的高水平，但贡献率呈逐步减小趋势，2017 年贡献率下降至 59%，而赣州南部地区和赣州东部地区由于体量较小，内部差异相对较小，因此对总差异的贡献率常年维持在6%~10%。另外，区间差异贡献率处在 20% 左右的水平。从具体的差异来看，赣州西部地区内部差异呈现波动变化趋势，泰尔指数由 2009 年的 0.1256 增加到 2017 年的 0.1325；赣州南部地区内部差异业呈现波动扩大趋势，2009~2017年泰尔指数增加了 0.0036；赣州东部地区内部差异出现了明显的缩小趋势，泰尔指数已由 2009 年的 0.0240 下降至 2017 年的 0.0147，下降了 38.8%；区间差异呈逐步扩大趋势，泰尔指数由 2009 年的 0.0392 增加到 2017 年的 0.0586，增加了 49.5%。

表 3-1　2009~2017 年赣南苏区服务业发展差异演化及分解

年份	总差异	泰尔系数及分解				构成比例（%）			
		赣州西部地区	赣州南部地区	赣州东部地区	区间	赣州西部地区	赣州南部地区	赣州东部地区	区间
2009	0.2021	0.1256	0.0133	0.0240	0.0392	62	7	12	19
2010	0.2141	0.1285	0.0196	0.0224	0.0436	60	9	10	20
2011	0.2183	0.1318	0.0175	0.0206	0.0484	60	8	9	22
2012	0.2050	0.1305	0.0163	0.0190	0.0392	64	8	9	19
2013	0.2245	0.1377	0.0167	0.0198	0.0503	61	7	9	22
2014	0.2265	0.1405	0.0173	0.0204	0.0483	62	8	9	21
2015	0.2275	0.1374	0.0170	0.0202	0.0529	60	7	9	23
2016	0.2576	0.1671	0.0162	0.0187	0.0556	65	6	7	22
2017	0.2227	0.1325	0.0169	0.0147	0.0586	59	8	7	26

第三节　赣南苏区服务业发展差异的 空间格局及演化

为了反映赣南苏区服务业发展水平的空间格局及其变化，根据 2009 年、2013 年和 2017 年赣南苏区人均服务业增加值，采用自然间断点分级法（Jenks）将赣南苏区各县（市、区）依次划分为低水平发展区、中低水平发展区、中高水平发展区、高水平发展区。

一、赣南苏区服务业发展缓慢，整体发展水平较低

就 2009 年的服务业发展水平来看，赣南苏区可划分为四种不同发展类型的区域，其中高水平发展区仅有章贡区一个；中高水平发展区六个，包括瑞金市、崇义县、大余县、定南县、全南县、龙南县；中低水平发展区七个，包括宁都县、南康区、赣县区、上犹县、信丰县、安远县、寻乌县；低水平发展区四个，

包括兴国县、石城县、于都县、会昌县。中低水平以下发展区占到总数的61%，表明在2009年赣南苏区服务业发展还处于较低水平，区域间服务业发展存在一定差异。2017年赣南苏区服务业发展发生了较大的变化，各个区域呈现出较为明显的差异，其中高水平发展区域依旧只有章贡区一个；中高水平发展区四个，包括崇义县、大余县、龙南县、定南县；中低水平发展区四个，包括赣县区、瑞金市、信丰县、全南县；低水平发展区九个，包括兴国县、南康区、上犹县、石城县、宁都县、于都县、会昌县、寻乌县、安远县。中低水平以下发展区占比达到72%，表明赣南苏区服务业仍然以低水平发展为主，区域差异进一步加剧。从以上来看，2009~2017年赣南苏区服务业发展水平空间格局发生了巨大的变化，其中中高水平发展区减少两个，中低水平发展区减少三个，低水平发展区增加五个，中低水平以下发展区的占比由2009年的61%提高到2017年的72%，GDP总量较高的赣县区、南康区等地的服务业发展水平仍然处在较低水平，这充分说明赣南苏区产业结构不合理，经济发展与产业结构不匹配，服务业发展水平依旧较低，且区域间发展水平存在较大差异。

二、赣南苏区服务业发展水平空间分化明显，呈现出"西南高、东北低"的分布特征

2009~2017年赣南苏区服务业发展水平呈现出越来越明显集聚的特征，逐渐形成了一个明显的以章贡区为核心的单核结构，且核心区北部和东部地区普遍处于较低的发展水平，包括兴国县、宁都县、石城县、瑞金市、于都县、赣县区、会昌县等，这些地区大多属于典型的农业大县，经济基础薄弱，服务业发展相对滞后，核心区虹吸效应尤为明显。核心区西部和南部地区发展水平相对较高，包括龙南县、定南县、大余县、上犹县等，这些地区由于地理位置相对优越，靠近粤港澳，地处"珠三角"两小时交通圈，经济基础相对较好，服务业发展较为迅速，这些地区更容易受到核心区扩散效应的影响。

三、赣南苏区服务业发展空间极化呈波动增强的趋势

如表3-2和图3-4所示，从赣南苏区服务业发展KZ指数和TW指数来看，赣南苏区的确存在服务业空间极化现象，即服务业发达地区集聚在一起，服务业落后地区也集聚在一起。从赣南苏区服务业发展KZ指数和TW指数的变化趋势来看，2009~2017年赣南苏区服务业发展空间极化呈现波动增强趋势，TW指数由2009年的0.2537上升到2017年的0.3860，上升了52.15%，KZ指数也

第三章 赣南苏区服务业发展的空间差异分析

由 2009 年的 0.2406 上升到 2017 年的 0.3571，上升了 48.42%，服务业发展空间异质性程度逐步增大，差异性程度也在逐步扩大。以上表明赣南苏区空间极化作用虽然在进一步增强，但 KZ 指数和 TW 指数都处于较低水平，极化作用仍然较弱，也进一步表明赣南苏区极化中心发展不强。

表 3-2　2009~2017 年赣南苏区服务业发展极化程度

年份	2009	2010	2011	2012	2013	2014	2015	2016	2017
TW 指数	0.2537	0.2911	0.2951	0.2923	0.3065	0.3156	0.2969	0.2954	0.3860
KZ 指数	0.2406	0.2557	0.2849	0.2364	0.2887	0.2710	0.3030	0.2752	0.3571

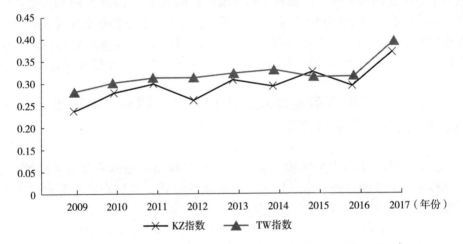

图 3-4　2009~2017 年赣南苏区服务业发展空间极化变化趋势

第四节　赣南苏区服务业发展空间关联及演化分析

一、赣南苏区服务业发展相关性不强，空间异质性明显

利用全局 Moran's I 系数来测度区域总体空间相关性，可以衡量区域之间整

体上的空间关联与空间差异测度。本节借助 GeoDa 1.6 软件计算出 2009~2017 年赣南苏区人均服务业增加值的全局空间自相关 Moran's I 系数。由表 3-3 和图 3-5 可知，2009~2017 年赣南苏区人均服务业增加值呈现出较强的空间负相关特性，表明赣南苏区服务业发展在空间上呈现出离散的分布特征。从全局 Moran's I 系数的变化趋势来看，呈现出明显的阶段性特征，大致可以分为两个阶段：一是快速下降阶段（2009~2014 年）。这一阶段全局 Moran's I 系数呈持续下降趋势，Moran's I 系数由 2009 年的-0.0244 下降至 2014 年的-0.0511，下降了近 1 倍，由于 Moran's I 系数在这一阶段为负数，系数越小表明空间负相关性越强，因而在这一阶段赣南苏区服务业发展空间格局变现出越来越明显的异质性，即服务业发展在空间分布上极易出现较高数值的"高地"和较低数值的"洼地"。二是缓慢上升阶段（2014~2017 年）。这一阶段全局 Moran's I 系数开始出现小幅度增加趋势，Moran's I 系数由 2014 年的-0.0511 上升至 2017 年的 -0.0304，增加了 40.5%，充分表明在这一阶段赣南苏区服务业发展的空间异质性逐渐缓解，落后地区的服务业得到了快速发展，使得赣南苏区区域间服务业发展差异缩小。

表 3-3　2009~2017 年赣南苏区人均服务业增加值的全局 Moran's I 系数

年份	2009	2010	2011	2012	2013	2014	2015	2016	2017
Moran's I	-0.0244	-0.0323	-0.038	-0.0403	-0.0471	-0.0511	-0.0333	-0.0307	-0.0304

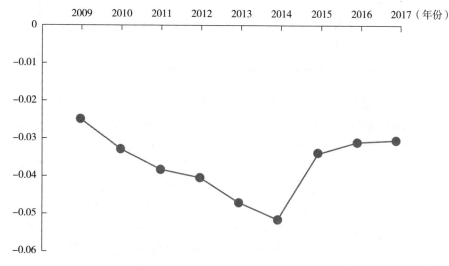

图 3-5　2009~2017 年赣南苏区人均服务业增加值的全局 Moran's I 系数变化趋势

二、赣南苏区服务业发展类型多以传染型为主，并呈现出"扩散型减少、极化型增多"的发展趋势

根据对全局空间相关性的分析，本节选取 2009 年、2013 年和 2017 年作为研究年份，分别对这三个年份的散点图数量进行了统计，借助 GeoDa 1.6 软件和 ArcGis 10.2 软件计算得出赣南苏区各县域人均服务业增加值的 Moran 散点图（见表 3-4）。

表 3-4　2009 年、2013 年和 2017 年赣南苏区人均服务业增加值的 Moran 散点图对应地区

年份	"H-H" 形（扩散型）	"L-H" 形（沉陷型）	"H-L" 形（极化型）	"L-L" 形（传染型）
2009	龙南县、全南县	赣县区、信丰县、南康区	章贡区、大余县、定南县	宁都县、兴国县、于都县、安远县、崇义县、石城县、瑞金市、会昌县、寻乌县、上犹县
2013	龙南县	赣县区、全南县、南康区	章贡区、大余县、定南县	宁都县、兴国县、于都县、安远县、崇义县、石城县、瑞金市、会昌县、寻乌县、上犹县、信丰县
2017	龙南县	赣县区、全南县、南康区	章贡区、大余县、定南县、崇义县	宁都县、兴国县、于都县、安远县、石城县、瑞金市、会昌县、寻乌县、上犹县、信丰县

通过 Moran 散点图可将各个地区的服务业发展水平分为四个象限的集聚模式，Moran 散点图的四个象限表达了某一点（区域）和其周围点（区域）四种类型的局域空间联系。这四个象限分别对应的是：高高空间关联型（"H-H"形）、低高空间关联型（"L-H"形）、低低空间关联型（"L-L"形）和高低空间关联型（"H-L"形）。"H-H"形代表某一区域和其周围区域的观测值都较高；"L-H"形代表某一低观测值区域被周围高观测值区域所包围的空间联系形式；"L-L"形代表某一区域和其周围区域的观测值都较低；"H-L"形代表某一高观测值区域被周围低观测值区域所包围的空间联系形式。其中，"H-H"形和"L-L"形表明具有较高的空间正相关性，反映在区域的集聚和相似性上；"L-H"形和"H-L"形表明存在较强的空间负相关性，区域具有异质性。根

据它们的性质，为了使表达更具直观性，分别用扩散型、沉陷型、传染型和极化型代替"H-H"形、"L-H"形、"L-L"形和"H-L"形。

根据前文可以发现以下规律：

第一，赣南苏区服务业总体格局保持相对稳定态势。2009～2017年，在赣南苏区服务业空间格局演变过程中，未发生变化的县域单元有15个，占总数量的83.33%，基本形成以章贡区、龙南县为核心的热点区域圈层空间结构，且向东北方向逐渐衰减。扩散型和极化型区域大多分布在赣州南部和西南部，传染型区域集中分布在赣州北部和东部，沉陷型区域交叉分布在扩散型和极化型区域外。赣南苏区服务业发展水平整体呈上升趋势，这一特点反映出赣州市南部和西南部，尤其是章贡区和龙南县，始终都属于扩散型和极化型，是赣南苏区服务业发展最具活力的地区，在全赣州市的经济发展中具有举足轻重的地位，而赣州市北部和东部始终属于传染型，由于经济基础、区位条件等原因，服务业发展较缓慢，因此形成了大片的传染性区域。

第二，赣南苏区服务业空间异质性明显，服务业发展多以传染型县域为主，极化型和沉陷型次之，扩散型分布最少。传染型县域自身及其周边县域服务业发展都处于较低水平，空间呈集聚分布，这一类型通常也被称为落后型。这一类型的县域占到总数的55.56%，连片分布在赣州市的北部和东部。极化型县域通常是自身服务业具有较高的水平，但相邻县域的服务业发展水平较低，具有明显的空间异质性，形成了明显的"凸地"。这一类型的县域通常对周边县域具有较强的虹吸效应，因此也被称为极化型。这一类型的县域分布在传染型县域周围，包括章贡区、大余县、定南县、崇义县等县（市、区）。沉陷型县域自身服务业发展水平偏低，但周围县域服务业发展水平相对较高，这种类型县域一般分布在扩散和极化型县域周围，又被称为"边缘县域"，因而形成了服务业发展中的"凹地"。由于周边发达县域的扩散效应不足，反而加剧了马太效应，因此在发展过程中往往受到更多的制约。扩散型县域自身和周围县域服务业发展都具有较高水平，同时具有较高的空间正相关性。这一类型的县域分布极少，仅有龙南县一个。因其靠近广东沿海等城市，服务业发展相对较快，对周围县域也有很好的带动作用，表现出较强的扩散作用。

第三，赣南苏区服务业各种类型的区域存在演化，呈现出"扩散型减少、极化型增多"的发展趋势。2009年，赣南苏区扩散型、沉陷型、极化型和传染型县域单元数量分别是2个、3个、3个和10个，到2017年数量依次为1个、3个、4个、10个。扩散型县域单位数量呈上升趋势，极化型县域单位数量有所下降，沉陷型和传染型县域单元数量未发生改变，仅仅有少部分县域发生变动。在服务业发展空间格局中，扩散型县域单元比重由2009年的11.11%下降到 2017 年的 5.56%，极化型县域单元比重由 2009 年的 16.67%上升到 2017 年的 22.22%。此外，沉陷型和传染型县域单元的比重仍然为 16.67%和 55.56%。

具体而言，全南县由扩散型县域演变为沉陷型县域，主要原因是全南县近年来服务业发展相对滞后，发展速度也远远落后于经济基础较好的龙南县、大余县等。崇义县由传染型县域跨越成为极化型，这充分说明崇义县大力发展服务产业，现代服务业攻坚战取得了较好的成果，服务业向高质量发展迈进。

第五节　结论与讨论

本章利用传统的统计分析方法，结合探索性空间数据分析法，在 GeoDa 1.6 软件和 ArcGis 10.2 软件的支持下，以赣南苏区 18 个县（市、区）为研究对象，以人均服务业增加值为测度指标，分别从时间、空间以及关联性三个角度分析了 2009~2017 年赣南苏区服务业发展差异的空间格局及演化，可得出以下结论：

第一，赣南苏区服务业发展不平衡，差异呈逐步扩大趋势。从绝对差异来看，2009~2017 年赣南苏区服务业发展差异呈逐年扩大趋势；从相对差异来看，赣南苏区服务业发展差异呈波动变化轨迹，呈现出"低、高、中"的发展趋势。区域差异分解结果表明，赣南苏区服务业发展差异波动主要受赣州西部地区内部差异的影响，其中赣州西部地区内部差异呈波动变化趋势，差异的贡献率业逐步呈减小趋势；赣州南部地区内部差异业呈波动扩大趋势；赣州东部地区内部差异呈明显缩小趋势；区间差异呈逐步扩大趋势，且对赣南苏区服务业发展整体差异的变动影响越来越大。

第二，赣南苏区服务业发展缓慢，整体发展水平还很低。其中，中低水平以下发展区的占比由 2009 年的 61%提高到 2017 年的 72%，表明赣南苏区服务业发展还很滞后，发展速度缓慢。赣南苏区服务业发展水平空间分化明显，呈现出"西南高，东北低"的分布特征，逐渐形成了一个明显的以章贡区为核心的单核结构，核心区北部和东部地区普遍处于较低发展水平。同时，赣南苏区服务业发展空间极化作用还相对较弱，但空间极化有增强趋势。

第三，赣南苏区服务业发展关联性上表现出负向空间自相关，空间异质性明显。全局 Moran's I 系数呈现出快速下降和缓慢上升两个阶段，表明赣南苏区服务业发展极其不稳定，服务业发展差异依旧存在，但从整体来看，赣南苏区服务业发展的空间异质性逐渐缓解，空间关联性不断加强。由 Moran's I 散点图可知，赣南苏区服务业总体格局保持相对稳定的态势，赣南苏区服务业空间分异质明显，服务业发展多以传染型县域为主，扩散型县域分布极少，从赣南苏区服务业整体演化来看，呈现出"扩散型减少，极化型增多"的发展趋势。

基于以上结论，结合赣南苏区服务业发展的实际情况，对赣南苏区服务业发展提出如下建议：

一是立足实际，错位发展。赣州市发展现代服务业，既要考虑自身的资源禀赋、产业特点和城市功能定位，又要与长三角、珠三角经济圈其他城市错位发展。要立足自身实际，抢抓政策机遇，充分发挥自身优势，大力发展现代金融、现代物流、电子商务、文化旅游、健康养老五大产业。

二是坚持生产性服务业和生活性服务业协调发展。以产业转型升级需求为导向，进一步加快生产性服务业发展，引导企业加快服务环节的分离和外包，促进江西省产业逐步由生产制造型向生产服务型转变。顺应生活消费方式向发展型、现代型、服务型转变的趋势，大力发展贴近人民群众生活、需求潜力大、带动作用强的生活性服务业，优化服务供给，增加短缺服务，开发新型服务。

三是坚持新兴服务业和传统服务业同步发展。实施创新型省份建设战略，抢抓产业跨界融合发展新机遇，运用互联网、大数据、云计算等推动业态创新、管理创新和服务创新，积极培育服务业新业态新模式，大力发展新兴服务业。按照崇尚绿色环保、讲求质量品质、注重文化内涵的导向，运用现代服务技术和经营方式改造提升传统服务业，促进传统服务业转型升级。

第四章
振兴赣南原中央苏区服务业战略

《赣州市国民经济和社会发展第十三个五年规划纲要》明确提出：以做大总量、优化结构、提升竞争力为核心，推动生产性服务业与制造业融合发展、生活性服务业与扩大居民消费相互促进。把赣州建成赣粤闽湘四省边际区域性金融中心、物流中心、文化旅游中心、健康养老中心。力争到 2020 年，全市服务业增加值超 1500 亿元，服务业就业人数占全社会就业人数的比重明显提升。

第一节　加快发展生产性服务业

加快生产性服务业创新发展，实现其与先进制造业、现代农业在更高水平上有机融合。重点发展金融、现代物流、电子商务产业，培育发展研发设计、信息技术服务、鉴证咨询、人力资源服务、节能环保、财务咨询服务等产业。

一、做大金融业

围绕打造全省次金融中心，完善金融机构、中介服务和要素市场体系。规划建设金融商务核心区、金融虚拟产业园和金融后援服务中心，推进赣州综合保税区金融服务区建设，积极引进外地金融机构，支持地方法人金融机构做大做强，组建赣州金融控股公司、金盛源担保集团公司，推动设立地方法人证券公司、寿险公司和基金管理公司，推进建设赣南金融资产交易中心等平台。加快发展多层次资本市场，推动融资渠道多元化，支持企业上市挂牌、发行债券，积极运作好赣南苏区振兴发展产业投资基金，大力引进天使、风投、创投、并购等不同类型的股权投资基金，发展壮大基金业。引导保险资金投资重大基础设施、重点产业、棚户区改造、城镇化建设和养老产业，参与地方金融企业、医疗机构重组改制。规范发展融资租赁、商业保理、股权众筹、第三方支付、民间融资登记服务机构、P2P 网络借贷信息中介机构等新业态。

二、做强现代物流业

积极创建国家现代物流创新发展示范城市、现代物流技术应用和共同配送综合试点城市，推进国家物流服务业标准化项目试点建设。加快综合物流中心、专业物流中心、快递中心、配送中心、甩挂中心、冷链中心、大型物流（仓储）配送中心等项目建设，打造大物流发展格局。引导传统物流企业整合功能，加快向现代物流企业转型升级。支持第三方物流企业与国内外知名物流企业合资、合营、合作，建立战略联盟，培育大型现代化物流企业。着力引进大型物流企业到赣州设立营运中心、转运中心、分拨中心等机构。加快快递入园、下乡、末端服务和智慧邮政建设，推广使用智能包裹柜、快件箱。

三、加快发展电子商务

扎实推进国家电子商务示范城市创建，放宽电子商务市场主体准入条件，加快建立开放、规范、诚信、安全的电子商务发展环境，促进电子商务与实体、产业、扶贫融合发展。着力打造稀有金属、华南家具、赣南脐橙电子商务交易平台，建设一批国家、省级电子商务示范基地和电子商务产业聚集区，培育一批有全国影响力的电子商务龙头企业。大力发展跨境电子商务，积极争创跨境电子商务综合试验区。深入推进电子商务进农村综合示范试点。推动电子商务与物流快递协同发展，积极申报电子商务与物流快递协同发展试点城市，解决电子商务物流配送"最后一公里"问题。支持中小零售企业与电子商务平台优势互补，加强服务资源整合，促进线上线下交易融合互动。

第二节　优化发展生活性服务业

扩大服务需求，丰富服务内容，创新服务方式，提升服务水平，促进生活性服务业向规范化、连锁化、便利化、品牌化、特色化方向发展，重点发展文化旅游、健康养老、商贸流通、居民和家庭服务等产业，加快发展体育、住宿餐饮、教育培训等产业，推动生活消费方式由生存型、传统型、物质型向发展型、现代型、服务型转变。

一、大力发展健康养老业

充分发挥绿色生态、温泉等天然资源优势，整合利用医疗卫生、交通、文化旅游等条件，促进健康养老与旅游、休闲农业、医疗、健康管理、中医药等产业融合发展，加快发展以养生、养老为主的健康养老产业。适应持续增长的健康和养老服务需求，加快建设一批高端健康养老与休闲旅游相结合的综合产业体，打造国内知名的养生养老示范基地、中部地区健康服务业中心。引导企业创新经营模式和服务业态，开发健康养老服务新项目，培育知名品牌。

二、做优商贸流通业

推进城乡流通网络体系建设，建设一批现代化城市综合体、商贸综合服务中心、特色商业街区，加快形成商贸流通集聚区。大力发展批发零售业，建设一批有地方特色的专业市场、农产品批发市场、集贸市场。创新发展餐饮业，提升发展住宿业，推进连锁经营。大力发展社区商业，引导便利店等业态进社区、进农村，规范和拓展代收费、代收货等便民服务。推动工商、农商、商旅联动，促进传统商贸流通业线上线下互动。积极利用互联网等先进技术改造传统商贸流通企业，推动商贸流通业转型经营、创新经营。

三、加快发展居民和家庭服务业

健全城乡居民家庭服务体系，推动家庭服务市场多层次、多形式发展，在供给规模和服务质量方面基本满足居民生活性服务需求。积极丰富服务内容和服务项目，加快发展婴幼儿看护、护理、美容美发、洗染、家用电器及其他日用品修理等服务业，规范发展房地产中介、房屋租赁经营、物业管理、搬家保洁、家用车辆保养维修等服务业。支持家庭服务企业拓宽渠道、创新服务模式，创建一批知名家庭服务品牌。建设一批社区、乡村服务网点，打造家庭服务业公共平台，健全服务网络，提升服务质量和水平。

第三节　积极推进旅游业大发展

打造"一核三区"旅游发展格局，建设涵盖章贡区、南康区、赣县的宋城文化旅游核心区，涵盖瑞金、宁都、石城、会昌、于都、兴国的红色旅游区，涵盖上犹、崇义、大余的生态休闲度假区，涵盖安远、龙南、信丰、寻乌、全南、定南的客家文化旅游区，做强红色故都、江南宋城、客家摇篮、绿色家园等旅游品牌，力争旅游总收入突破千亿元，建设全国著名的红色旅游目的地、区域性文化旅游中心城市和东南沿海地区休闲度假后花园。

以中心城区为引爆，以重大项目为引领，积极推进中心城区三江六岸水上旅游观光等重大文化旅游项目建设，打造高品质、强品牌、大流量、有号召力的旅游景点。围绕吃、住、行、游、购、娱等旅游要素，加快旅游基础设施和配套设施建设，打造旅游综合体，建设一批高星级旅游饭店和特色民宿，扩大旅游消费。推进旅游联盟，加强与周边著名景区的旅游合作，促进旅游资源整合，加快形成一批精品景区和精品线路，推动旅游资源由分散开发向整体开放开发转变，促进旅游产业集群发展。推进"旅游+"工程，推动旅游与各业深度融合，打造多元旅游业态，做强做精红色旅游，大力发展休闲度假旅游，丰富拓展观光旅游，提升发展乡村旅游，加快发展养生养老旅游，积极发展自驾车旅游。积极创建国家 5A、4A 级旅游景区，国家级、省级旅游度假区和生态旅游示范区。推进瑞金、石城、龙南旅游综合改革试点县建设。加快建设旅游小镇、旅游新村和特色乡村旅游点。加强宣传推介力度，提高旅游知名度和美誉度。

第四节　提升服务业发展水平

实施服务标准体系建设工程，创建国家级服务业标准化示范项目，支持企业加快服务业技术、业态和商业模式创新，向连锁化、网络化、集团化经营转型发展。创新职业教育和培训服务，推动各服务领域专业化发展。健全质量管理、诚信、监管和监测等服务业质量治理体系，提升服务业质量保障水平。开展服务业品牌培育、认定和保护行动，鼓励服务业企业参与国家品牌价值评价。

完善财税政策，创新金融服务，健全土地、价格、知识产权保护等相关政策，建设企业孵化、信息服务、科技研发、服务外包等公共服务平台。着力建设全国服务业发展示范基地。加快培育并发挥省级服务业集聚区和龙头企业的辐射带动作用。开展市级服务业集聚区和龙头企业的认定工作，培育市级集聚区和龙头企业，壮大集聚区规模，提升企业竞争力。引进和培育一批总部企业在赣州市聚集发展，做大做强总部经济，打造总部经济集聚区。

第五节　繁荣壮大现代服务业

2019年赣州市政府工作报告指出，现代服务业蓬勃兴起。规模以上服务业企业数量实现翻番，服务业增加值突破千亿元，增速连续三年居江西省第一位，占GDP比重达45.3%，超第二产业2.7个百分点，服务业支撑作用凸显。旅游接待人次突破1亿、总收入突破1000亿元。金融机构存、贷款余额分别超过5000亿元和4000亿元，存贷比达80%，实现历史性突破。国家标准A级物流企业总量、增量全省第一。赣州国际陆港从无到有、实现"爆发式"增长，获批肉类、汽车整车进口指定口岸，开行至盐田港、厦门港、广州港"同港同价"双向班列，开通中欧（亚）班列线路19条，年吞吐量突破40万标箱，成为江西省开放提升的"引爆点"。

现代服务业亮点纷呈。发起并成功举办首届"红军长征论坛"，章贡区极地海洋世界、会昌汉仙盐浴温泉、龙南南武当山景区、安远东生围景区、全南雅溪古村等项目建成运营，郁孤台历史文化街区获评"中国商旅文产业发展示范街区"，石城被认定为全省首批全域旅游示范区，大余获评全国森林旅游示范县。金力永磁A股上市，瑞京金融资产管理公司获批开业，金融控股集团成功组建，设立赣州发展基金、全省首支企业纾困发展基金，全国首家并购基金园、赣南苏区企业路演中心成立运营。投资20亿元的赣州综合物流园一期建成投运，赣州冷链物流中心主体工程完工，传化南北公路港获评全国优秀物流园区，顺丰科技首个无人机物流项目在南康试点并获全国首张运营牌照，智慧物流"吉集号"荣登中国产业互联网百强榜。南康、龙南、定南入选中国电商示范百佳县，寻乌、安远、石城进入全国贫困县农产品电商50强，瑞金获评全国返乡创业电商合作示范县，全市电子商务产业发展驶入"快车道"。

在党中央、国务院的深切关怀下，国家发改委等部委于2019年2月11日联合出台了支持赣南苏区振兴发展的若干政策措施，这是继2012年6月《国务院关于支持赣南等原中央苏区振兴发展的若干意见》出台实施后，国家层面为赣州市量身定制的又一重大政策文件，为赣州市纵深推进振兴发展、奋力打造新时代中国特色社会主义红色样板注入了新的强大动力。

一、做旺文化旅游

强力推动"一核三区"建成一批核心景区，力争完成旅游项目投资 300 亿元，旅游综合收入达到 1300 亿元。加快文化强市建设步伐，促进商旅文深度融合、一体化发展。打响"红色故都"品牌，建成红色文化展示馆（中央苏区历史博物馆），加快复兴之路主题公园、长征国家文化公园（于都段）、瑞金红色演艺等项目建设，深化与长征沿线城市交流合作，加快形成以瑞金为龙头，兴国、于都为重点，宁都、石城、寻乌、会昌、安远、大余、信丰等地多点支撑的红色旅游协同发展格局，将赣州打造成全国红色旅游"一线城市"。打响"江南宋城"品牌，高标准建设宋城历史文化街区，整合水西旅游板块，开发水上观光、实景演出、主题娱乐等旅游产品，打造人气旺盛的"三江六岸"旅游区。打响"客家摇篮"品牌，加快龙南世界围屋博览园等项目建设，推动安远三百山创建国家 5A 级景区，活化利用赣南围屋和客家文化资源，筹办客家文化旅游节、世界客家围屋高峰论坛等活动，打造国内知名的客家文化体验旅游区。打响"阳明文化"品牌，加快阳明湖、天沐温泉等景区建设，形成"阳明文化+绿色生态"的特色旅游产品。完善旅游要素配套，加快建设星级酒店、星级旅行社、游客集散中心、旅游厕所，力争开业运营 5 家五星级、15 家四星级酒店，每个县（市、区）建成 1 家旅游商品旗舰店、1 家客家美食旗舰店，推出一桌特色菜，打造具有赣南特色的名宴、名菜、名点、名小吃等客家美食名片。

二、做活现代金融

积极创建普惠金融改革试验区。启动建设蓉江新区金融商务核心区。深入推进区块链金融产业沙盒园建设。争取瑞京人寿获批。完成稀有金属交易所重组。做大做强地方法人机构，支持赣州银行引进战略投资者。推进"险资入赣"，扩大债券融资规模，力争企业直接融资超 200 亿元，新增信贷 700 亿元以上，让更多金融"活水"浇灌实体经济。

三、做大商贸物流

加快建设高铁站前商务中心，建成运营杉杉奥特莱斯，新建大型商贸综合体，打造高品位特色商业街区，形成城市核心商圈。推进赣州综合物流园二期、赣州智慧供应链产业园等 22 个重点物流项目建设，建成投用赣州冷链物流中心。建设农产品批发市场等商品交易市场，构建城乡高效物流配送网络体系。积极培育发展无人机快递、智慧物流、物流金融等新业态，打造赣州物流大数据中心。

四、做特康养品牌

深入实施健康养老产业发展三年行动，打造一批健康养老示范综合体。推进居家和社区养老服务改革试点，新增居家养老服务站点 200 家以上，每个县（市、区）培育打造 2~3 家专业化养老服务社会组织，加快构建具有赣南特色的养老体系。充分利用生态优势、温泉资源和旅游景区，推动"康养+旅游"融合发展，打造全国知名的康养旅游目的地。

第五章
赣南苏区公共服务振兴发展

近年来,赣南苏区经济社会发展取得了长足进步,但受历史、自然等多重因素制约,赣南苏区经济社会发展总体水平落后,公共服务和社会保障等社会民生事业发展欠账较多,与全国、江西省平均水平相比差距较大。

第一节　赣南苏区公共服务基本情况
——以赣州市为例

一、教育

赣州市现有中小学(含小学教学点)、幼儿园、中职学校共 7189 所,在校学生(含在园幼儿)195.7 万人,专任教师 10.2 万人。另有市属、驻市高校 10 所(含 2 所独立学院),在校学生 15 万人,专任教师 5965 人。

二、卫生计生

截至 2016 年末,赣州市共有各类卫生计生服务机构 8876 所。赣州市有三级医院 9 所、二级医院 58 所、乡镇卫生院 334 所、社区卫生服务机构 68 所。赣州市床位数 3.87 万张,比 2011 年增长 69.13%。赣州市卫技人员 3.77 万人、执业(助理)医师 1.25 万人注册护士 1.64 万人,分别比 2011 年增长 48.43%、40.93%、75.75%。截至 2016 年,赣州市每千常住人口床位数 4.5 张、执业(助理)医师数 1.45 人、注册护士数 1.91 人,分别比 2011 年增长 65.96%、38.29%、72.46%。赣州市孕产妇死亡率、婴儿死亡率分别从 2011 年的13.9/10万、7.06‰下降至2016年的10.13/10万、4.07‰，连续五年大幅低于全国平均水平。

三、公共就业

《国务院关于支持赣南等原中央苏区振兴发展的若干意见》实施五年来，赣州市累计新增就业41.09万人，转移农村劳动力69.32万人。建立全国就业扶贫基地4个，省级就业扶贫示范园10个，省级就业扶贫车间359个，省级就业扶贫示范点113个，通过就业扶贫累计帮助11.1万名贫困劳动力就业。建成创业孵化基地27个、创业孵化园（街）25个，3300余个创业实体入驻"双创"平台，带动就业4.2万余人。累计发放担保贷款76.68亿元，直接扶持就业7.21万人，带动就业36.66万人。

四、社会保障

截至2016年底，赣州市五项社会保险参保人数达861.06万人，比2012年底增加117.38万人。基金征缴122.4亿元，比2012年底增加72.4亿元。企业退休人员月人均养老金由2012年的1292元提高到1896元，增长47%。城乡居民养老保险月基础养老金标准由人均55元提高到80元。居民医保和职工医保年度报销总额分别由12万元、19.5万元提高到21万元和40万元，分别增长75%、105%（见表5-1）。

表5-1　2012年和2016年赣州市社会保障情况

	2016 年末	2012 年末
五项社会保险参保人数（包括养老保险、医疗保险、失业保险、工伤保险、生育保险）	861.32 万人	749.34 万人
基金征缴	122.4 亿元	50 亿元
企业退休人员人均养老金	1896 元	1292 元
城乡居民养老保险月基础养老金	80 元	55 元
居民医保年度报销总额	21 万元	12 万元
职工医保年度报销总额	40 万元	19.5 万元

五、民政

截至 2016 年底，赣州市共有相对固定社会救助对象 53.63 万人，其中城乡低保对象 47.28 万人、农村特困人员 5.32 万人、20 世纪 60 年代精减退职老弱病残职工救助 1.03 万人（见表 5-2）。

表 5-2　2016 年赣州市社会救助基本情况

救助内容		保障人数（人）	保障标准（元/人·月）	支出资金（万元）
低保	城市低保	79054	480	31208.66
	农村低保	393747	270	91839.51
农村特困人员供养	集中供养	40714	365	17832.73
	分散供养	12547	290	4366.36
20 世纪 60 年代精减退职老弱病残职工救济	城镇	7516	355	3201.80
	农村	2758	315	1042.50
临时生活救助		23844	一次性补助 300~50000 元	4128.81
医疗救助		591517	—	26076.88

截至 2016 年底，赣州市有社区居委会 428 个、县级社区综合服务中心 2 个、街道社区服务中心 6 个、居委会社区服务站 406 个、社区便民利民服务网点 5000 余个，社区办公和服务用房总面积 9.7 万平方米。赣州市有社区工作人员 2600 多人，社区服务志愿者组织 200 多个，社区服务志愿者人数 3 万余人。全市有村民委员会 3466 个、村民小组 4.8 万多个、农村社区点近万个。2016 年起，赣州市全面开展农村社区建设试点工作，每年打造 9 个省、市、县三级共建示范点。赣州市 60 周岁及以上户籍的老年人口已达 136.4 万，占户籍总人口的 14.05%，其中失能失智老人 19.1 万人。目前赣州市共有各类养老机构 341 家（其中公办养老机构 310 家、民办 31 家），养老床位 4.9 万张（其中公办 4.3 万张、民办 0.6 万张），每千名老年人拥有床位 36 张（见表 5-3）。赣州市有城乡居家和社区养老服务设施 922 个，占全市村（居）总数的 23.74%。2016 年赣州市成为首批国家级医养结合试点单位，有医养结合机构 51 家（其中公立 27 家、民营 24 家），医养结合养老床位 9953 张，入住老人 3203 人。赣州市有留守儿童 20.42 万人，占全市农村户未成年人的 14.4%。由爷爷奶奶或外公外

婆抚养的有192088人，占94.41%。市享受国家抚恤和生活补助的现有8.2万人，其中"两红"人员165人，在乡老复员军人3753人，残疾军人3063人，"三属"5551人，带病回乡退伍军人7776人，参战参试退役人员10018人，铀矿开采军队退役人员595人，60岁以上部分烈士子女29270人，农村籍退役士兵22084人。赣州市现有光荣院76所，光荣院及敬老院有在院优抚对象1300余人。赣州市有县级以上烈士纪念设施保护单位52个，其中国家级5个、省级10个、县级37个。有零散烈士墓和纪念设施5.3万座，分别占全国、全省的6.5%和54%。赣州市有应急避难场所90个、市县两级救灾物资储备库20个、乡镇（街道）救灾物资储备点52个，可满足11万人的基本生活救助需求。据全国第二次抽样调查数据，赣州市现有各类别残疾人68.93万人，占总人口的7.22%；有4.76万名残疾儿童。目前，赣州市已建有民办残疾人康复服务机构29个，社区残疾人康复站367个；18个县（市、区）康复托养中心已建成，残疾人服务设施面积达5万多平方米。

表5-3　2016年赣州市与全国、江西省及部分省市区千人养老床位对比

地区	每千人养老床位数（张）
全国	29
江西省	31
新疆维吾尔自治区	28
内蒙古自治区	59
湖北省	31
云南省昆明市	30
安徽省安庆市	40
山东省淄博市	35
福建省泉州市	28
湖南省株洲市	26
广东省阳江市	30
广东省韶关市	29.5
福建省龙岩市	33.1
江西省赣州市	36

六、体育

赣州市建有乡镇农民体育健身工程 133 个（占乡镇总数的 39.92%）；村级农民体育健身工程 1533 个（占村级总数的 51.35%），全民健身路径工程 149 个，城市社区全民健身场地（笼式足球场、多功能运动场、拆装式游泳池）7 个，共有足球场 138 块。规划建设市、县"两场一馆一池"（体育场、全民健身广场、体育馆、游泳池馆）共 88 个（目前开放使用 52 个，在建 13 个，待建 15 个，正在做前期工作的 8 个）。赣州市人均体育场地面积 1.0 平方米。赣州市注册的市级体育社团 60 个，县级体育社团 302 个，晨晚练点 1500 多个，国家级社区体育健身俱乐部 1 个，国家级户外体育活动营地 1 个；拥有各级社会体育指导员 6520 人。赣州市经常参加体育锻炼的人数占全市总人口的 33.13%。赣州市有市级体校 1 所，县级体校 18 所，市本级训练规模 600 余人，县级训练规模近 2000 人。有赣州籍一级以上运动员 69 人；专职教练员 77 人，其中获体育高级职称者 12 人；有二级以上裁判员 2286 人，其中国际级裁判员 2 名，国家级裁判员 14 名。赣州市体育产业法人单位有 240 余家，总产值约 3.3 亿元，占全市 GDP 的 0.16%。近年来赣州市销售体育彩票总量位居全省各设区市前列（2016 年体育彩票销售额为 6.05 亿元，在江西省排名第二，仅次于省会南昌市）。

七、广播电视

赣州市拥有市级广播电视台 1 座；县级广播电视台 18 座，1 千瓦以上高山无线发射台 5 座；有线电视光缆网络覆盖了 283 个乡镇和 2456 个行政村，分别占全市乡镇数和行政村数的 100% 和 70.98%，网内有线电视总用户 102 万户，广播电视人口综合覆盖率超过 95%。

第二节　赣南苏区公共服务存在的问题

一、教育基础薄弱

（1）学前教育供需矛盾较为突出。①普惠性学前教育资源严重不足。要实现学前三年毛入园率达到85%，普惠性幼儿园覆盖率达到80%左右，赣州市还需新建公办幼儿园466所，扶持普惠性民办幼儿园1500所。②保教质量参差不齐。赣州市1089个村小附属幼儿园（班）受师资和硬件环境的限制，与农村幼儿园办园标准相比差距较大，"小学化"现象严重；现行普惠性民办幼儿园扶持政策中资金奖补额度少，难以吸引办园条件达标且保教质量较高的民办幼儿园降低收费标准；赣州市认定的732所普惠性民办园办园条件亟待改善。

（2）义务教育均衡发展任务繁重。①大班额问题突出。全市小学大班额（9292个班）占比39.11%，特大班额（1540个班）占比6.48%；初中大班额（4698个班）占比62.13%，特大班额（895个班）占比11.84%。该问题在中心城区尤为突出，小学、初中大班额分别达53%、80%。②义务教育均衡发展历史欠账大，实现基本均衡任务繁重。由于赣州市是教育人口大市，18个县（市、区）中仅有6个县实现县域内义务教育基本均衡，占比仅为33.3%，远低于全国64%、全省57.1%的通过率。2018年前，赣州市还有12个县域单位未通过国家评估认定，占全省的1/4，还需投入大量财力补齐欠账。③农村学校办学生源流失严重，小规模学校逐年增加。农村学校师资、办学水平跟不上，生源流失严重。目前，赣州市小学教学点达1655个，比2012年增加561个，其中100人以下教学点1601个，110个教学点无学生，73个教学点仅有1名学生，559个教学点仅有2~9名学生，大部分教学点集中在边远艰苦村及深度贫困村。

（3）高中阶段教育发展滞后。①普通高中资源总量不足，学校运转困难。近五年赣州市普通高中学生数增加6.4万人，学校仅增加7所，导致部分学校规模过大，大班额问题突出，全市在校生超过5000人的高中学校达23所，占比34%。同时，近年来赣州市初中毕业学生数量逐年增加，近三年累计增加10万人，高中教育资源不足凸显，目前初中毕业生普通高中升学率仅为53%。②办学经费不足制约高中教育发展。赣州市普通高中学费收费标准低，无法确保学校正常运转，导致普通高中普遍存在负债运行现象。③中等职业教育基础薄弱。赣州市现有招生资格公、民办学校35所，有15所未达到省达标学校条件。经省级认定的双师型教师594人，占专任教师的23.8%，离国家要求的30%有较大差距；专任教师学历达标率仅为73.42%。生均办公经费严重不足，中职学校免学费标准仅为每年850元/人，无法满足职业学校培养学生的正常需要。

（4）教育兜底力度有待提高。①资助覆盖面较窄。赣州市现有学前建档立卡家庭幼儿28469人，按照建档立卡幼儿资助全覆盖、每人每年资助1500元的要求，每年需资助资金4270.35万元，而中央、省每年下达赣州市的学前资助资金只有2100万元左右，资金缺额近一半。②资助政策存在盲区。义务教育阶段国家政策规定只有贫困家庭寄宿生才能享受生活补助，而全市 10.2 万名义务教育阶段贫困家庭非寄宿生未能享受生活补助。③教育信息化发展相对落后。"宽带网络校校通""优质资源班班通"比率低于全国平均水平，尚有 700 所农村学校和教学点未接入宽带，9876 间教室无多媒体设备，尤其是全南、寻乌、崇义等县，覆盖率仅 50%。市级以上信息化教学应用骨干教师仅有 300 余人，其中省级信息化教学应用骨干教师仅有 37 人，信息化促进教育教学创新缺乏人才支撑。

（5）教育保障条件仍有欠缺。①中小学教职工编制不足。目前赣州市中小学教职工编制总额仍为 2008 年江西省下达数，至今在校生净增近 13 万人，中小学教职工编制却没有增加。由于编制不足，农村学校无法配套各学科教师，音体美专职教师严重缺乏，教师兼课致使工作量增加，教学质量难以保证。各地为了缓解因实施二孩政策引发的产假式缺员，大量聘请临时代课人员，既增加了学校经费负担，也因聘用人员待遇和管理不规范易引发后续隐患。同时，农村学校校长每年开学季因为教师不足，耗费大量精力寻找代课人员。②农村教师待遇亟待提高。从 2008 年 1 月始，省政府设立艰苦边远地区农村中小学教师特殊补贴政策，但是 2008 年江西省下达的特殊津贴发放人数约占当年各地农村中小学教职工人数的 1/3。赣州市大部分县（市、区）通过定向培养、招聘特岗教师、"三支一扶"支教人员及全省统一招聘中小学教师等方式大量补充农村教师，然而因拨付基数没有调整，导致特殊津贴资金存在缺口，大部分农村教师无法享受这一政策。另外，自 2014 年 1 月 1 日起，江西省政府对罗霄山片区 11 个县实施义务教育乡村教师生活补助政策（乡村教师每月 200 元/人），但同属于集中连片特困县（市、区）的非义务教育学校如公办幼儿园等学校教师未享受该政策，影响教师工作积极性，且非集中连片县（区）乡村教师不能享受该政策。

二、卫生计生事业发展不足

（1）卫生计生资源总量不足，医疗卫生资源总量与全国平均水平相比差距仍然较大。2016 年，赣州市每千常住人口床位数、每千常住人口执业（助理）医师数、每千常住人口注册护士数分别是全国平均水平的 83.8%、62.77%、75.49%，分别是中部地区平均水平的 82.42%、66.21%、80.59%，分别是西部地区平均水平的 78.81%、67.44%、76.4%（见表 5-4）。

表 5-4　2016 年赣州市主要卫生资源指标对比

指标名称	全国	中部地区	西部地区	赣州市
每千常住人口床位数（张）	5.37	5.46	5.71	4.5
每千常住人口执业（助理）医师数（人）	2.31	2.19	2.37	1.45
每千常住人口注册护士数（人）	2.53	2.15	2.5	1.91

（2）卫生计生基础设施欠账大。赣州市肿瘤疾病年发病率为 2.9‰，超出全国平均水平的 0.14‰，尤其是肺癌、肝癌、鼻咽癌、子宫颈癌、乳腺癌高发，但赣州市肿瘤医院仅是设置病床 400 张的三级肿瘤专科医院，不能满足肿瘤患者的就医需求。赣州市中医院是赣州市唯一的三级甲等中医医院，医院占地面积小，现有规模仅相当于县级中医医院规模，无法发挥地市级中医院的医疗辐射功能。赣州地处赣闽粤三省交界，卫生突发风险较大，现有卫生应急设施、设备严重不足，抗风险能力低，赣州市医疗急救中心业务用房面积仅有 800 平方米，属于江西省设区市已建成急救中心中业务用房面积最少的，这与国家规定的急救中心房屋"建筑面积不少于 2150 平方米"的基本标准相去甚远；赣州市卫生计生综合监督执法局至今没有独立的业务用房，现在是在赣州市卫生计生委搬迁后的老旧办公楼（建于 1974 年）办公，房屋严重老化，楼顶多处漏水，楼面出现裂缝，已无法修缮；赣州市第五人民医院是赣州市唯一一家收治传染性疾病的市级专科医院，至今没有建设相对独立的门诊与住院为一体的传染病卫生应急业务用房，没有达标的负压病房，负压 ICU 病房也不够，不利于对病人进行分诊救治和安全防护，难以应对艾滋病、H7N9、埃博拉疫情、寨卡病毒等重大突发传染病。赣州医疗卫生系统规范应用和大数据管理滞后，信息资源共享程度低，信息化程度弱，导致医疗卫生资源无法均衡分配，影响了分级诊疗、家庭医生签约服务等医改重点工作的推进。赣州市有 140 万老年人口，但医养结合服务能力不能满足老年康复、失能老人照料护理、临终关怀需求。县级医院和县级妇保院基础建设薄弱，赣州市县级医院千人床位数仅 1.5 张。基层医疗卫生机构业务用房危房面积仅 2.58 万平方米，100 万元以上的设备仅 7 台。

（3）卫生计生事业发展所需人才匮乏。一方面，人才分布不均，结构不合理，主要表现为中高级职称和高学历的卫生专业技术人员主要集中在县级以上医疗机构，中级技术职称的卫生人才主要集中在医疗、护理方面。另一方面，医技人才紧缺，主要表现为高学历、高职称等高层次人才人才偏少，部分专科的学科带头人队伍较为薄弱，儿科、精神卫生、康复、老年病和老年护理等领域发展滞后。另外，传统专业人才比重大，全科医师和预防医学、放射、麻醉等乡镇卫生院急需的专业技术人员仍然缺乏。

（4）重大疾病给社会和家庭带来沉重负担。赣州市是地贫基因携带次高发区，携带率为5%~8%，目前全市有200多名地贫患儿在接受治疗，保守估算仅此一项疾病每年需支出医疗费用约1000多万元，给社会和众多家庭带来了沉重负担。赣州市是劳务输出大市，全市有留守儿童近50万人，长期的隔代监护或单亲监护，甚至是他人监护，致使留守儿童中6~24月龄婴幼儿营养摄入不足，导致低体重率、生长迟缓率、贫血患病率明显高于非贫困地区，其他微量营养素缺乏状况也不容乐观。

三、公共就业压力大

（1）就业形势总体压力大。①就业总量压力大。赣州市每年返乡就业人数达6万人以上，新成长劳动力每年近7万人，特别是每年近4万高校毕业生需就业，加上每年城镇新增就业人员、新增转移劳动力、就业困难人员等近17万人的就业重点群体，就业总量压力依然较大。②经济形势对就业的带动作用放缓。在经济新常态下，经济增长由高速转变为中高速，不可避免地导致对就业创业的带动速度放慢。加之赣南苏区经济发展基础薄弱，国家重大投资项目少，工业底子差，服务业发育较晚，第二、第三产业吸纳就业的能力先天不足。③就业政策的积极带动作用挖掘还不充分，返乡创业、引导大学生回本地就业的政策还不完善。创业扶持力度不够，政策支持面偏窄，就业资金使用限制多，贷款金额偏少，每年已享受小额贷款贴息扶持人数占应享受创业人员总数的比例不足20%，远不能满足赣南苏区人民渴望享受创业扶持的愿望。④工资收入低，影响就业稳定。2016年，赣州市在岗职工月平均工资为4558元，比江西省在岗职工月平均工资（4678元）低120元，比福建龙岩在岗职工月平均工资（4944元）低386元，比湖南郴州在岗职工月平均工资（4630元）低72元。2015年，赣州市中心城区最低工资标准为1430元/月，比南昌市低100元，比广州市等珠三角发达地区低460元。

（2）就业结构性矛盾突出。随着转型升级、结构调整深入推进，劳动力市场冷热不均、就业难与招工难并存、用人供需错位问题更加凸显，由此产生的结构性和摩擦性失业增多。一方面，产业转型升级所需的高层次人才和高技能人才招不到，一线普工不好招，赣州市工业园区企业用工缺口达2万余人。另一方面，大龄低技能劳动者就业困难，赣州市尚有2.1万下岗失业人员，有3.5万有劳动能力但未就业的建档立卡贫困劳动力。

（3）就业基础比较薄弱。①职业技能培训平台少。除市本级在建的公共实训基地外，赣州市还没有县级公共实训基地，严重制约了本地产业工人的培养壮大。②与经济新常态相适应的就业监测预警体系还不完善。"互联网+人社"运行管理体系还在建设之中，基于大数据的服务体系尚未成型，对就业信息数据的研究、分析、运用还有短板。

四、社会保障层次低

（1）社会保障待遇低。①企业退休人员养老金待遇水平低。2016年赣州市月人均养老金为1896元，虽然比2012年增加600多元，但仍然比江西省平均水平低155元，比全国平均水平低466元。②城乡居民社会养老保险待遇低。目前赣州市城乡居民基础养老金标准为80元/月·人，比陕西延安低30元，比全国平均水平低40元，每年还不到1000元，尚不及国家3353元的扶贫标准线，仅为低保的1/4，在保障城乡居民的基本生活方面作用有限（见表5-5）。

表5-5 2016年赣州市养老金水平与江西省、全国及周边省市比较

地区	企业养老金 （元/月·人）	居民基础养老金 （元/月·人）
赣州	1896	80
江西省	2051	80
全国	2362	120
陕西延安	2362	110
湖南郴州	2006	85
广东韶关	2000	120
广东梅州	1488	120
福建龙岩	2165	120

（2）社保资金缺口大。①社保支出缺口大。近年来，赣州市城镇职工养老保险金收支缺口呈现不断扩大趋势。2013年、2014年、2015年、2016年基本养老金缺口分别为9.32亿元、9.73亿元、14.76亿元、13.61亿元。②落实被征地农民参加基本养老保险政策资金缺口大。赣州市认定的40.7万被征地农民中，有24万人参加了基本养老保险，各县市区须配套的24.6亿元补贴参保资

金中，还有 5.9 亿元没有转入养老保险基金。此外，还有近 16 万人没有参保，所需配套补贴资金 100 亿元。③实施健康扶贫资金压力大。赣州市为解决贫困人口因病致贫、因病返贫问题，大力推进健康扶贫"四道医疗保障线"，大大减轻了城乡贫困人口就医负担。持续落实这项政策，每年需要市、县财政筹资 4 亿元为城乡贫困人口购买疾病补充保险，市、县财政承受巨大压力。④扩面征缴难，养老金收不抵支。工业园区企业、有稳定打工收入者以及年轻人的参保率偏低，参保比例均低于 40%。⑤社会弱势群体参保缴费困难。截至 2016 年底，赣州市城镇职工养老保险参保人员中，以个人身份参保、续保的达 41.7 万人。目前，赣州市城镇职工养老保险参保人数 91.94 万人，其中企业离退休人员 25.97 万人，供养比为 2.25∶1。为确保 2020 年养老金待遇达到江西省平均水平，每年需增加中央转移支付 4.9 亿元；达到全国平均水平则需增加中央转移支付 14.8 亿元。

（3）社保公共服务体系滞后。赣州市 298 个乡镇，劳动保障公共服务基层平台平均面积仅 24 平方米，实有工作人员仅 2 人，服务比达 1∶17000，网络设备建设滞后，基层每人平均拥有 0.3 台计算机。存在基层经办力量严重不足，基层经办场所小，编制和人员少，人员不稳定，流动性大，设施落后，管理体制不顺，劳动保障所与民政所合署办公，职责不分、权限不明等问题，成为基层劳动就业社会保障工作发展的"瓶颈"。

五、民政事业发展水平低

（1）基本民生保障标准低，保障服务水平不高。①特困人员供养标准偏低。2017 年赣州市农村特困人员集中和分散供养标准为每人每月 425 元和 320 元，由于这部分人基本上都是年老、体弱、多病者，该供养标准难以满足他们的基本生活；失能、半失能特困人员没有专门的护理经费，供养质量难以提高。②因病致贫返贫现象突出。赣州市是劳务输出大市，因打工致病返乡的大病患者较多。因种种原因，赣州市患恶性肿瘤等大病重病的群体多，因病致贫返贫的现象非常突出。③资金配套压力大，农村敬老院建设滞后。由于赣州市大部分县、乡两级财政均为"吃饭型"财政，对农村敬老院长期缺乏投入，少数乡镇敬老院还是 20 世纪六七十年代建的土坯房，农村敬老院规模偏小、床位不足、硬件设施功能不全，难以满足农村特困人员的养老需求。

（2）社区建设投入不足，基础设施仍然落后。一方面，城市社区服务用房不足。在 428 个社区居委会中，有 22 个没有社区服务用房；有自己产权的办公用房的社区只有 232 个，仅占 54.20%；办公服务用房达到 300 平方米基本要求的有 91 个，仅占 21.26%。由于社区居委会活动场所和服务设施不足，无法满足社区居民的社区就业、社会保障、社会救助、医疗保健、文教体育、家政服务、居家养老和托幼等多元化需求。另一方面，赣州市农村社区建设目前处于起步阶段，由于中央、省都没有农村社区建设试点专项资金，市本级每年只有 200 万左右福彩公益金投入，而赣州市大部分村已经属于"三无村"（无集体经济、无集体资产、无集体资源），在维持社区正常运转的工作经费、设施维护更新费用、管理人员报酬等方面均面临很大困难。

（3）养老服务发展不均衡，扶持政策有待完善。①市场需求大，养老床位少。赣州市有老年人口 136.4 万，其中失能、失智老人 19.1 万，需要入住养老机构的老人约有 5.5 万，而目前赣州市只有 341 家养老机构，4.9 万张养老床位，利用率低，功能布局不全，基础设施较差。中心城区仅有 4000 张养老床位，每千名老年人仅拥有养老床位 19 张，远低于全市平均水平。②机构养老多，居家服务少。目前，居家社区养老服务仍是赣州养老服务业的短板，全市设立了社区居家养老服务中心（站）922 个，占 23.74%。赣州市每年要完成 500~600 个居家养老服务站点才能达到"十三五"规划目标。但自 2016 年起，中央预算内资金等已明确不再支持居家养老服务站点建设，居家养老服务站点建设资金不足。对于医养结合养老机构的扶持，从国家到地方都没有资金、项目支持（见表 5-6）。

表 5-6　部分城市养老服务业财政政策对比情况

城市	建设补贴	运营补贴	医养结合补贴	等级评定补贴
广州	自有产权新增床位 15000 元/床，租赁场地新增床位 10000 元/床	公益性养老机构：重度失能老人 500 元/人·月；轻度、中度失能老人 300 元/人·月；能力完好老人 200 元/人·月 经营性养老机构：重度失能老人 500 元/人·月；轻度、中度失能老人 300 元/人·月；能力完好老人 200 元/人·月	已实际收住服务对象并具备医保定点资格的，给予 20 万元一次性补贴；未具备医保定点资格的，给予 15 万元一次性补贴	获评省五星级养老机构给予 20 万元一次性补贴，获评省四星级养老机构给予 10 万元一次性补贴，获评省三星级养老机构给予 5 万元一次性补贴。评定为国家级养老机构的，比照前款规定标准的 2 倍进行补贴

城市	建设补贴	运营补贴	医养结合补贴	等级评定补贴
西宁	10000 元/床	困难老人 500 元/人·月；普通老人 180 元/人·月；"五保"对象失能老人 300 元/人·月；低保、"三无"、优抚对象中失能老人 200 元/人·月	—	—
赣州	自有产权、30 张床位以上且运营满一年不少于 2000 元/床、租赁场地五年以上、拥有 30 张床位以上且运营满一年，不少于 1000 元/床	普通型床位不低于 40 元/床，护理型床位不低于 50 元/床	自有产权、30 张床位以上且运营满一年不少于 2000 元/床、租赁场地五年以上、拥有 30 张床位以上且运营满一年，不少于 1000 元/床	—

（4）优抚对象抚恤标准偏低，"三难"问题仍然存在。随着经济的不断发展，近年来优抚对象的抚恤补助标准有所提高，但是与居民的平均生活水平相比仍然偏低。尤其是家庭生活比较困难的优抚对象，该抚恤补助标准对生活质量的改善效果，不是很明显。

（5）减灾救灾基础薄弱，应急保障水平有待提高。赣州市本级救灾物资储备仓库面积小，仅 500 平方米；全市绝大部分县（市、区）没有专门的救灾物资库，均为租用场地存放物资。灾民救灾保障水平有限，按照江西省民政厅要求，受灾群众因灾倒房重建每户标准不低于 2 万元，过渡期救助人均每天 20 元、最长救助 90 天，紧急转移安置人均每天 20 元、最长救助 15 天。虽然标准较往年有了很大的提高，但救灾补助标准依然偏低。

（6）残疾人保障有待加强。因赣州市财力有限，残疾人公共服务设施投入不足，残疾儿童救助亟待加强，残疾儿童学前康复教育弱，残疾儿童学前教育机构甚少，残疾人教育工作比较薄弱。残疾人生产生活水平有待提高，在残疾人就业和参与社会活动方面处于弱势，个体就业难度越来越大。大量残疾人还是以从事农业生产和个体简单劳动为主，收入低，稳定性较差，生活水平难以提高。重度残疾人护理、困难残疾人生活补贴均为 50 元/人·月（省、县财政 8：2 分担）补助资金，补贴额度偏低。

六、体育基础薄弱

（1）体育场地设施不够。目前赣州市人均体育场地面积只有 1.0 平方米（国家要求 2020 年应达到人均 1.8 平方米）。赣州市县级全民健身活动中心数仅占县级总数的 38%，乡镇体育健身中心数仅占乡镇总数的 7%，行政村农民体育健身工程数仅占行政村总数的 26%，分别与"十二五"国家平均水平要求相差12 个百分点、43 个百分点和 24 个百分点。因体育场地设施数量严重不足，难以满足各项目训练、比赛需要及人民群众日益增长的健身需求。

（2）体育专业人才不足。目前赣州市市级、县级体育管理干部、教练员、裁判员和社会体育指导员的数量、质量和结构，远不能满足体育事业发展的需要，体育工作队伍较为薄弱。

（3）全民健身组织化程度不高。"全民健身说起来重要、做起来次要"，全民健身保障力度不大、措施不多，全民健身活动组织网络不够健全，国民体质监测普及程度不高，社会体育活动不够丰富、城乡开展不均衡，体育社团作用发挥不够等问题仍普遍存在。

（4）竞技体育人才不尖。长期以来，赣州市竞技体育水平处在江西省中下游。各地少儿体校普遍招生困难，优秀体育后备人才少；县级业余体校训练条件差；还未建立赣州市部分项目的联赛机制；各地还未形成品牌特色竞技体育项目；赣州籍运动员在全国赛事上争金夺银的数量少、竞争力低。

（5）体育产业规模不大。赣州市体育产业尚处于起步阶段，体育产业仅限于体彩销售等少部分项目，总量规模小，市场化程度低，相关配套措施尚不完善，体育服务供给与体育消费需求之间存在较大差距。目前，市民大部分都在健身路径、公园广场进行运动，进入经营性健身场馆活动的人数相对较少，休闲健身方面的开支在家庭生活消费结构中所占的比重还比较低。

七、广播电视事业发展滞后

（1）市级广播电视覆盖有"盲区"，部分农村群众仍看不到市级电视节目。

（2）广播电视设备设施基础薄弱，近半数的广播电视播出台站设备设施老化，制、播、发各技术环节无法适应现代媒体发展的要求。

（3）无线发射节目套数少，还未达标。

（4）有线电视入户率只有 45%，在江西省排名靠后。

（5）技术维护力量不足，地方技术维护管理队伍青黄不接。

第三节 提升赣南苏区公共服务水平的建议

一、支持赣南苏区教育事业发展

（1）持续支持部省共建赣州市教育改革发展试验区建设。在资源配置和财政投入上对赣州市全面执行西部地区政策，定期召开共建联席会议，加强调研指导，支持开展试点示范。

（2）支持学前教育普惠发展。协调教育部、财政部等部门在支持学前教育发展中央专项资金和扩大学前教育资源中央奖补资金等项目安排上给予倾斜。

（3）支持义务教育均衡发展。支持赣州市重点推进办学条件、师资力量、经费投入、办学水平、教育机会等基本均衡。支持赣州市全面提升义务教育学校办学品质，大力提升乡村及薄弱地区义务教育质量。支持加快实施城区学校扩容工程，持续增加学位数量，合理配置教育资源，逐步化解大班额。

（4）支持普通高中教育普及发展。支持实施普通高中改造计划，改善普通高中办学条件，推动化解普通高中债务，制定普通高中生均公用经费标准。支持探索综合高中、特色高中、"二一分流、高三分流"等多种模式，促进学校特色发展。支持发展一批优质品牌学校，引领全市普通高中学校发展。支持大力推进"选课制""走班制"，探索富有活力的高中教育教学发展模式，提升普通高中办学水平和创新能力。

（5）支持职业教育优化发展。加强中等职业教育基础能力建设，使每个县（市、区）有一所起骨干示范作用的中等职业学校，建设30所省级达标学校。加快推进赣州职教园区建设，积极支持符合条件的各类职业院校入驻园区。建设国家级公共实训中心和县级现代化公共实训基地。优化院校布局和专业结构，建立与区域经济和产业发展匹配紧密、特色鲜明的专业结构体系，形成专业群。支持创建一批国家级和省级重点专业。创新办学模式和人才培养机制，帮助赣州职业教育构建中高职对接和应用型本科院校人才培养体系，将赣州列入与中职和应用型本科院校对接的试验基地，帮助赣州中职学校与省内外知名高校建立合作关系，并联系省内外知名高校进行对口帮扶。

（6）支持高等教育内涵发展。支持赣州优化高等教育结构布局，新增设置赣南职业技术学院、瑞金职业学院等若干所高职院校。支持江西理工大学获批博士学位授予单位和博士授权点，列入"中西部高校综合实力提升工程"，支持江西理工大学稀金新材料学科申报"高等学校学科创新引智计划"（以下简称"111 计划"）。

（7）支持建设高素质教师队伍。支持实施农村义务教育学校教师特岗计划、三区人才支教及学前教育巡回支教工作。支持实行城乡统一的中小学教职工编制标准，完善义务教育学校教师编制区域、城乡统筹和动态管理机制，探索使用聘用教师控制数方式，着力解决乡村教师结构性缺员和城镇师资不足的问题。强化全员岗位培训，在国培、省培时给予倾斜，实施"中小学名师名校长工程"，加大中小学名师、名校长培养力度。

（8）支持教育信息化建设。组织专家每年来赣州举办教育信息化专题培训班并对赣州市教育信息化顶层设计进行指导；在国家数字教育资源公共服务体系建设与应用试点项目上给予赣州倾斜支持。

（9）支持实施教育扶贫攻坚。将罗霄山片区县政策延伸至苏区县，支持非罗霄山片区县享受农村义务教育营养改善计划、国家面向贫困地区定向招生专项计划、乡村教师补助等政策。支持赣州提标扩面，加大对贫困家庭学生的资助力度，保障建档立卡贫困家庭学生实现应助尽助。

（10）加大对口支援力度。深入推进教育部对口支援上犹县工作。协调支持赣州市加强与国内教育发达地区的区域合作，展开选派骨干教师外出跟班学习、挂职锻炼，以及邀请优秀师资到赣州市送教上门等多形式的教育合作。

二、支持赣南苏区卫生计生事业发展

（1）支持赣州市人口信息化建设项目，安排中央投资 5000 万元。在国家发改委、卫生计生委启动人口和信息化建设时，将赣州市的建设项目纳入"十三五"项目库，优先予以安排。

（2）恳请安排贫困地区卫生计生人才综合培养试点项目资金。于都县 2014 年被列为贫困地区卫生计生人才综合培养试点县，国家每年拨付 200 万元项目资金。请求对于都县继续按每年 200 万元试点项目资金的标准，其他 17 个县（市、区）和赣州经开区、赣州蓉江新区均按每年 100 万元的标准安排试点项目资金，每年合计项目资金 2000 万元。

（3）实施赣南苏区创新型中青年卫生人才培养项目。2017～2020 年，协调 27 家国家卫生计生委委属委管医院，每年接收赣州市学员 25 名，培养 100 名优秀中青年骨干卫生计生人才，为赣南苏区培养一批优秀医学重点学科和医院管理人才，提高赣南苏区卫生高层次人才自主创新能力。

（4）加强对口支援，进一步安排"国家级"医院对口帮扶赣州市县医院。统筹协调安排北上广等国家级三级医院的技术、人才、管理方面的优势资源，加大对赣南苏区市、县两级医疗卫生机构的对口帮扶，实现对口帮扶全覆盖，进一步提升赣南苏区整体医疗卫生服务能力，更好地为赣南苏区人民医疗卫生健康服务。

（5）国家贫困地区儿童营养改善项目全面覆盖赣州。从 2013 年起，赣县、兴国、于都、会昌、瑞金、宁都、安远、寻乌、南康 9 个县（区）被列为儿童营养改善项目县，取得了预期效果。恳请将其他 9 个县（市、区）及赣州经开区、赣州蓉江新区列为儿童营养改善项目县，实现项目全覆盖。

（6）国家地中海贫血防控项目全面覆盖赣州。2013 年起，中央财政安排专项资金在信丰县、大余县、南康区和兴国县实施地贫防控试点项目。为全面提高赣州出生人口素质，恳请将赣州其他 14 个县（市、区）及赣州经开区、赣州蓉江新区列为地中海贫血防控试点项目县，实现项目全覆盖。

（7）支持"健康暖心"工程全面覆盖赣州。于都县是中国人口福利基金会设立的"健康暖心基金"项目县。恳请将赣州其他 17 个县（市、区）和赣州经开区、赣州蓉江新区列为"健康暖心"工程项目县，每县每年安排 300 万元"健康暖心基金"，用于开展贫困患者大病救助、人才培养以及帮助贫困户制定精准脱贫致富项目等。

（8）支持国家新生儿疾病筛查项目全面覆盖赣州。自 2013 年以来，上犹县、石城县、宁都县和寻乌县成为新生儿疾病筛查项目县，项目县的新生儿遗传代谢病筛查率达到 94%。为有效降低儿童智障和听力残疾发生率，恳请将其他 14 个县（市、区）及赣州经开区、赣州蓉江新区列为国家新生儿疾病筛查项目县，实现项目全覆盖。

三、支持赣南苏区促进扩大就业创业

（1）支持宁都、于都、信丰、大余、龙南建设县级公共职业技能实训基地示范项目，优先安排投资计划。

（2）加大对赣南苏区就业社保资金支持力度，建立常态化补偿机制，以保障养老金及时、足额发放。

（3）将赣州市所有镇（街道）人力资源社会保障公共服务平台整体纳入人社部"十三五"基层劳动就业和社会保障综合服务平台建设实施范围，在信息化建设方面给予大力支持，用于改善服务环境，配备必要设备。

四、支持赣南苏区提高社会保障水平

加大对赣南苏区城乡居民基本养老保险金转移支持力度。对已领取城乡居民养老保险金的赣南苏区老红军及革命烈士后代，实行基础养老金倍增计划，由中央财政按基础养老金标准双倍给予补贴发放。

五、支持赣南苏区民政事业发展

（1）在中央预算内投资、中央专项彩票公益金和部本级福彩公益金等资金分配上对赣州予以重点倾斜，确保完成"十三五"规划目标。

（2）支持赣州市救灾物资储备库项目建设，对市、县救灾物资储备库安排项目资金予以支持，2018 年开工建设市本级储备库。

（3）将赣州市纳入全国居家和社区养老服务改革试点单位。

（4）支持赣州各县（市、区）新（改、扩）建一所养老院，将辖区内失能、半失能对象集中护理。按每个集中护理养老院平均 300 张护理床位、300 套康复和洗浴等配套设施计算，恳请安排中央专项彩票公益金 3.9 亿元，支持赣州各县（市、区）新（改、扩）建护理养老院。按失能对象每人每月 1500 元、半失能对象每人每月 500 元的标准计算，恳请安排护理补贴 6253 万元，并建立自然增长机制。

（5）支持赣州市区域性中心乡镇敬老院示范项目建设。拟布局建设 50 个区域性示范型中心乡镇敬老院，项目建设地址为赣州各县（市、区）50 个中心乡镇，建设周期为 2017~2020 年，建设总投资 10 亿元。恳请支持并协调财政部在 2017~2020 年，每年安排中央专项彩票公益金 1.5 亿元。

（6）支持并协调财政部在全国范围内发行"赣南苏区·扶贫"专项福利彩票，所筹集的福彩公益金除返奖外全部用于支持赣南贫困地区扶贫项目建设。

（7）支持赣州市中心城区、瑞金市、于都县兴建老年公寓。拟在赣州市中心城区、瑞金市、于都县各兴建一所床位分别为 500 张、300 张、300 张的医养结合型苏区老年公寓、红都老年公寓、长征老年公寓，总投资为 1.6 亿元。恳请安排中央预算给予支持。

（8）进一步支持赣州市绿色殡葬事业建设。赣州市"三沿六区"坟墓共有 67207 座坟墓需搬迁，规划建设县、乡、村三级公益性公墓（骨灰安放设施）805 个，总穴位为 46.77 万穴，预计投入资金 6.3 亿元，资金缺口较大。恳请支持并协调财政部在中央专项彩票公益金对赣州市公益性骨灰安放设施项目奖补

2亿元。

（9）协调推动全国性社会组织参与支持赣南苏区精准扶贫。推动全国性基金会为赣州市建立地中海贫血患者救助专项基金 1000 万元，用于赣州市地中海贫血患者治疗。帮助赣州市实施社会工作服务示范项目，到 2020 年，每年在农村特殊困难群体、农村留守儿童、农村特殊困难老年人等方面，重点支持实施 20 个 50 万元规模的社会工作服务示范项目。推动全国性基金会和行业协会商会等社会组织支持赣州市义务阶段建档立卡走读贫困学生（留守儿童）助学助困，资金共计 2000 万元（小学共 1 万人，每人资助 1000 元；中学共 5000 人，每人资助 2000 元）。

六、支持赣南苏区残疾人事业发展

（1）恳请增加"文化进社区"指标。2017 年给予赣州市 100 个"残疾人文化进社区"指标，2018 年该指标增加至 200 个，以后按照每年 300 个指标推进，逐步实现残疾人管理员的农家书屋"文化进社区"工作全覆盖。

（2）恳请增加农村实用技术培训和扫盲指标。2017 年资助 2200 名农村残疾人开展实用技术培训，扫除农村残疾人青壮年文盲 100 名，2018 年以后每年资助 3000 名农村残疾人开展实用技术培训。

（3）恳请将中国（定南）智能助残科技城列为"全国智能辅助器具示范基地"，并给予相关政策和资金支持。

（4）加大辅助器具适配力度。建议中国肢协给予赣州市 1000 件辅具的支持，让更多的肢残人早日融入社会。

（5）在残疾人服务体系建设项目方面给予倾斜。建议中国残联在中央预算内确定"残疾人服务体系建设项目"时，2017 年安排 4 个县级残疾人康复中心项目，2018 年安排 5 个县级残疾人康复中心项目，2019 年安排 4 个县级残疾人康复中心项目，实现"残疾人康复中心全覆盖"的目标。

七、支持赣南苏区公共体育服务体系建设

（1）支持赣州打造全国革命老区体育事业发展的先行区和示范区等。在继续帮助崇义县创建全民健身服务体系示范县及赣州打造全国革命老区体育事业发展的先行区和示范区的基础上，重点支持赣州创建全国运动休闲城市、崇义县创建全国体育特色小镇、每年在国家体育总局召开新闻发布会或项目推介会、每年在赣州举办运动休闲产业或体育改革发展高峰论坛等。

（2）支持赣州加快推进城乡公共体育设施建设。持续加大中央专项彩票公益金等项目倾斜赣州，以项目带动建设，重点推动建设赣州蓉江新区全民健身活动中心（奥体中心）、赣州市老年人体育活动中心等项目；加快完善赣州各县（市、区）"两场一馆一池"建设；支持建设乡镇文体健身中心、村级农民体育健身工程，覆盖率达到80%以上；推进市县足球场地项目建设；新建居住区和社区按相关标准规范配套群众健身相关设施，社区和中心城区商业中心规划配套建设体育综合体；力争到2020年赣州市人均体育设施达到1.8平方米，全面提高赣南苏区体育健身设施水平。

（3）支持赣州加大对体育事业和产业发展所需人才的培训力度。赣州应制定青少年后备力量培养政策，增加国家转训基地数量，多形式开展智力、技术、赛事活动组织支援，加强体育管理业务培训指导。支持赣州市属、驻市高等院校体育学院培养更多服务当地的复合型体育人才，着力帮助赣州打造一支眼界宽广、理念先进、作风踏实、堪当重任的体育事业和产业人才队伍。

（4）支持赣州举办更多高水平体育赛事活动。在举办高水平体育赛事政策、经费上倾斜赣州，让赣州举办更多项目的高水平赛事，达到百姓在家门口就可以欣赏高水平赛事，以及促进旅游事业发展的目的。

（5）支持赣州提高竞技体育水平。在赣州建立攀岩、田径、游泳及相关球类项目国家级训练基地及其他生态型运动训练示范基地，扶持赣州承办部分单项全国或国际体育比赛。安排高水平运动队（运动员）、教练员到赣州市开展冬训，为赣州市多形式培养运动员、教练员、裁判员提供指导和帮助。

（6）支持赣州兴建全国体育管理、技术人才教育培训基地。在瑞金兴建国家体育管理人才（教练员、裁判）培训基地以及在崇义兴建体育专业技术人才（国家运动员）培训基地，设立赣南苏区体育研究中心，为弘扬中华体育精神，推动赣州体育事业发展、增强发展后劲提供人才和信息支持。

（7）支持赣州发展体育产业。与文化、旅游相结合，支持赣州建设国家级山地户外体育旅游休闲基地，红色体育旅游休闲示范区，推动体育健身休闲旅游市场的发育；发展体育竞赛表演市场，引进体育赛事组织、中介服务人才；壮大体育彩票销售市场，支持赣州探索发展竞猜型体育彩票、大型赛事即开型彩票发行试点项目；开拓体育用品销售业，引进体育用品生产企业，推动赣州体育产业的发展。

八、支持赣南苏区广播电视公共服务建设

（1）支持市级广播电视"上星"。通过中星9号直播卫星节目平台，利用

卫星划定区域覆盖的办法，将赣州市第1套广播和电视节目覆盖赣州市18个县（市、区），由区域内群众采用"户户通"设备接收。

（2）支持"十三五"广电科技重大项目。一是争取非国贫县县级播出机构制播能力建设项目。赣州市还有章贡、大余、崇义、信丰、龙南、定南、全南7个县（区）播出机构制播设备也普遍存在设备老、档次低、本级投入不足等问题，迫切需要在上级资金和项目扶持下进行数字化、网络化和信息化改造，进一步提高传统媒体融合发展的能力和水平。二是争取县级应急广播建设项目。该项目纳入国家新闻出版广电总局"十三五"科技发展规划，争取国家给每个县500万元预算，综合利用有线、无线（调频、中短波、地面数字电视）、卫星和农村大喇叭等多种手段，发布应急广播，提高应急反应能力。

（3）全面实施中央、省无线数字化覆盖。协调湖南等周边省份，对原技术规划进行重新调整，恢复重建崇义阳岭发射台，将上犹、南康、大余、寻乌等县发射台站纳入中央无线数字化覆盖工程规划改造范围，指导18个县（市、区）承担发射任务发射台配合完成设备接收、安装和调试工作。同时，在现有基础上，新上地面数字电视发射系统和数字音频广播，进一步增加发射节目套数，改善播出环境，扩大覆盖范围。

赣南苏区现代物流业发展及实践

第一节　赣南苏区现代物流业发展概况

现代物流业是指原材料、产成品从起点至终点及相关信息有效流动的全过程。它将运输、仓储、装卸、加工、整理、配送、信息等有机结合，形成完整的供应链，为用户提供多功能、一体化的综合性服务。现代物流业是一个新型的跨行业、跨部门、跨区域、渗透性强的复合型产业。现代物流业所涉及国民经济行业具体包括：铁路运输、道路运输、水上运输、装卸搬运及其他运输服务业、仓储业、批发业、零售业。

2016年，赣州市被列为全国首批、江西省唯一的现代物流创新发展试点城市。近年来，赣州市出台了一系列政策措施，推动赣州市物流业健康快速发展，物流企业服务能力进一步提升，物流成本持续下降，为赣州市经济建设做出了重大贡献，同时也获得了社会的广泛关注和肯定。

（1）现代物流业攻坚战成效显著。重大物流项目建设加速推进，定南公路口岸作业区、赣州（南康）进境木材口岸作业监管区等16个项目竣工使用，完成投资150多亿元。赣州综合物流园区、赣州港多式联运基地、赣州冷链物流中心等重大物流载体项目全面启动，推进迅速，完成投资33.03亿元，同比增长40.6%。2016年集中引进签约浙江传化综合物流园、福建超创冷链基地、赣州港多式联运基地等6个重点物流项目，总投资达100.7亿元。"吉集号"上线运营仅4个月，交易额突破2亿元。成功引进全国领先的O2O智慧物流平台——惠龙易通，使赣州市迅速成长为全国正在崛起的"互联网+高效物流"的创新示范城市，物流成本大大降低。2018年，赣州市列入调度的重点物流项目共23个，总投资292.25亿元，年度计划投资84.71亿元，完成投资97.588亿元，占年度计划的115.2%，投资额仅次于文化旅游业，位居第二。赣州港铁路场站二期、赣州综合物流园（一期）赣州传化南北公路港、定南铁路集装箱转运中心、安远中国赣南脐橙交易集散中心、中国（赣州）华东城果蔬及农资交易中心、南康爱康慧谷物流中心、南康智慧物流园区、龙南保税物流展示中心、兴国县丹枫龙庭物流中心9个项目完工并投入使用，完工率达39.1%。

（2）物流项目招大引强成效显著。2016年，赣州市物流企业达2086家，规模以上物流企业262家，货运车辆20973辆，从业人员达20多万人，其中，国家A级物流企业51家，占江西省的31%，A级企业新增速度和总数量均居江西省首位。2018年，赣州市聚力招大引强，全年接待客商100多人次，签约项目23个，总投资达189.42亿元；集中签约项目5个，总投资达82亿元。赣州大数据产业园项目总投资43亿元，赣州马帮新能源汽车城乡配送项目总投资20亿元，北京易华录、传化、顺丰、京东、四通一达纷纷落地赣州。2018年，赣州综合保税区引进企业9家，全国综合保税区2017年平均新增企业为1.7家。赣州外向型经济发展空间很大，国际物流需求旺盛。

（3）无人机物流配送试点成效显著。在南康区原有5个无人机物流配送乡镇试点区域的基础上增加了4个乡镇试点区域，已建立日常固定飞行航线10条，日均起降100架次，物流服务20班左右，累计飞行超过7000架次，使用无人机为当地农户运送农特产品130单，每单为农民增收近30元。2018年国庆节，试点成果在央视"致敬改革开放四十年"栏目黄金时段播出，无人机物流配送正朝着"科技改变物流，物流改变生活"的目标发展，积极探索可复制、可推广的无人机物流产业发展经验。

（4）多式联运示范工程成效显著。赣州国际陆港功能逐步完善，一港多区的国际物流体系基本建立，公铁海多式联运基本成型。龙南保税物流中心、赣州口岸作业区、定南口岸作业区已完成建设并投入运营，赣州航空口岸已完成申报，瑞金口岸作业区即将建成。2018年，赣州港先后获批进口肉类指定口岸和汽车整车进口指定口岸，正在积极申报粮谷饲料、水果等指定口岸资质，实现了从进境木材单一品种向多品种发展转型。目前，赣州港已经成为江西省吞吐量最大、全国铁海联运外贸集装箱吞吐量最大的内陆港，成为全国开行班列线路、辐射国家、进口班列比例、开行货物品种都有比较优势的"一带一路"重要节点。

（5）农村物流服务体系建设成效显著。2018年，结合"四好农村路"建设，赣州市在江西省率先由交通运输局、农粮局、供销社、商务局、邮政局五部门联合协同推进农村物流健康发展，通过编制一个物流发展规划、建立一套协同推进机制、整合一批物流服务站点、建设一个公共信息平台、组建一支绿色配送队伍、培养一批物流专业人才的"六个一"工程，赣州市共建设农村物流服务站 2382 个，形成"场站共享、服务同网、货源集中、信息互通"的农村物流发展格局，构建市、县、乡、村四级农村物流服务体系。

现代物流体系建设为赣州市主攻工业创造了极为有利的条件。物流政策落实效应明显，物流用地参照工业用地价格执行，国家标准物流企业实施财政奖励，物流企业用水用电进行补贴，有力地推动了物流业与工业、农业的联动发展。

第二节　赣州市现代物流业典型案例介绍

一、寻乌县现代物流业

（一）基本情况

寻乌县是江西省唯一位于赣粤闽三省交汇处的县，是中部地区通往珠三角和海西经济区的重要通道，也是"承南启北、呼东应西"的战略要地。另外，寻乌县素有"中国蜜桔之乡""中国脐橙之乡"之称，是赣南地区及邻近广东、福建柑橘种植区域的主要集散地。随着交通环境的不断改善，寻乌县利用其不断凸显的区域位置优势逐步成为南北货物和赣南柑橘产业运输的中转地和汇集地，物流需求不断扩大，物流总量迅猛增长，基础设施不断完善，有力地支持了物流产业的发展。

近年来，在柑橘脐橙产业的带动和工业园区企业快速增长的推动下，寻乌县现代物流产业得到了长足发展，由过去单一的零担货运向仓储、零担、整车货物运输及信息化方向优化转型，呈现出欣欣向荣的发展局面。物流载体与物流站点建设更完善，物流企业进一步做大做强，物流产业对经济发展的支撑能力持续提升。

1. 加强载体建设，打造园区平台

占地面积 200 多亩的广寻现代物流园是寻乌县物流载体建设的重要成果。园区于 2017 年 3 月开工建设，截至 2018 年，6 栋商业服务楼基础工程已建设完成，物流快递平台也已建好并投用，入驻物流企业 20 多家。园区总投资 6 亿元，项目全面建成后，将集货物配载、配送、储存保管、冷冻仓储、信息服务为一体，并有宾馆、汽修车间、停车场、仓库等配套服务设施，可供 50 家物流企业入园经营，成为寻乌县规模最大、服务功能齐全的大型物流园区。

物流载体的作用，不仅仅是作为物流集散地和货物的中转站，更是通过不断完善各项服务功能，推动物流现代化，为县域经济发展提供支撑。

近年来，寻乌县借力电子商务产业飞速发展的势头，为该县加强物流载体建设提供新契机，大力推动了电商物流的发展。以电子商务进农村国家综合示范县建设为抓手，寻乌县构建了"一中心、两园区、五体系"的电商生态圈，投资 2.6 亿元建设了占地 100 亩的县级电商产业园，园区内规划建设了电商综合公共服务中心、电商培训中心、微商创业中心、电商孵化器、大型电商总部基地、农村电商县域运营中心、农产品检验检测和标准化建设仓储流通中心、农产品线下交易及线下体验区等功能区域，电商物流成为县域电商发展的有力支撑。截至 2018 年，产业园已投入运营，入驻商家 65 家，园区一号楼、二号楼全部完工后可入驻商家 500 余家。同时，寻乌县建成 3 个县级电商分运营中心，168 个村级服务站，成立 526 家电商企业，年交易额达 10 亿元，带动就业创业 1.17 万人，带动贫困户脱贫 1600 多人。

2. 推动站点建设，构建物流体系

发展乡（镇）物流网点 22 个、与 164 个行政村电商服务站完成对接；农村"乡乡有网点，村村有物流"，农村物流"门到门""当天件"，农民足不出户坐收各类生活用品……近年来，寻乌县大力推动物流站点建设，建立了以县城物流企业为中心，辐射乡（镇）网点，连接村级电商服务站的县、乡（镇）、村三级物流网络体系，年货运量达 345 万吨。同时，积极推进城乡一体化战略，改善了农村物流的基础设施，农村物流成为农村产业发展、农民致富的有力推手。

在加强农村物流站点建设的同时，寻乌县积极整合物流快递，改革传统的物流快递经营模式，为打通县、乡（镇）、村三级物流快递"瓶颈"、理顺物流运营流程进行了有力探索。2016 年，寻乌县成立县供销电子商务有限公司，牵头整合圆通、申通、中通、德邦 4 家快递企业，按照收购和保留股份的方式组建了寻乌县广成商贸有限公司，再由广成商贸和供销 e 家进行股份重组，重组之后的公司对寻乌县 15 个乡（镇）173 个行政村进行了快递物流站点建设。另外，寻乌县将申通、圆通、中通、德邦、韵达、邮政速递、百世汇通、天天 8 家快递整合到电商产业园，实现了快递件在电商园区的仓储中心进行统一揽收、分拣、配送、发货，使寻乌县农特产品上行和工业品、生活必需品下行更加顺畅。

完善的物流体系增强了物流力量，寻乌县的蜜桔、脐橙、灵芝、蜂蜜、茶油等一大批农特产品的外销更加顺畅。同时，依托物流服务平台对物流快递进行有效整合，节省了快递企业建点、车辆、人工等方面的成本，节约了企业的物流成本，有效地降低了企业尤其是电商企业和中小企业的经营成本，有效地化解了农村电商"最初一公里"和"最后一公里"的问题。

3. 助力降本增效，打造龙头企业

长期以来，物流企业规模小、经营分散一直是制约寻乌县现代化物流业发展的重要因素，近年来，寻乌县加强政策扶持，积极打造物流龙头企业。

2016年寻乌县出台了《进一步降低企业成本优化发展环境的若干政策措施》（寻办字〔2016〕87号），在企业用地、用电、税收、行政审批、人才培养等方面给予物流企业一系列的优惠政策，降低物流企业经营成本，为物流企业落户创造良好的软环境。同时，大力加强物流通道建设，改善县域道路交通情况，为物流运输创造良好的交通环境。

截至2018年，寻乌县已有物流企业97家，其中大中型物流企业7家，市级规模以上企业4家，企业类型涵盖果品加工、果品仓储、货运代理、货物配送、信息服务、寄递、运输等。引进了4A物流企业——红土地物流，整合寻乌县部分物流企业成立分公司，实现大型化、规模化发展，涌现出江西杨氏果业、圣维实业等为果品提供物流仓储服务的大型企业和寻乌县万业运输有限公司、江西佳鼎运输有限公司等以企业原材料和产品运输为主营业务的重点物流企业。

（二）主要做法

1. 超前谋划抓"整合"

如何根治物流企业"散、乱、小"，做大做强物流产业一直是寻乌县委、县政府思考解决的课题。2016年，寻乌县开始发力，引进江西广寻现代物流有限公司对县域内物流快递企业进行整合，当年成功整合"三通一邦"（中通、圆通、申通和德邦）和红土地物流、宏鑫物流等物流企业，寻乌物流业开始从"单兵作战"转向"集团军战斗"，为广寻现代物流园建设打"前站"、奠基础。截至2018年底，寻乌县共有物流企业97家，整合入驻物流园企业68家、入驻电商园企业29家，物流快递企业"散、乱、小"的局面得到彻底根治。

2. 智慧建园降"成本"

如何建园？寻乌地处赣、闽、粤三省交界，地理位置优越；寻乌农产品量大质优、工业产业发展迅猛，对园区建设要求高。"智慧"建园，走智能化、信息化、自动化的路子，让园区建设10年内不落伍、不掉队，是寻乌县政企形成的共识。园区功能布局分为"一个平台、四个中心"，即大数据平台和仓储中心、配送中心、金融结算中心、后勤服务中心，以大数据平台为"大脑"，智能指挥"四大中心"运行，充分体现智慧、精确、高效、集约的运营理念。

园区开通了 20 条对接一、二线城市的物流专线，全面畅通工业品下乡、农产品进城渠道，使物流配送效率提高了 3 倍，实现了物流总量两年翻番和物流成本降低 18% 的良好经济效益。

3. 快速推进见"效益"

项目建设必须快，务必实现当年投资当年见效，这是寻乌县委、县政府对企业和项目服务单位立下的"军令状"。项目总用地面积 270 亩，总投资 6 亿元，总建筑面积约 16 万平方米。对于这么一个大体量的项目，项目建设者们不等不靠埋头干，项目于 2017 年 12 月初开工建设，一个多月就搬平原来的"三座大山"，2018 年 3 月，1 号、2 号分拣配送平台开始运营，2018 年底园区实现全面运营，并完成"村村通"184 个村居物流配送站点建设，创造出新的"寻乌速度"。2018 年，园区实现营业收入 1.2 亿元，利润 2000 万元。

4. 组团布局促"共享"

济广高速、206 国道在寻乌县城东并行而过，城东是寻乌县实现产城融合发展新的战略高地。在城东推进各产业配套布局、实现各业态共享共荣，是寻乌县作出的科学决策。2015 年开始建设的杨梅工业园区已初具规模、企业建设如火如荼；电商产业园、新汽车站、移民安置区等相继竣工并投入使用，而广寻现代物流园项目的落地是其中至关重要的一枚"棋子"，使城东满盘棋"双活"，实现了商流、物流、资金流、信息流交汇贯通，盘活了整个区域，成为县域经济新的经济支撑点。

（三）经验启示

1. 项目谋划建设要体现"前瞻前沿"

寻乌县广寻现代物流园项目经过广泛调研、多重论证，最终定调为：建设以"智慧"为核心的第四方现代物流平台，实现"高效"配送、"综合"服务、降本增效，"一站式"解决经济社会发展物流需求，确保 10 年内不落后、不掉队。寻乌县主动对接市级物流公共信息平台——"吉集号"，建成江西省首个县级物流公共信息平台，在实现资源互通、数据共享方面抢先一步，成为赣州市"六大攻坚战"中的一个优质项目。

2. 产业布局配套要凸显"共享共荣"

物流企业发展不能"单兵作战"，产业布局配套更是如此。寻乌县在谋划城东产城融合发展时，实行"一揽子""一盘棋"统筹考虑，实现第一、第二、第三产业合理配套布局，既实现了居民就近就业，又大幅降低了企业运营中间成本，实现各行业共同繁荣发展。

3. 政企合力推动要坚持"自愿自发"

寻乌县在推进广寻现代物流园建设过程中，从专业招商、园区布局、施工建设到全面运营，政府在每一个环节都尊重企业意愿、遵从市场规律，让市场说话、让企业做主，充分激发企业投资积极性，使项目的市场竞争力得到最大提升。

二、赣州国际港

（一）赣州国际港简介

赣州国际港规划面积 5500 亩，完成投资 130 亿元，其中社会投资超 100 亿元，建成核心功能区 3500 亩，包括铁路赣州国际港站、国际铁路集装箱中心、保税监管中心、冷链产业园、海关监管作业场所和现代物流分拨中心等，形成了集铁路运输、公路分拨、海关监管、仓单质押、保税仓储、信用担保、加工贸易、涉外金融、智慧物流及大数据为一体的综合性内陆口岸。

1. 赣州国际港站

赣州国际港站建成集装箱装卸线 4 条，到发兼调车线 4 条，牵出线 1 条，机待线 2 条，贯通式包装成件货物装卸线 1 条，配备龙门吊 2 台，正面吊 2 台，年吞吐能力可达 120 万标准箱。

2. 国际铁路集装箱中心

中远海运、马士基、地中海航运、宏海箱运、阳明海运等世界航运前十名的公司已入驻赣州港并设立集装箱提还箱点。

3. 保税监管中心

保税监管中心可实现食品、红酒、电子产品、饮料、服装鞋帽等海关许可品类产品直接进口与直接出口，提供供应链金融服务、进出口担保、仓单质押、进口木材监管仓储、出口货物监管仓储等服务，与赣州综合保税区形成联动发展格局。

4. 冷链产业园

冷链产业园主要功能区有"一区四仓三平台"，即分类加工配送区、进口冻品定点仓、海鲜储存仓、肉类储存仓、果蔬储存仓、期货交易平台、供应链金融平台和冷链信息平台，集仓储、物流、加工、贸易、金融、信息于一体。

5. 海关监管作业场所

海关监管作业场所具备普通货类集装箱，平行车整车进口，冻肉进口，粮谷、水果、生鲜进口及蔬菜出口查验功能，木材熏蒸功能，邮件、快件、跨境电商监管功能，总面积达 8.2 万平方米。

6. 现代物流分拨中心

现代物流分拨中心引入了京东、顺丰、申通、德邦、菜鸟等物流企业，构建了集信息、仓储、供应链金融于一体的现代物流中心。

（二）赣州国际港建设发展历程

第一阶段：获批赣州进境木材监管区，解决"用木材难"问题。2014 年，南康家具产业年木材用量约 400 万立方米，存在"多道贩运"、环节多、成本高、质量难保障等"瓶颈"问题。赣州国际港坚持问题导向，抢抓党的十八届三中全会做出全面深化改革的决定和国务院支持赣南等原中央苏区振兴发展的机遇，敢想敢干、先行先试，用 3 个月时间建成了占地面积 300 多亩的进境木材监管区，获批海关公路监管作业场所，并于 2015 年 1 月 19 日实现了进口木材从深圳盐田港直通南康区。自此，南康区家具企业"用木材难"成为历史。

第二阶段：建成铁路专用线，解决"用木材贵"问题。经测算，铁路运输可比公路运输降低木材成本约 1000 元/立方米，赣州国际港迅速启动了 3.8 千米长的铁路专用线建设，并在短短半年时间内建成通车。自此，"用木材贵"问题得到解决。

第三阶段：获批赣州铁路口岸，解决"家具走出去"问题。为助推家具产业发展壮大，在原材料问题解决之后，赣州国际港进一步解放思想、改革创新，在海关、商务局等部门的大力支持下，以铁路集装箱场站为载体，向国家口岸办申报内陆对外开放铁路口岸，于 2016 年 10 月成功获批，成为全国第 8 个内陆对外开放口岸，实现了"木材买全球、家具卖全球"。

第四阶段：开行五定班列，解决货物直达快运问题。2016 年，赣州国际港开行了至重庆、成都、昆明、海口、郑州、西安、苏州、北京等连通国内主要物流节点城市的五定班列线路，打通了盐田、广州、厦门等沿海口岸，融入"21 世纪海上丝绸之路"，极大地提高了铁路货物运输效能和服务，实现点对点直达快运。

第五阶段：开行中欧（亚）班列线路，解决国际贸易通道问题。2017 年，赣州国际港打通了满洲里、二连浩特、霍尔果斯、阿拉山口等沿边口岸，对接"丝绸之路经济带"，中欧（亚）班列线路覆盖瑞典、芬兰、俄罗斯、白俄罗斯、波兰、德国、挪威、中亚五国、阿富汗等国家和地区，并实现货物重进重出，促进国际贸易陆路往来，把赣州国际港铁路线发展成为国际贸易大通道，港口集装箱年吞吐量为 23.8 万标准箱。

第六阶段：开行"同港同价同效率"班列，解决内陆城市"沿海化"问题。2018年，赣州国际港开行至盐田港、厦门港、广州港的"同港同价同效率"班列，让内陆企业享受到与粤港澳大湾区一样的物流成本和优质服务，实现与沿海企业在同一条起跑线上参与全球竞争，使江西成为"沿海发达地区"。

2017年11月，赣州国际港获批成为江西省唯一一个全国多式联运示范工程。2018年，赣州国际港获批肉类、汽车整车进口指定口岸，人流、物流、商流、资金流、技术流、信息流在港口集聚集散，推动成为连接"一带一路"重要节点和国际货物集散地。随着口岸功能的不断拓展、物流网络的编织完善，标志着赣州国际港正式演变成为具备沿海口岸功能的"无水港"。

(三) 赣州国际港的运营成效

赣州国际港的建成运营，极大地提升了革命老区经济的外向度，推动赣州步入了口岸时代，使开放的"末梢"一跃成为开放的"前沿"，港口经济呈现"裂变"发展态势，成为苏区振兴发展由"输血"到"造血"的战略引爆点。大口岸实现大开放，大通道带动大发展，大物流助推大产业，大产业形成大集聚。赣州国际港主要有以下运营成效：

（1）构建了内陆腹地大口岸。赣州国际港已经获批成为全国第8个内陆对外开放口岸，深圳盐田港、厦门港、广州港、大铲湾等沿海各大港口也争相在赣州国际港设立内陆腹地港，抢占沿海口岸往内陆延伸的制高点。

（2）打通了"一带一路"大通道。2018年，赣州国际港开行中欧（亚）班列150列，占江西省中欧（亚）班列开行数量的3/4，开行铁海联运班列突破600列，推动赣州跻身全国26个中欧（亚）班列主要开行城市行列，成为全国同时与"一带"和"一路"深度对接的城市。

（3）形成了国际贸易大物流。京东、顺丰、德邦、"三通一达"、菜鸟等物流巨头竞相入驻，在赣州国际港建设省级区域中心，以大数据为支撑，搭建线上线下供应链金融服务平台，以数据、金融为杠杆，推动口岸物流发展；设立"数据+金融+物流"模式的国家智能物流骨干网节点，实现24小时直达全国、72小时直达全球；香港龙泰安冷链集团在港口建立了24万吨海鲜冷库，中都地区最大；建成了京东、阿里巴巴全国最大的线上线下体验馆，获得了全球最大的B2B跨境电商Ariba中国唯一授权。

（4）助推了千亿元产业大突破。短短几年时间，南康家具产业集群产值从2012年的刚过百亿元迅猛增长至2018年的1600亿元，成为全国最大的实木家具生产制造基地，被授予"中国实木家具之都"称号。

（5）实现了高端要素大集聚。外贸企业由建港时的3家猛增到现在的400多家，进出口总额连续以年均30%以上的速度增长，2018年突破25亿元。马士基、地中海、中远海运等世界航运前十名的公司已入驻港口并设立集装箱提还箱点，依托盐田设立的内陆港 Y19 堆场，在港区即可完成船公司集装和提还箱作业。

（6）带动了双向开放大发展。港口集装箱年吞吐量从 2016 年的 6.3 万标准箱，几何级增长至 2018 年的 40.8 万标准箱。铁海联运外贸集装箱吞吐量居全国前列。

第三节　赣州市物流业发展存在的问题

赣州市物流业的发展虽然取得了一定的成绩，但与赣州市第五次党代会目标和赣州市"打好攻坚战、同步奔小康"任务相比，还存在较大的差距，面临许多困难和问题，主要有以下六个方面：

一、物流基础设施薄弱

目前，赣州市已建成的 16 个物流园区，大部分为商贸性质物流园，赣州市50%以上的县市区没有物流园区，对物流业的发展规划和执行力度不够，规划项目落地难。物流仓储设施严重滞后，赣州市用于第三方物流仓库的面积占总仓储面积的 1.7%。目前，赣州市没有具有一定规模的配载中心。同时，随着征地拆迁的推进和房屋、土地租金上涨，物流企业频繁换场地，多次搬运，加大货损，造成企业物流成本居高不下。例如，赣州市最大的红土地物流园面积仅220 亩，现为租赁工业厂房经营，面临着搬迁的窘境。

二、物流带动能力不强

目前，在赣州市 2086 家物流企业中，绝大多数企业的注册资金为 50 万元左右，企业规模小、竞争力不强、专业化程度低。同时，物流通道化、联盟化发展程度低，企业物流资源缺乏有效整合、效率不高，大多数物流服务以单一的公路运输为主，缺乏高附加值的物流服务项目，企业"单打独斗"，信息沟通不畅，配送效率不高，企业带动辐射能力较弱。

三、政策支持力度不够

物流业投资大、利润微薄、回收期长，大多数物流企业资产属于流动资产，抵（质）押物不足、固定资产抵押折扣率低，企业融资贷款困难。增值税改革后，由于一半以上的成本不能抵扣或开不到正式发票，造成物流企业税收加重。赣州市物流产业发展扶持政策较少，支持力度较弱，市本级设立的700万元的物流产业发展专项资金门槛过高、奖励金额少，全市只有两家市本级企业可以申报，目前只有赣州市邮政公司一家企业享受到20万元的资金奖励。只有少数物流用地参照工业用地价格执行，用地政策难以得到落实。政府对物流园区的建设投入严重不足，赣州市物流园基本上为民间资本投入，物流企业没有资金建物流园，有资金建设的企业不愿从事物流业，致使大多数规划的物流园建成后变成商铺。

四、体制机制难以适应发展需要

从全国和江西省的情况来看，物流牵头部门没有统一，具体业务各个职能部门各管一块，如商务部门管商贸流通、工信部门管大宗货品、农粮部门管冷链物流、邮政局管快递、交通部门管道路运输，出现多头管理、"九龙治水"的现象。从赣州市的情况来看，赣州市没有专门的物流管理机构，行业调控能力较差，行业监管力量分散乏力。

五、物流信息化水平落后

目前，赣州市虽然引进建设了吉集号、龙易通平台、红土地云配等一批物流信息平台，但绝大多数第三方物流企业信息化建设才刚刚起步，信息技术只能满足一般业务操作，没有建立全市统一的物流公共信息平台，物流企业存在"信息孤岛"现象，运行效率水平不高。

六、物流高端人才缺乏

目前，赣州市绝大多数物流企业规模小、业务单一，对物流人才培养不够重视，多数物流企业从业人员教育程度低、专业性不强，且没有受过专业的教育培训，就直接上岗开展业务，专业物流高端人才缺乏。

第四节 赣南苏区物流业发展思路与对策

一、赣南苏区物流产业总体思路

到 2020 年，建立布局合理、技术先进、节能环保、便捷高效、安全有序的现代物流服务体系，社会物流总费用占 GDP 比重降到全国平均水平。

（1）建设全国重要的物流节点和枢纽城市。进一步扩大开放合作，围绕国家"一带一路"建设，积极融入粤港澳大湾区、厦漳泉大都市区、长三角地区，着力完善对外通道、强化产业合作、打造开放平台、深化人文交流，努力把赣州建设成为中部地区重要的物流节点中心、"一带一路"国际货物集散地、产业双向合作示范区和江西省对外开放的重要窗口。

（2）打造内陆国际物流中心。以赣州港为依托，打造国际家具始发港与木材目的港、多式联运中转港、中部地区重要的物流集散基地、"一带一路"国际陆港服务创新先行区。推动赣州港建设成为"一带一路"建设的重要内陆口岸，将赣州港铁路口岸纳入国家铁路网运营体系，建成全国一类铁路运输物流节点和货运枢纽中心。

（3）建设国家重要的物流交易结算中心。以赣州物流数据分析中心、赣州智慧供应链公共信息平台、"吉集号"物流信息平台、赣州传化南北公路港、惠龙易通平台、江西云堤和江西红土地云配平台等为依托，加快建设物流交易结算中和物流大数据中心，力争到 2020 年，把赣州市建设成为全国重要的物流交易中心，线上物流交易总额突破 500 亿元。

（4）打造国家重要的冷链物流基地。在赣州冷链物流中心、赣南脐橙交易中心以及中国供销等现有资源的基础上，在赣州市农产品大县建设一批冷链物流项目，将赣州市建成海产品和农产品冷链物流中转枢纽。

二、赣南苏区物流产业发展的主要措施

（一）着力加快物流重点项目建设

（1）加快多式联运交通畅通工程建设。依托赣州东站现有编组站优势，建

设赣州铁路物流基地，加快推进赣州空港物流中心、赣州无水港、赣州港水西物流中心、江口综合物流园区、定南公路货运甩挂中心等项目建设，着力提升赣州市综合运输和物流衔接能力。

（2）结合赣州市产业布局和功能定位，建设赣州综合物流园区、兴国县综合物流园区、于都县综合物流园、龙南县综合物流园区、寻乌县综合物流园区等一批货运枢纽型物流园区，建成赣州港监管仓、江西尚祐供应链保税仓、全南县万通物流仓储基地等仓储设施。

（3）加快多业联动融合发展工程建设。围绕赣州市"两城两谷一带"（新能源汽车科技城、南康现代家居城，中国稀金谷、青峰药谷，赣粤电子信息产业带）等重点产业基地，加快推进南康泓泰家具城物流中心、赣州成品油与危化品仓储中心、崇义县钨矿产品物流收储中心、宁都县汇仁药业宁都配送中心等项目建设，大力实施产业配套物流。

（4）加快物流业与商贸业融合发展工程建设。依托赣州市快速发展的电商产业，在电子商务发展重点地区建成赣州电商与快递物流中心、大余电子商务物流园、上犹电商配送中心等一批电子商务配送中心，引导贸易广场、龙都商城、水果大市场等大型商品交易市场、农产品批发市场向赣州华东国际商贸物流城、赣州综合商贸物流园等商贸型物流园区集聚。

（5）加快物流业与农业联动发展工程建设。以赣南脐橙等特色农产品为核心，充分利用赣州市丰富的粮食、蔬菜等农产品资源，依托大型农产品批发市场，建设赣州冷链物流中心、中国供销赣南脐橙交易中心、赣州铭宸蔬菜冷链物流中心、赣县五云蔬菜交易配送中心、寻乌果品配送中心等一批农产品物流基地，完善冷链物流基础设施，重点建设一批农产品大型节能冷库。

（6）加快物流平台经济发展工程建设。引进卡行天下、杭州灿越科技（快到网）等平台型企业，打造全国性、国际化物流运营平台，培育赣州万吉物流、江西云堤科技等本地物流龙头企业及科技企业发展壮大，构建智慧物流协同平台。

（7）加快物流数据综合应用工程建设。引入易华录、中国骨干物流网（菜鸟物流）等智能化企业，打造赣州市物流公共信息平台，推进建设赣州智慧供应链公共信息平台、"互联网+"城市配送服务平台、"云物流"大数据服务平台、云计算中心等项目，推动赣州市园区、企业物流信息与国家、省市级物流公共信息平台有效对接，构建线上线下一体的物流云平台。

（二）着力培育壮大物流市场主体

（1）重点培育物流龙头企业。支持赣州市物流企业申报国家认证，重点培育一批国家标准 A 级物流企业、星级冷链企业和 A 级质押监管及担保存货企业。对 3A 级以上物流企业及年营业额 1 亿元以上的物流龙头企业，在项目用地、资金扶持上予以倾斜，扶持其进一步做大做强。

（2）引进国际国内知名物流企业。引进一批如福建超创集团、传化物流集团、北京易华录公司等国内外知名物流企业，带动赣州市物流企业提高服务质量和水平。

（3）推动物流供应链发展。支持传统物流企业向上下游延伸服务，推动大型运输企业和货主企业建立战略合作关系，向"无车承运人"、综合物流服务商转变。引导格特拉克、坚强量贩等大型制造业、商贸业企业分离外包物流业务，采取物流外包或自建第三方物流企业的方式，释放物流需求，提高企业的供应链一体化服务能力。

（4）发挥物流产业集群规模效应。贯彻落实《江西省物流产业集群发展规划（2015—2020 年）》，引导物流业围绕大型商品集散地和特色产业基地集聚发展，发挥物流产业集群规模效应。全面培育南康家具、赣南脐橙、城市配送、钨和稀土物流、商贸物流、三南综合物流、东部综合物流 7 个物流产业集群，重点打造赣南脐橙、南康家具、城市配送 3 个物流示范产业集群，建成 1~2 个具有国内外影响力的区域性物流集散中心。

（三）全面推进物流现代化创新发展

（1）建设区域物流数据交换节点。探索制定赣州市政府物流数据开放目录，积极与国家和省级交通运输物流公共信息平台实现有效衔接，逐步汇集政府、企业、社会各类基础和专用信息，实现物流信息资源的互联共享。引导赣州市物流协会联合行业管理部门、科研机构等组建物流数据分析中心，负责物流运行数据的采集和分析，共同打造区域物流数据交换节点。

（2）加快物流技术标准化应用。在赣州利友、江西红土地物流等 A 级物流企业开展物流标准化试点工作，加快现有仓储、转运设施和运输工具的标准化改造，开展标准化托盘循环共用试点。在农产品、食品、药品、危化品和生鲜电商等领域逐步实施物流设施设备标准化应用试点，在赣州港推进集装箱等多式联运设施与装备标准化，开展物流"一条龙"运输。

（3）提升物流设施设备智能化水平。依托赣州综合物流园等大型园区建设园区物流信息中心，提升物流设施智慧化水平。鼓励和支持物流企业引用货物跟踪定位、产品可追溯、仓储可视化、标准化物流车辆等先进配送技术和设备，引导物流企业与高等院校及科研机构开展产学研深度合作。在赣南脐橙等农产品仓储企业，试点建设立体式自动化仓库，逐步推广使用标准化托盘，推进仓储设备专业化和标准化。在顺丰物流等快递企业，引进大型高效分拣设备、智能式搬运车、标准传送设备，推进装卸设备自动化和智能化。

（4）完善物流信息平台建设。推进物流企业信息化建设，支持赣州万吉、江西红土地等智慧物流重点示范企业，破除物流企业信息孤岛，打通物流信息链，实现物流信息全程可控。建设赣州市物流公共信息平台和城市配送综合信息服务平台，加快推进铁路、公路、水路、民航、邮政等业务系统间的信息互联互通，实现物流企业、制造企业、商贸企业的数据共享与业务联动。

三、赣南苏区物流产业发展有关建议

物流是经济发展的"血液"。当前，赣州市正在大力推进建成连接东南沿海与中西部地区的区域性物流商贸中心建设，迫切需要提高赣州市物流产业发展能力和水平。为此，建议赣州市委、市政府进一步加大对赣州市物流产业发展的支持力度，具体建议如下：

（1）创新体制机制，设立赣州现代物流发展管理机构。根据国家发改委《现代物流创新发展城市试点工作主要内容及具体分工》，体制机制创新是赣州试点三大任务之一。结合赣州现代物流发展的实际需要，立足简政放权和多部门统筹协调，创新体制机制设置和制度安排，建议赣州市委、市政府借鉴成都经验，将发改、工信、交通、商务、口岸等多个部门有关物流管理的职能整合到一个综合部门，配置相应的人员，加强物流管理工作力量，探索行之有效的政府管理手段和创新做法。

（2）加大资金投入，设立赣州现代物流产业发展基金。应借助资本市场的力量促进赣州现代物流持续健康发展，优化政府投资方式，发挥政府资金的引导作用和放大效应，提高政府资金使用效率，吸引社会资金投入政府支持现代物流产业发展。根据《中共中央 国务院关于深化投融资体制改革的意见》（中发〔2016〕18号）、《国务院关于促进创业投资持续健康发展的若干意见》（国发〔2016〕53号）、《国务院关于创新重点领域投融资机制鼓励社会投资的指导意见》（国发〔2014〕60号）文件精神，支持符合条件的国有企业、金融机构、大型物流企业集团等设立现代物流产业发展投资基金，引导现代物流产业发展；加大信贷投放，支持物流枢纽建设、物流园区建设、公共信息平台建设、标准化物流装备和绿色包装等；支持物流企业通过发行债券、股票上市等方式多渠道融资；探索设立省级物流产业股权投资基金，主要用于物流企业的参股设立、跟进投资和融资担保；支持物流业非基本公共服务、基础设施、民生保障、区域发展、战略性新兴产业、企业创新建设，着力解决市场资金供给

第六章 赣南苏区现代物流业发展及实践

不足、物流企业融资困难、企业创新动能较弱和转型升级乏力等问题。

（3）创新政策环境，促进赣州现代物流发展降本增效。根据国务院办公厅《关于进一步推进物流降本增效促进实体经济发展的意见》（国办发〔2017〕73号），支持跨省大件运输许可一地办证、全线通行，允许货运车辆和营运证的年检年审异地办理，允许"一照多址"，统一开具高速公路通行费增值税电子发票；支持发展第三方物流、第四方物流，推进物流车辆、设施器具等标准化、信息化、智能化，积极发展"互联网+"车货匹配等新业态；支持利用工业企业旧厂房、仓库和存量土地资源建设物流设施或者提供物流服务，物流企业大宗商品仓储设施用地城镇土地使用税减半征收优惠政策，支持物流企业整合重组不动产、土地使用权转让不征收营业税；对重大物流项目建设、物流企业信息化建设、物流企业装备升级、国家 A 级物流企业给予奖励，支持航空货运航线补助；对剥离物流环节设立物流企业的，给予一次性补助；对于外挂车船回归，还可简化办理入户手续；对培养和引进在国际标准领域具有长期工作经验、精通国际标准化规则、熟悉前沿技术和管理的高端人才，实行高端人才奖励计划。

（4）加强信息整合，建设赣州智慧供应链公共信息平台。为把赣州市建设成为国家重要的物流交易结算中心，打造全国物流大数据中心，结合智慧赣州、云计算中心等，急需建设一个由赣州市政府投入（约 2000 万元）、主导和监管，联通物流交易平台、各类行业服务平台、金融结构服务平台、政府政务监管平台，集智慧物流、智慧政务、大数据采集分析、信息发布等功能为一体的公共服务平台，建立赣州供应链数据湖和资金池，推动物流活动信息化、数据化，推动跨地区、跨行业物流信息互联互通，物流数据开放共享，建立健全物流行业信用体系。

四、对赣南苏区物流服务发展的特殊支持

由于历史等原因，目前赣南苏区物流产业基础设施仍然十分薄弱，物流产业发展条件还较为落后，急需国家层面在以下方面予以大力支持和帮助：

（1）支持赣州建设国家重要的冷链物流基地。根据国务院办公厅《关于加快发展冷链物流保障食品安全促进消费升级的意见》（国办发〔2017〕29 号）及国家发改委现代物流创新发展城市试点的主要任务和具体分工，恳请国家发改委、国家财政部、国家交通部等有关部委支持赣州市建设一批标准化冷链物流园区、低温处理中心、产地和销地冷库，购置一批标准化、专业化的冷链设备设施和运输工具，培育一批具有核心竞争力、综合服务能力强的冷链物流企

业，构建"全链条、网络化、标准化、可追溯、高效率"的现代化冷链物流体系，确保食品、药品、农产品、海产品消费安全，打造成国内食品、药品、农产品、海产品和国际水果交易集散中心和冷链物流基地。

（2）支持赣州建设国家重要的物流交易结算中心。恳请国家发改委、银监会、中国人民银行、商务部、工信部等部委支持赣州市建设国家重要的物流交易结算中心和物流大数据中心，支持应用新技术新模式的轻资产物流企业发展，银行业金融机构开发支持物流业发展的供应链金融产品和融资服务方案，支持银行依法探索扩大与物流公司的电子化系统合作，开展大数据采集、处理、交换、存储、监控、查询、分析、应用等工作，为政府决策、市场运行和公共服务提供信息服务支持。

（3）支持赣州建设高铁快递分拨中心。根据国务院办公厅《关于进一步推进物流降本增效促进实体经济发展的意见》（国办发〔2017〕73号），恳请中国铁路总公司、交通运输部、国家铁路局、国家邮政局支持赣州高铁站建设快递分拨中心，充分利用高铁高效、便捷、准时、定点等优势，探索发展高铁快运物流，支持高铁、快递、物流联动发展。

（4）支持赣州建设国家智能化仓储物流示范基地。根据国家发改委《"互联网+"高效物流实施意见》（发改经贸〔2016〕1647号），提高物流仓储智能化、信息化水平，以点带面推动传统仓储转型升级。恳请国家发改委支持赣州开展国家级物流园区示范工作，引导企业在重要物流节点和物流集散地规划建设或改造一批国家智能化仓储物流示范基地（园区），推动仓储设施从传统结构向网格结构升级，建立深度感知智能仓储系统，实现存、取、管全程智能化。

（5）支持赣州港列入全国多式联运示范工程。根据国务院办公厅《关于进一步推进物流降本增效促进实体经济发展的意见》（国办发〔2017〕73号），恳请交通运输部、国家发展改革委、国家铁路局、中国铁路总公司、海关总署等支持赣州港申报设立进境粮食、水果、肉类、再生原料、整车进口等指定口岸，并分别设立瑞金进境粮食监管仓、赣州经开区进境肉类和整车进口监管仓。做好第二批多式联运示范工作，大力推广集装箱多式联运，积极发展厢式半挂车多式联运，有序发展驮背运输，力争2017年开通驮背多式联运试验线路。大力发展公路甩挂运输。完善铁路货运相关信息系统，以铁水联运、中欧班列为重点，加强多式联运信息交换。

（6）支持赣州平台型物流企业执行无车承运人政策。根据交通运输部办公厅《关于推进改革试点加快无车承运物流创新发展的意见》（交办运〔2016〕115号），恳请国家交通运输部支持赣州平台型物流企业通过搭建互联网平台，创新物流资源配置方式，扩大资源配置范围，实现货运供需信息实时共享和智能匹配，减少迂回、空驶运输和物流资源闲置，无车承运业务按照"交通运输服务"缴纳增值税，解决增值税征管中开票资格、进项抵扣、额度监管等实际问题。

（7）支持赣州物流信息平台进入骨干物流信息平台。根据国务院办公厅《关于进一步推进物流降本增效促进实体经济发展的意见》（国办发〔2017〕73号），恳请国家交通运输部将赣州物流信息平台列入国家骨干物流信息平台，接入国家骨干物流信息网络，打通物流信息链，实现物流信息全程可追踪，促进综合交通运输信息和物流服务信息等有效衔接。

（8）支持赣州社会个体车辆税收实行委托代征政策。根据《国家税务总局关于发布〈委托代征管理办法〉的公告》（国家税务总局公告2013年第24号），为更好地促进现代物流企业发展，在当前"互联网+物流"平台模式下，鉴于企业在委托社会个体车辆无法取得相关票据的情况，对现代物流企业开展的无车船转运业务，恳请国家税务总局借鉴《国家税务总局关于个人保险代理人税收征管有关问题的公告》（国家税务总局公告2016年第45号）中对个人保险代理人为保险企业提供保险代理服务规定的运作模式，社会个体车辆为物流企业提供转运业务应当缴纳的增值税和城市维护建设税、教育费附加税、地方教育附加税，税务机关委托平台型物流企业代征，并且接受税务机关委托代征税款的物流企业，向社会个体车辆支付运费后，可代社会个体车辆统一向主管国税机关申请汇总代开增值税普通发票或增值税专用发票。

第七章
赣南苏区旅游业发展及实践

赣州市山川秀美壮丽，人文独具特色，毛泽东曾登临会昌山赋诗赞之：踏遍青山人未老，风景这边独好！近年来，在赣州市委、市政府的正确领导和高位推动下，赣州旅游产业向高质量发展稳步迈进，实现了又好又快发展，旅游产业实力明显增加，旅游城市品牌形象明显提升，管理服务水平明显提高，区域性旅游集散中心的形象初步显现。赣州市先后荣获中国优秀旅游城市、国家园林城市、中国最具生态竞争力城市等殊荣，2012 年赣州被联合国环境规划基金会授予"绿色生态城市保护特别贡献奖"，还被授予 2017 年度江西省旅游产业发展先进市荣誉称号。2018 年，赣州市接待旅游总人数 1.08 亿万人次，同比增长 30%；旅游总收入 1120.26 亿元，同比增长 39%。

第一节　赣南苏区旅游业发展概况

自国务院《关于支持赣南等原中央苏区振兴发展的若干意见》出台以后，赣州市按照全面推进赣南苏区振兴发展的要求，加大基础设施投入，加强旅游景区提升，推动旅游品牌创建，创新宣传营销手段，全市旅游产业呈现出稳中有进的良好发展态势，旅游综合实力逐渐增强，旅游接待能力逐渐提升，旅游品牌效应逐渐显现，主要有以下表现：

（1）规模持续增长。截至 2016 年底，赣州市拥有国家 3A 级以上景区 25 处（5A 级 1 处，4A 级 16 处，3A 级 8 处），比 2011 年增长 47%，实现 5A 级景区"零突破"；新增 5A 级乡村旅游点 1 处，4A 级乡村旅游点 12 处，3A 级乡村旅游点 2 处；旅游星级饭店 73 家（五星级 2 家，四星级 19 家，三星级 52 家），比 2011 年增长 58.7%；新增三星级以上农家旅馆 211 家；旅行社 69 家（其中出境旅行社 4 家，赴台游组团社 1 家），比 2011 年新增出境旅行社 3 家，赴台组团社 1 家；旅游专业车队 7 家；有持国家导游证人员 2310 余人。2016 年，赣州市接待游客总人数 6741.52 万人次，比 2011 年增长 282%，旅游总收入 588.88 亿元，比 2011 年增长 334%，年均增幅均超过 25%，旅游总收入占全市 GDP 比重超过 10%。

（2）发展环境优化。一是政策环境良好。赣南苏区红色旅游列入国家旅游发展战略，国家旅游局给予赣州市的 10 项扶持政策已逐步落地。2013 年 2 月，国家旅游局、国家扶贫办批准在赣州市设立"国家旅游扶贫试验区"。2017 年 6 月，赣州市被国家旅游局批准为全国旅游业改革创新先行区。赣州市委、市政府高度重视旅游产业发展，先后印发了《关于加快旅游产业发展的意见》和《关于加快旅游投资和促进旅游消费的意见》等系列文件，进一步加大了旅游产业振兴发展的政策、资金引导力度。推进全域旅游发展，制定了《全域旅游行动方案（2017—2019）》，明确了"吃、住、行、游、购、娱"旅游要素建设要求和重大项目。二是基础设施条件改善。赣州市基本形成了以高速公路网为主干，以铁路、航空为补充的旅游交通体系，景区内部通达条件有所改观。

（3）产品不断升级。红色旅游、乡村旅游、生态旅游等旅游产品百花齐放，各具特色。在大力推动"旅游+"的过程中，各旅游产品之间，旅游与文化、体育等业态之间不断打破壁垒，实现融合。旅游产品由单一型向复合型转变。红色旅游由传统的旧址参观向研学主题教育转化，乡村旅游由观光采摘向度假体验乡愁升级，温泉产品由洗浴向健康疗养提升。大力培育了以瑞金共和国摇篮景区（5A 级）为代表的 A 级景区，以大余丫山乡村生态园（5A 级）为代表的 A 级乡村旅游点及安远三百山旅游度假区、石城赣江源生态旅游示范区等旅游品牌为主导的旅游产品体系，规划落地了崇义上堡客家梯田露营、赣州南康区乒乓旅游等一批"旅游+体育"项目，编演了大型赣南民俗音画《客家儿郎》及大型赣南采茶歌舞剧《八子参军》《永远的歌谣》《七彩屏山记忆》《丫山情》，大型原创精品山歌剧《老镜子》等文化旅游演艺节目，着力打造了赣南红色游、客家风情游、山水生态游、温泉度假游以及自驾游、商务游等旅游消费热点。

（4）旅游扶贫见效。近年来，赣州市大力推进旅游扶贫"十百千"工程，通过就业、创业、创收扶贫等方式，为贫困人口增收提供平台。据 2017 年 6 月统计数据显示，赣州市建设旅游扶贫项目 125 个，总投资 68.4 亿元，受益村数 220 个，贫困村数 105 个，受益农户数 20438 户，户均增收 10071 元，其中建档立卡贫困户 4768 户。涌现了一批旅游扶贫示范典型，如大余丫山景区探索出了"3456"乡村旅游扶贫运营模式（确立三级受益模式，搭建四个合作平台，实施五种捆绑模式，实现六大创收渠道），为大龙山村及周边乡村 800 多户贫困户提供全新、稳定的收入来源，形成企业与农户的互利共赢；瑞金"红军村"——黄沙村华屋充分挖掘红色历史，建设集红色教育、问寻乡愁、生态观光、旅游休闲、农家体验于一体的乡村旅游示范点，引导 37 户农户以闲置房屋开办农家乐，统一装修了 120 间农家旅馆，带动贫困户就业 30 多人，人均增收 10000 元；龙南虔心小镇建立了阶段就业、倒包返租、自我发展、基地共建的旅游扶贫新路子，吸收固定员工 600 多人，其中贫困户超半数，月工资达 1800 元以上，90 名建档立卡贫困户年均分红 4043 元；于都屏山旅游区推动第一、第二、第三产业融合发展，通过发展奶业、旅店经营、餐饮业、种养殖业、农副产品加工业、文化产业等相关产业带动了周边 4 个村的贫困户脱贫致富，辐射农户达 2559 户 13320 人。

（5）影响不断扩大。在赣州市内，各级党政对发展旅游的重要性有了新认识，广大群众由于感受到了旅游业带来的实惠，参与发展旅游业的热情日渐高涨，对赣州市旅游业的认可度不断提升。在一次问卷调查中，参与问卷调查的 500 多名游客大部分都认真填写了问卷，对赣州市的旅游资源、红色旅游、乡村旅游等旅游产品给予了肯定，并提出了中肯的建议。在赣州市外，赣州市旅游形象在原有主客源地明显提高，被广东自驾游协会授予"广东自驾游最佳目的地"称号。2013 年以来，由广东省自驾旅游协会及其下属会员单位组织的自驾车游赣州活动超过 100 场，人次超过 20 万人。赣州旅游网点击率和赣州旅游微博、微信公众平台粉丝量居江西省各地区之首。目前下载赣州智慧旅游 App 的用户有 12 万，点击量为 240 万，2017 年上半年线上流水交易量近 640 余万，农家乐商户数量突破 1000 户。

（6）旅游品牌创建取得新突破。2018 年赣州市成功创建各类旅游品牌 48 个，是前 5 年创建数量的总和。其中，新增龙南南武当山等 3 处景区成功晋升国家 4A 级景区，中央军委旧址等 7 处景区晋升国家 3A 级景区。2018 年全年成功创建国家 3A 级以上旅游景区 10 处，省 3A 级以上乡村旅游点 25 个，省全域旅游示范区 1 处，省旅游风情小镇 1 个，省工业旅游示范基地 1 个，省低碳旅游示范景区 5 处。截至目前，赣州市拥有国家 5A 级旅游景区 1 处，4A 级旅游景区 23 处，3A 级旅游景区 16 处；省 5A 级乡村旅游点 3 个，省 4A 级乡村旅游点 16 个，省 3A 级乡村旅游点 33 个；省级全域旅游示范区 1 个，省级旅游风情小镇 5 个，省工业旅游（示范）点（基地）4 个，省级低碳旅游示范区 5 个，省级旅游度假区 2 个，省级生态旅游示范区 5 个。

第二节　赣南苏区旅游业发展机遇

一、大众旅游时代带来巨大市场潜力

随着人民生活水平的不断提高，我国已进入大众旅游时代。据中国旅游研究院预测，到 2020 年，我国城乡居民年人均出游 4.5 次，市场规模超过 60 亿人次，居民旅游总消费额将达到 5.5 万亿元。巨大的市场潜力为赣州市文化旅游业的快速发展提供了广阔的空间。

二、高铁时代催生旅游发展新格局

高铁时代的到来，深刻改变着旅游城市间的发展格局。随着昌吉赣客运专线的开工建设和赣深客运专线的开启，将加快推动赣州市将区位优势、资源优势转化为经济优势、发展优势。此外，"互联网+"的普及推广，渗透在旅游领域，将催生大批新技术、新服务、新业态和新模式。

三、战略提升拓展转型升级空间

国务院《关于促进旅游业改革发展的若干意见》，文化部、国家旅游局《关于促进文化与旅游结合发展的指导意见》，国家发改委等 14 个部门《关于印发〈促进乡村旅游发展提质升级行动方案（2017 年）〉的通知》，国家旅游局《关于印发乡村旅游扶贫工程行动方案的通知》、国家旅游局、国家体育总局《关于大力发展体育旅游的指导意见》，交通运输部、国家旅游局、国家铁路局、中国民用航空局、中国铁路总公司、国家开发银行《关于促进交通运输与旅游融合发展的若干意见》等文件相继出台，旅游业逐步成为经济新常态下稳增长、调结构、惠民生、优生态的重要抓手。各省、市、区对旅游作出的战略部署，使旅游业正成为实现"发展升级、小康提速、绿色崛起、实干兴赣"和推动精准扶贫的重要抓手和有效途径。旅游业在各个层级发展战略地位的提升将为赣州市旅游业的发展带来更加广阔的空间。

四、政策支持注入产业发展新动力

随着国务院《关于支持赣南等原中央苏区振兴发展的若干意见》的深入实施，赣州市先后获批"国家旅游扶贫试验区""客家文化（赣南）生态保护实验区""国家级旅游业改革创新先行区"等。赣州市委、市政府顺势而为相继出台《关于加快旅游产业发展的意见》《关于加快旅游投资和促进旅游消费的意见》等政策，并提出全域旅游发展理念，编制全域旅游行动方案，旅游业向全景、全时、全业、全域方向发展。

第三节　全域旅游：龙南县旅游业实践

一、龙南县旅游业发展概况

龙南县位于江西省最南端，自古以来为赣粤边陲重镇，素有"江西南大门"之称，历史悠久，人文荟萃，境内旅游资源得天独厚，十分丰富。龙南县境内拥有被誉为"东方的古罗马"和"汉晋乌堡的活化石"的客家围屋376座，占赣南苏区客家围屋总数的70%以上，其数量之多、规模之大、风格之全、保存之完好，均为全国之最，龙南县由此被誉为"中国围屋之乡"，以龙南县为主的赣南围屋被列入中国世界文化遗产预备名单。龙南县生态环境优美，全县森林覆盖率达82.16%，大自然的鬼斧神工造就了奇特的山水、瑰丽的风光。龙南县拥有集融丹霞风光和佛教文化于一体的国家级风景名胜区南武当山，99座山峰绵延不绝，犹如一幅壮丽的画卷；国家级自然保护区和国家森林公园九连山原始森林被誉为"南岭翡翠""动植物王国"；省级森林公园安基山群山连绵、竹海逶迤，森林覆盖率达96.81%；距今400多年历史的太平桥，被《世界桥梁大观》收录，是全国重点文物保护单位。龙南县古迹丰富，拥有被誉为"江南石刻宝库"、保存了一代圣人王阳明手书石刻的玉石仙岩等人文古迹559处，其中全国重点文物保护单位3处，省级文物保护单位8处，革命旧址14处，县级以上非物质文化遗产29项。

除此之外，龙南县交通便捷，是赣粤两省立体交通网络的中心和重要枢纽，105国道、京九铁路、赣粤高速、大广高速纵贯龙南县全境。龙南通勤机场被列入江西省新一轮民航机场布局，已经开工建设的赣深高铁推动了龙南县融入珠三角一小时交通圈、经济圈、生活圈、旅游文化圈。

近年来，龙南县旅游产业迅速发展，被列入第二批国家全域旅游示范区创建单位，被授予 2017 年度江西省旅游产业发展先进县荣誉称号。龙南县乘着赣州市生态文明建设的良好契机，提出要大力发展全域旅游，建设全省旅游强县。为此，龙南县编制了《龙南县旅游产业发展总体规划》，设立赣州市首个规模达 20 亿元的旅游产业发展投资基金。2017 年以来，龙南紧紧围绕赣州市委、市政府"一核三区"旅游发展战略部署，立足"客家文化旅游区"龙头定位，将旅游业摆在与工业同等重要的位置，举全县之力发展全域旅游，全力推进旅游项目建设，完善旅游配套基础设施，取得了做旺旅游、做美城乡、变富百姓的明显成效，旅游产业发展呈现又好又快的发展态势。龙南县首届旅游文化节于 2017 年 12 月 8~9 日成功举办，一举打响了"世界围屋之都"旅游品牌，2017 年 12 月 15 日，江西省乡村旅游工作现场会在龙南县召开，龙南县作为先进典型在会上作了经验介绍。2017 年，龙南县共接待境内外游客 340 万人次，同比增长 29.8%，实现旅游综合收入 25.9 亿元，同比增长 28.7%。2018 年，龙南县与一批大型涉旅集团达成战略合作，旅游重点项目计划总投资 18.4 亿元，将以高标准开展南武当山、关西围屋群、虔心小镇等景观提升、智能化系统等配套项目建设。

二、龙南县发展全域旅游特色做法

（一）凝心聚力，齐心协力发展旅游产业

2016 年换届以来，龙南县新一届领导班子立足龙南县丰富的旅游资源，深入调研、外出考察学习全域旅游经验做法，把"做旺旅游"摆在与"做强工业、作美城乡、变富百姓"同等重要的位置，立足把龙南建设成为赣深高铁沿线"强旺美富"明珠县；召开全域旅游发展启动千人大会，搅动思想，凝聚合力；邀请 14 支全国一流旅游规划团队，高水准编制了《龙南县全域旅游策划及总体规划》《龙南县旅游发展总体规划》及重点景区、基础设施配套项目专项规划；大力推行"多规合一"，推动发改、国土、建设、林业、交通等规划与旅游规划深度融合，全县上下形成了全民参与、合力振兴的共识共为。在江西省、赣州市的领导和鼎立支持下，龙南县坚定信心和决心，以最快速度、最小代价于 2017 年 1 月依法成功收回了南武当风景名胜区、栗园围等三个景区的经营管理权，破解了旅游资源长期以来被投资开发商占据却得不到有效开发利用

的难题，创造了盘活闲置资源的"龙南经验"，得到了江西省委的肯定。江西省旅发委下发《关于规范我省高等级景区经营管理权的有关事项的通知》，将龙南县收回南武当山风景区经营权的做法在全省范围内总结推广。

（二）深挖旅游资源，推动全域旅游发展

龙南县大力实施全域旅游工程，以"客家文化旅游区"为定位，以客家围屋为龙头，深挖旅游发展资源。龙南县立足丰富而优质的围屋资源、良好的生态环境、良好的交通和地理区位优势三大优势，重点打造精品景区，昂起客家文化旅游"龙头"，辐射周边区域旅游产业发展。另外，龙南县依托高铁新区，建设江西南部旅游集散中心、赣南客家围屋博物馆，全面展示赣南客家围屋及客家文化；依托围屋文化，打造"一围一品"，推出围屋精品旅游线路；依托围屋资源，重点实施客家围屋群改造提升、围屋民宿、围屋精品酒店等项目，以形成围屋文化旅游产业集群。同时，大力实施虔心小镇、悦龙湾水上乐园、正桂美丽乡村等重大项目。在对旅游资源的保护方面，龙南县努力创新围屋管理开发模式，逐渐探索出一条保护与开发并重、文化与旅游相融的围屋保护发展新路。龙南县投资 2.3 亿元，对关西围等围屋进行保护开发，争取和筹集围屋修缮资金 7000 多万元，对田心围等 18 座客家围屋进行了抢救性维修。龙南县把围屋保护修缮工作上升到全县战略工程的高度，成立了以县委书记为组长的围屋保护管理领导小组；突出当地村民在围屋保护中的主体作用，强化他们对围屋保护利用的参与权，注重激活民间力量，探索建立围屋管理运行长效机制。

同时，龙南县完善配套设施，着力提升旅游资源价值。龙南县围绕"吃、住、行、游、购、娱"等旅游要素，完善旅游配套设施，补齐补强短板，有效提升旅游服务质量。推出客家宴美食"一桌菜"，丰富舌尖上的美味。新建沃尔顿国际酒店、维也纳国际酒店、龙翔国际酒店、文和酒店等，提升酒店住宿接待能力。开通各主要景区的旅游直通车专线 4 条，提升城市旅游交通布局。找准客家文化与旅游的结合点，研发设计客家文化旅游商品，将客家非遗传承技艺融入景区景点，提升游客参与度和体验度。推进旅游厕所革命，按照 A 级旅游厕所标准新建、改扩建旅游厕所 36 座，提升景区景点、旅游干线等重点区域旅游厕所软硬件水平。结合创建全国文明城市，国家卫生城市、园林城市，把龙南县作为一个大景区进行整体打造提升，高标准实施了城市园林景观绿化、城市亮化提升、通往景区道路沿线外立面改造、高速出入口景观改造提升、城乡环境整治等项目，城乡面貌焕然一新，营造了"处处皆诗画，全域是风景"的全域旅游大环境。

（三）集中精力抓项目，全力以赴打造龙头景区

把项目建设作为主要抓手，全力以赴打造龙头景区。2018 年 18 个重点旅游项目中有 11 个社会资本投资项目，占比 61.11%，社会资本投资总额达到 21 亿元。实施了山关西围 4A 景区完善提升、南武当山创 4A 景区、虔心小镇、正桂乡村旅游、三江口悦龙湾、绿天泉温泉、栗园围创 4A 级景区、渡江现代农业示范园、黄道生骑楼老街改造、江西南部旅游集散中心十大旅游重点项目以及旅游公路、星级酒店建设、旅游商品开发等九大基础设施配套项目。组建了县旅投公司，将重点景区划归旅投公司经营管理，理顺了景区管理体制。与上海景域集团签订景区战略合作协议，借助其优势，提升景区管理和运营水平。设立了赣州市首个规模达 20 亿元的乡村旅游产业发展基金，每年确保 10 亿元以上的投入。先后与天沐集团、江西铁投等涉旅企业达成近百亿元战略合作，重点建设天沐汤湖温泉小镇、老屋下高端精品酒店等乡村生态旅游项目。

（四）塑造品牌，开展独具特色的旅游文化节

为全方位展示赣州客家摇篮和龙南围屋之乡风情，龙南县于 2017 年举办了首届旅游文化节。旅游文化节以"围美龙南·客迎天下"为主题，旨在全方位展示赣州客家摇篮和围屋之都风情，积极打造全国知名的客家文化旅游区和粤港澳大湾区休闲养生度假的后花园，加快创建国家全域旅游示范区和江西省旅游强县。以 2017 年为开端，龙南县每年都将筹备举办一届旅游文化节。

龙南县在首届旅游文化节期间，成功举行了大型开幕式文艺晚会、客家围屋高峰论坛及招商推介签约会，还组织参观了关西围屋群景区、南武当风景名胜区、虔心小镇、正桂美丽乡村等重点景区，开展了以参观龙南旅游商品土特产展，"客家风情·围屋之乡"摄影展，赣南客家书画创作展，客家小戏及舞狮、舞龙民俗表演、"舌尖上的龙南"客家美食节等为主要内容的一系列活动。同时，龙南县将每年的 12 月定为旅游文化节延伸活动的活动月，活动期间将组织全县各重点旅游景区联合开展优惠营销活动；南武当山旅游景区每周安排 1 场以上具有广泛参与性的娱乐活动，关西围景区每天固定时段安排客家小戏、传统手工艺展示、放竹排等常态化表演展示节目，其他参观景区结合自身特点安排丰富多彩的常态化活动；打造一日游、两日游精品线路，对接联系粤港澳、赣州等主要客源地 6 家以上旅行社、社团、自驾游协会等机构，在活动月期间组织客源地市场集中发团。

龙南首届旅游文化节期间，吸引游客 10 多万人次。龙南旅游文化节还获评 2018 中国最负盛名节庆（节会），为江西省唯一入选项目。

第四节　乡村旅游：大余县旅游业实践

一、大余县旅游业发展概况

大余县位于江西省西南端，赣州市西南部，章江上游，庾岭北麓。东北与南康区相连，东南与信丰县交壤，西北与崇义县毗邻，南与广东省南雄市襟连，西界广东省仁化县。三面环山，地势西高东低，以低山丘陵为主。大余县河流密布，纵横交错，以赣江支流——章水为主干流的章江流域在境内有支流 537 条，河流总长 2084.58 公里。"大江东去几千里，庾岭南来第一州"是宋代文豪苏东坡对古府大余的盛赞。大余县素有"世界钨都"、梅花诗国、牡丹亭故乡、中国理学发源地等美誉，已成为周边城市及珠三角地区的休闲后花园。大余县借助优美的自然风光和厚重的历史积淀，加快旅游项目建设，精心打造"百里乡村旅游长廊""古文化旅游长廊""章江流域生态旅游长廊"三条旅游长廊。在景点的空间布局、环境协调、特色创建等方面，精心开发包装，深入挖掘"周程"理学、红色经典、民俗艺术等丰厚文化底蕴，巧妙融入"山水、文化、美食、儿时"四种记忆。注重将旅游发展与生态保护相融合，景点建设不填塘、不推山、不砍树、不拆房，进行保护性资源开发。面对旅游市场多样化需求，大余县共建成 28 处乡村旅游示范点，积极推进梅岭三章红色文化旅游产业园、西华山矿山公园等文化旅游产业重大项目建设。大余县以"丝路明珠，生态大余"为主题，整合各项资源，精心打造"生态福地、爱情圣地、赏梅佳地"等旅游文化品牌，旅游产业呈现"遍地开花、百景争艳"的喜人态势。2017 年，大余县接待旅游观光人数 400.792 万人次，同比增长 33.4%；旅游总收入达 247182 万元，同比增长 33.9%。

近年来，大余县主动策应"旅游强省"的战略部署，大力发展乡村旅游，扎实推进旅游扶贫，逐步探索出了一条从"扶贫"到"富民"再到"强县"三位一体，从"农家乐"到"乡村旅游"再到"乡村度假"并向"美丽乡村生活"华丽转身的大余乡村旅游共享发展之路。2016 年，大余县建设了 22 个乡村旅游扶贫示范点，成功打造出 17 个开放景点，被评为"中国最美乡村旅游目的地""中国最美绿色生态旅游名县"。目前，大余县贫困人口收入的 38.5% 来源于乡村旅游。保护传统文化和推动精准扶贫开发，以乡村旅游带动旅游人气，大余县大力发展乡村旅游，"美丽经济"已成为县域经济的新支点。

二、大余县发展乡村旅游产业做法

（一）高位推动，形成乡村旅游发展合力

（1）完善旅游管理体制。大余县在每个乡镇都成立了乡村旅游发展办公室，由1名副科级干部担任主任，并将乡村旅游建设工作纳入全县年度目标管理考核，建立督查考评机制和奖惩通报制度，由县四套班子领导和专家对各乡村旅游示范点开发建设进行考评打分，对乡村旅游工作先进单位进行重奖。同时，注重加强乡村旅游住宿、餐饮、营销、传统技艺等各类实用人才的培养，开展讲解员评选比赛和培训活动，全方位提升乡村旅游从业人员的整体素质，促进乡村旅游可持续发展。

（2）科学指导，严格遵循规划先行。大余县围绕"旅游名县"的目标，一方面以打造乡愁体验型、产业观赏型、山水游乐型、民俗文化型、红色基地型、遗迹探究型六种乡村旅游主题品牌为重点，先后聘请国内顶级规划设计公司，如深圳榜样规划公司、上海徐汇建筑规划设计研究院等对大余县23个乡村旅游项目进行高标准、高起点、高品位规划编制。同时，整合全县旅游资源，科学合理编制《大余县百里乡村旅游长廊项目规划》，塑造大余县乡村旅游产业发展新格局。另一方面按照《赣州市旅游扶贫实验区规划》实施旅游扶贫"十百千"工程，将大余县7个景区（点）列入2017年赣州市国家扶贫试验区建设计划，计划安排旅游就业9780人次，带动3730人次脱贫，推动乡村旅游和精准扶贫有机融合发展。

（3）政策推动，整合资金多方位投入。制定出台各种扶持政策，推动形成"政府+投资商+金融机构+农户"的多主体、多渠道投资体系，探索采用PPP、BF等模式，引入社会资金、民营资金参与景区建设。组建旅游产业招商小分队针对性地开展旅游产业招商，引进江西省大余丫山艾哆乡村事业发展有限公司打造丫山乡村生态旅游示范园项目、大余县仁龙旅游开发有限公司开发丫山飞龙峡谷漂流，筹资近亿元用于乡村旅游精品景区基础设施建设。

（二）创新乡村旅游与精准扶贫的有机融合："3456"乡村旅游扶贫运营模式

丫山景区用三年时间探索出了"3456"乡村旅游扶贫运营模式，即确立三级受益模式，搭建四个合作平台，实施五种捆绑模式，实现六大创收渠道，推动乡村旅游和精准扶贫有机融合发展，鼓励、引导、扶持农户参与景区的各项建设与运营，充分享受景区发展带来的红利。为大龙山村及周边乡村800多户贫困户提供全新、稳定的收入来源，形成企业与农户的互利共赢。门票收入、景区从业人员、旅游人次数分别增长245%、258%、76%。

三级受益模式：一是"景区（公司）+土地+房屋"模式。通过租赁土地、房屋，给予农户补偿。二是"景区（公司）+岗位+补贴"模式。向本地农户提供就业岗位及相应补贴。三是"景区（公司）+产业+项目"模式。发展、包装、宣传特色产业，培训农户如何经营及解决产品销路。

四个合作平台：一是生态农产品基地。公司提供种苗，农户负责种植，坚持餐饮等经营场所的食材自给自足。二是旅游合作社。旅游合作社租赁农户的房屋、土地，无偿对房屋、土地予以升级改造或装饰、装修。三是乡村旅游协会。通过租用、共建、贷款投资入股等形式整合乡村旅游资源，将周边乡村闲置的农田、荒山、农舍等资源全面盘活。四是农户自主创业平台。引导和扶持农户参与龙山圩、九回头、乡村酒吧等自主创业平台，并提供岗位技能与职位素养方面的培训。

五种捆绑模式：一是"景区（公司）+旅游合作社（协会）+贫困户"模式。帮助贫困户获得自主经营、土地流转、资产入股、资金入股、特产销售等方面的收入。如大龙村贫困户黄立才靠销售蜂蜜仅2016年十一黄金周一天收入破万元。二是"旅游公司+贫困户"模式。通过扶贫补贴资金或"产业扶贫信贷通"贴息贷款，入股旅游公司获得分红。三是"旅游协会+贫困户"，景区景点门票收入的10%补助给土地流转户。四是"景区（公司）+基地+合作社+贫困户"。优先解决贫困劳动力就业，实现"就业一人、脱贫一家"。如三口之家的唐英文，腿因断裂而多次手术，术后留有后遗症，至今不能从事重体力劳动，2015年通过公司就业培训，在工程部从事电脑网管工作，年收入在35000元以上。五是"基地+贫困户"。通过创意引导、包装设计、宣传扶持，引导贫困户发展不同的特色乡村旅游产品。如大龙村村民欧阳敏，通过租用周边村民农田约15亩，发展高山蔬菜种植，种植的高山蔬菜供不应求，年蔬菜产量约35000公斤，蔬菜销售均价3.5元，年均收入突破了20万元。

六大创收渠道：一是土地流转收入。景区建设共流转周边土地、林地达2万多亩，每亩年收益500~1000元，户均年增收2000元左右。二是建设施工收入。吸纳当地贫困户200多人参与建设，每人每天收入不低于80元。同时，景区平时还要进行设施维修，年累计可提供50个长期稳定施工岗位。三是景区岗位收入。吸纳贫困户成为景区的工作人员，月人均收入2200元左右。四是农家旅馆收入。景区提供住宿设施，进行民房装饰，以每间每天100元的价格，长年提供整洁干净的农家旅馆租给游客。五是农家餐馆收入。景区周边有农家乐

11 家，老板均为周边农户，吸纳当地 70 多位农户就业，其中贫困户 9 户，人均月收入 2200 元以上。六是农户品销售收入。景区创造良好的市场，惠及周边 260 多产农户，村民可通过景区这些成熟的销售平台将自家产的蜂蜜等农特产、乡村小吃、传统手工艺品及旅游小商品等直接销售给游客，或者成为景区度假酒店或农家餐馆的生态原材定点供应户等多种途径获得收入。

（三）"乡村旅游+"多形式发展乡村旅游

大余县依托大余得天独厚的红色资源、生态资源、文化资源等优势资源，借助"乡村旅游+爱国主义教育""乡村旅游+生态文明建设""乡村旅游+文化产业发展""乡村旅游+美丽乡村建设"等多种形式发展乡村旅游产业。

（1）"乡村旅游+爱国主义教育"。大余县大力开发红色旅游精品线路，先后规划建设了南方红军三年游击战争纪念馆、陈毅隐蔽处爱国主义教育基地、河洞长岭会议旧址、池江改编旧址等红色景点，促进旅游业持续升温。截至 2015 年 9 月，大余县红色旅游累计接待游客 33 万人次，同比增长 68.5%；红色旅游综合收入 1.8 亿元，同比增长 60%。红色旅游吸纳当地群众直接或间接就业 1200 余人，其中贫困户 288 户，年户均收入 1.8 万元。

（2）"乡村旅游+生态文明建设"。大余县高标准打造提升了丫山旅游风景区、国家湿地公园、天华山高山生态旅游度假区、河洞温泉漂流等旅游景区，共帮带贫困户 680 多户。其中，丫山旅游风景区已成为国家 4A 级旅游景区、江西省目前首家且唯一一家 5A 级乡村旅游点景区，开放以来共接待海内外游客 200 余万人次，旅游创收逾 10 亿元，惠及周边 1000 余户农户，其中贫困户 200 多户，通过土地流转、林地流转、建设施工、景区就业、农家旅社、农家乐、乡村导游以及农产品销售等多个途径，年户均收入 3 万元以上。

（3）"乡村旅游+文化产业发展"。大余县将牡丹亭文化、古驿道文化、理学文化、佛教文化、钨都文化和民俗文化等融入乡村旅游，规划建设了牡丹亭文化公园、梅关古驿道、新城周屋理学文化旅游新村、左拔围屋古村落、青龙赤江阳明心园、西华山国家矿山公园、青龙元龙畲族特色村寨等文化旅游景区，共帮带贫困户 380 户。新城镇以周屋为核心，开发融理学文化、生态旅游、休闲农庄和景区住宿为一体的文化生态旅游项目。青龙镇以元龙畲族村、赤江阳明心园、河南农家乐新村建设为重点，打造以畲族文化、阳明文化、乡村民俗体验、果园采摘为主的特色畲寨，每个周末接待游客达 300 余人次，当地 100 多户贫困户通过"保底+提成+务工"的方式，户年均收入 2 万元以上。

（4）"乡村旅游+美丽乡村建设"。大余县按照"一乡一品牌""一村一优势""一庄一特色"的思路，着力发展花卉观赏、果蔬采摘、农事体验、皮筏冲浪、池塘垂钓等各具特色的乡村旅游项目，主要打造了大龙山乡村旅游点、现代农业示范园黄龙核心区乡村旅游点、浮江双田"三月三"乡村旅游点、青龙河南农家乐采摘园乡村旅游点等，每个乡镇也打造了1~3个乡村旅游示范点。大余县现有省级乡村旅游示范点1处、市级11处，市三星级农家饭馆5家，星级农家旅馆近百家，带动惠及近千户农户参与乡村旅游，帮带贫困户480多户。浮江乡整合"天籁人家"旅游新村、双田"三月三"乡村旅游点建设园林度假园，2016年上半年接待游客12000余人次，实现旅游综合收入150万元，惠及当地130余户农户，其中贫困户26户。

（四）完善配套设施，合力创优旅游环境

大余县大力提升旅游服务水平设施，完善水、电、路、通信等基础设施和游客集散中心、服务中心等旅游接待服务设施，打造星级农家乐、农家宾馆等；围绕"干干净净、漂漂亮亮、井然有序、和谐宜居"的目标，由大余县四套班子领导带队，全县动员、全民参与，对国道沿线重点路段、市容环境开展"三整治三提升"工作，提升旅游满意度。大余县还紧跟"旅游厕所革命"热潮，继续加大对重点旅游景区、乡村旅游点、农家旅馆等区域的12座旅游厕所建设。目前，大余县A级厕所建设累计完成投资100余万元。其中，丫山景区竹林厕所、浮江乡"三月三"景区旅游厕所、内良乡天华山1号旅游厕所和内良乡天华山2号旅游厕所4座A级厕所已完工；丫山景区山门厕所和左拔镇曹氏围屋旅游厕所正在建设中；其余6座旅游厕所已完成选址，预计12月底前完工。鼓励农民利用自有住房和农村闲置房等设施在乡村旅游点周边建设农家旅馆，集餐饮、住宿为一体，开辟了农民增收致富的新路子。目前，各乡村旅游景点内共有6家农家旅馆，正在完善基础设施建设，增加综合特色参与性项目，力争创建为三星级及以上农家旅馆。

第五节 赣州市旅游业发展存在的问题

虽然赣州市旅游产业总体呈现良好态势，但从具体情况来看，仍然存在较多制约因素，主要有以下几个方面：

一、产业发展认识不到位

（1）对旅游业的发展潜力和前景认识不到位，尚未形成政府主导、部门合作、上下齐力的共谋共促格局和浓厚氛围，仅靠各级旅游部门单打独斗。

（2）对旅游业发展规律和市场催生的新业态把握不准，没有跳出单纯依赖自然禀赋发展旅游业的传统观念，创新型景区（点）几乎空白。

（3）对旅游项目落实的重视程度不够。无论是市级层面的重大文化旅游项目，还是县级层面的重点文化旅游项目都存在落实不到位和欠账情况。如复兴之路文化科技主题园、时光赣州等项目至今没有进入实质性施工阶段。

二、涉旅资金投入不足

涉旅资金投入不足主要表现为政府投入基础设施不足和社会资本投入旅游产业不足；应由政府投入的城乡环境建设、旅游交通、旅游集散中心等公共基础设施欠账较多；社会资本投入旅游业的氛围不浓，旅游产业主体培育不够，大型旅游企业集团和龙头企业较少，现有的旅游企业经济实力和产业创利能力不强。目前，赣州市有大大小小的各类景点、乡村旅游点1766个，但规模大、投入大的项目较少。25个A级景区有12个是政府投资（其中，17个4A级以上景区有9个是政府投资），民营资本、社会资金参与旅游产业发展尚不活跃。

三、资源开发深度不足

旅游资源多但分散，在旅游开发的过程中对资源、文化的深入挖掘不足，旅游产品同质化、初级化现象普遍：

（1）旅游资源、产品同质化。表现为赣州市在对全国范围内较有影响力的瑞金共和国摇篮红色文化旅游产品内涵挖掘不够，影响力不如井冈山、延安等地；客家文化旅游资源与福建龙岩、广东梅州等地出现同质化现象，虽然是"客家摇篮"，但对于客家人最具有影响的却是"世界客都"梅州，最有代表性的客家建筑是福建永定土楼；宋城文化旅游产品丰富，但效益不佳，品牌影响力远不如开封清明上河园、杭州宋城；在丹霞地貌生态旅游资源与韶关丹霞山、鹰潭龙虎山出现同质化现象；市域内各景区资源雷同。

（2）龙头产品较少。赣州市虽然有1700多个各类景区、乡村旅游点，但至今没有具备国际文化旅游吸引力的龙头项目。旅游业态发展不平衡，大部分旅游产品属于观光游览类，缺乏消费性旅游、休闲度假旅游、特色主题公园等旅游项目。

四、旅游业要素不全

围绕"吃、住、行、游、购、娱"六大旅游要素的配套设施和基础设施相对薄弱。"吃"方面，客家美食旅游旗舰店刚起步。"住"方面，特色民宿尚未形成规模，青年旅社和营地设施较少，主题酒店较少。"行"方面，交通体系离"快旅"有较大差距，高铁尚未通车，动车只通往福建方向，部分景区特别是乡村旅游点的公路等级较低，旅游公交线路缺乏。虽然有石城、瑞金等集散中心，但都没有实际运营，不能真正起到游客集散的作用。"购"方面，"赣州礼物"旅游商品旗舰店现只布点17家，旅游购物街区少，旅游商品中特色食品占多数，文化旅游工艺品较少。"娱"方面，旅游景区内文化体验设施缺乏，大型实景演出、赣南民俗音画《客家儿郎》已成功首演，但是没有专门的演出剧场，暂时成为常态化演出。

五、旅游人才资源不足

面对旅游业的快速发展，旅游人才匮乏的矛盾日益突出，既缺乏懂管理、会策划、善营销的领军型、高层次人才，也缺少擅长沟通交流、具有处理应急事件能力的一线导游人才，旅游服务人才的引进和教育培养滞后于市场发展。与赣南师范学院合作举办的金牌导游班目前已举办4届，学员85人，第一届毕业班25人中仅有11人留在赣州市工作。同时，旅游市场不旺，团队游客下降（赣州市组团游客仅占旅游人次的30%）也导致持证导游大量流失。赣州市有持证导游2310余人，从事一线导游工作的人员仅300余人。

六、创新宣传方式运用不够

目前，赣州市各地旅游形象宣传推广主要以节庆、会展、媒体广告为主，在新媒体的运用上有了一定成效，但是整体营销方式还是偏于传统，策划创意上仍然较弱，有影响力的大型活动策划较少。此外，各大旅游品牌之间联动不够，在文化深度挖掘、品位深度表现上有所欠缺。在宣传促销上，赣州市各县（市、区）之间缺乏联合作战意识，各为其主，导致宣传力量分散，难以取得较好效果。旅游企业的自主宣传营销意识也有待加强。

第六节　赣南苏区旅游业发展思路

以国家旅游业改革创新先行区为契机，抓住高铁时代机遇，按照全面利用资源、全面创新产品、全面满足需求的要求，围绕"一核三区"的空间布局，以项目建设为载体、文化塑造为灵魂、要素配套为支撑，打造特色产品，树立响亮品牌，实现全域共建、全员参与、全民共享的全域旅游新局面，把赣州市打造成全国著名旅游目的地。

一、打造"一核三区"旅游产品

（1）宋城文化旅游核心区。建设以章贡区、南康区、赣县、赣州经开区、蓉江新区为主体的宋城文化旅游核心区。以古宋城历史街区为"核中之核"，水西从湖江夏浒至宝葫芦为主题公园带，水东北起和谐钟塔、南至赣县客家文化城为时光赣州带，遥望杨仙岭至峰山构建无限风光带，南康区建设天下家居带，蓉江新区整体打造大公园，赣州经开区打造工业休闲手工制作农博体验带，章江新区打造休闲娱乐带。通过将三江六岸航线、公路、绿道、步道连线成片，将中心城区打造成赣州全域旅游核心区。

（2）红色旅游区。建设以瑞金市、兴国县、于都县、宁都县、会昌县、石城县、寻乌县为主体的红色旅游区。加快建设瑞兴于红色景观大道，将瑞金共和国摇篮、于都红军长征出发地、兴国将军县连成一体。打造赣江源西武夷山脉大景区，与福建龙岩红色景区和武夷山景区连成一体，重点建设石城通天寨+八卦脑、会昌汉仙岩+盐浴温泉、宁都翠微峰+小布、寻乌青龙岩、瑞金罗汉岩、于都屏山六大生态旅游产品。

（3）客家文化旅游区。以客家围屋为纽带，东江源头生态游为支点，形成龙南客家（关西围屋）+小武当山、全南客家（雅溪围屋）+芳香小镇、定南客家（古城）+九曲河、安远客家（东升围屋）+三百山四条旅游带，打造以龙南、全南、定南、安远为主体的客家文化旅游区。

（4）生态休闲度假旅游区。以一湖（陡水湖）、一镇（脐橙特色小镇）、一田（上堡梯田）、一道（梅关古驿道）、一泉（天沐温泉）、三山（丫山、阳明山、齐云山）为核心，建设以上犹县、崇义县、大余县、信丰县为主体的生态休闲度假旅游区。

二、建设旅游发展全要素支撑体系

（1）餐饮条件支撑。按照精品旅游线路行程计划时点，规划建设好旅游用餐地点，在各地主城区内规划建设旅游餐饮特色（客家美食）街区。推进客家美食旅游旗舰店建设，开发赣州特色旅游食品手礼，推广赣南客家菜系，每县（市、区）推出一桌特色菜，研发推广崇义"阳明宴""全竹宴"及瑞金"红都国宴"等名宴。

（2）住宿条件支撑。以满足日益增长的不同层次消费的住宿体系为目标，在赣州市范围内形成高、中、低档结合、酒店类型齐全、区域布局合理的旅游住宿接待网络。在"一核三区"每个片区至少配备1家五星级标准酒店，各县（市、区）分别配备3家以上的三星级、四星级酒店和品牌连锁酒店，以及适量民宿。根据自驾车旅游线路，依托旅游交通干线和风景优美之地、重点旅游景区附近或城郊旁边建设自驾车房车营地。

（3）交通条件支撑。尽快使"京港（台）+厦渝"两条高铁大通道在赣州交叉，促成赣州早日成为全国性综合交通枢纽。把高速公路服务区打造成城市旅游形象窗口，增设赣州旅游商品展示区、游客体验区等。建设赣州黄金机场临时口岸，开通国际航班，建设瑞金4C级支线运输机场、龙南通勤机场。推进旅游公路、市（县）级旅游集散中心、旅游公交专线、旅游标识牌建设。推进交通廊道景观化，规划建设西河大桥—方特—通天岩—五云路段、瑞兴于红色文化旅游廊道（快速通道）、上犹西—陡水湖路段（赣崇高速公路上犹西互通连接线、S548线至陡水湖）、上犹梅水—赣州中心城区森林小火车铁路、宁定高速—三百山（G358虎岗到和务）路段、G45大广高速—丫山路段、G206—振兴大道—景区大道（石城通天寨）、济广高速寻乌南桥出口—景区大道（寻乌青龙岩）、龙关公路（龙南北高速口—关西围屋）等景观大道。

（4）游览条件支撑。一是加强品牌创建。推进安远三百山、大余丫山等景区创建国家5A级景区，推进时光赣州七里古镇、极地海洋世界、赣县湖江夏浒、瑞金罗汉岩、宁都小布、宁都中央苏区反围剿纪念园、石城八卦脑、石城闽粤通衢、会昌中央苏区南大门、于都罗田岩、兴国官田中央兵工厂纪念园、大余梅山红色文化景区、大余梅关、上犹五指峰、崇义上堡梯田、安远东生围、龙南虔心小镇、龙南小武当、全南狮子寨生态旅游区、寻乌青龙岩创建国家4A级景区。推进国家生态旅游示范区、国家旅游度假区等高端旅游品牌创建工作，建设一批特色旅游小镇，打造一批优质乡村休闲度假产品和田园综合体、体育旅游产品，满足各层次旅游消费需求。二是完善公共服务设施。景区、乡村旅游点要按有关标准和客流量需求建好游客服务中心、生态停车场、旅游厕所、标识标牌和导览系统、游步道、便民服务站、医疗急救站等基础设施。加快推进智慧旅游发展，全面推广应用赣州旅游 APP，强化资源共享，推进线上线下旅游服务，同时，加快"智慧景区""智慧饭店""智慧旅行社"建设，打造集智慧管理、智慧服务、智慧营销、电子商务于一体的智慧旅游公共服务平台。

（5）购物条件支撑。建设中心城区大型旅游购物区。各县（市、区）主城区或重点景区内规划建设商业街区、大型商业综合体。重点围绕地域文化、地方特色等研发一批旅游特色商品、纪念品；扩大线上线下营销，加强品牌培育，在各县（市、区）主城区、A 级旅游景区、特色商业街区、游客集散中心等规划布点"赣州礼物"旅游商品旗舰店。

（6）娱乐条件支撑。加快建设综合文化艺术馆，完善和运营好民俗音画《客家儿郎》等大型综艺演出节目。开展"非遗"进景区活动，推出特色文化演出活动。在 4A 级及以上景区打造一台演艺节目，研发提升七彩屏山（于都屏山旅游区）、丫山民俗晚会（大余丫山景区）、长征组歌（于都县）、客家灯彩（石城县）、共和国摇篮（瑞金市）、苏区干部好作风（兴国县）、围屋女人（龙南县）、赣粤大门户（定南县）、情系蓝巾帕（全南县）、芳香全南（全南县）、饮水思源（安远县）、昆曲牡丹亭（大余县）、宁都民俗汇（宁都县）、梦幻通天寨（石城县）等实景演出。

（7）环境条件支撑。抓好铁路、高速公路、城市主干道、旅游公路等绿化、彩化、亮化，做好景观地标、高层建筑、河道、桥梁、公园广场、历史建筑的夜景亮化和建筑风貌的美化，打造优美城市天际线，实现处处是景、步步入画。结合乡村自然资源禀赋，在充分保护生态环境的基础上，改善村容村貌，推进乡风文明建设，完善美化通村公路，营造良好的乡村旅游环境。以低质低效林改造为契机，彩化青山绿水。鼓励发展休闲农业与乡村旅游，努力打造省级休闲农业示范点，推动休闲农业和乡村旅游加快发展。

三、推动"多规合一"，做好全域旅游顶层设计

将旅游发展作为重要内容纳入经济社会发展、城乡建设、土地利用、基础设施建设和生态环境保护等相关规划中。编制全域旅游发展总体规划。在实施"多规合一"中充分体现旅游主体功能区建设的要求。以赣州市入选全国城市设计试点城市为契机，加强城市文化和景观设计。

四、突出文化元素，融入客家特色

在全域旅游中充分融入客家元素，形成赣州全域旅游特质，让游客在旅游全过程中感受客家文化，体验客家风情。在城镇街区、乡村住房、城市公共服务设施、旅游服务设施等的建设及风貌改造中推广客家建筑风格。加强客家服饰的研发设计，推广客家服饰，鼓励旅游集散中心、景区、乡村旅游点、博物馆等旅游服务场所采用客家服饰作为旅游服务人员的工作服。在全民教育中普及客家文化教育，在旅游服务人员中开展客家文化培训，使每个赣南客家儿女都能唱好客家山歌、讲好客家故事。通过政府购买社会服务的方式，支持各县（市、区）推广赣南采茶戏免费夜场。

五、推进"旅游+"融合发展

大力推进"旅游+"，实现旅游业与各行业融合发展，促进旅游功能全面增强，使发展成果惠及各方，让游客能满意、居民得实惠、企业有发展、百业添效益、政府增税收，形成全域旅游共建共享新格局。推进"旅游+城镇化、工业化和商贸""旅游+农业、林业和水利""旅游+科技、教育、文化、卫生和体育""旅游+交通、环保和国土"等。打造一批健康养生休闲旅游项目、体育旅游项目、休闲农业、工业旅游等新业态项目。

六、做大做强市场主体

鼓励社会资本投入旅游产品开发、景区景点开发、旅游要素环节开发。引进各类大型涉旅集团、财团，强化赣州旅游投资集团实力，出台以奖代补政策，支持本地旅游企业发展壮大，努力打造"旅游企业航母"，促进旅游企业规模化、品牌化、网络化经营。推动旅游资本聚集，推进旅游优势企业进行业内整合兼并，鼓励其实施跨地区、跨行业、跨所有制兼并重组，引导各地探索投资与消费相结合的众筹模式，创新筹措旅游产业项目资金方式。扶持特色旅游企业，鼓励发展专业旅游机构，支持旅游企业上市。争取各方金融机构支持，鼓励金融机构开发专项金融产品，增加对中小旅游企业、农家乐经营户的信贷支持。设立赣州文化旅游产业发展基金、赣州旅游发展投资平台。

七、做好旅游宣传

以大宣传、大策划、大营销理念，整合"一核三区"旅游资源，做好"全节会、全媒体、全要素"旅游营销。以"红色故都、客家摇篮"旅游品牌形象为统揽，通过市县、县县、景区联动，串联品牌旅游线路，整合沿线"吃、住、行、游、购、娱"全域旅游要素，全力推出旅游拳头组合线路产品，积极拓宽旅游客源市场。策划组织千年宋城、红色旅游、客家民俗、乡村旅游、自驾旅游等旅游节会系列活动，加大旅游宣传力度，开展全域旅游营销。借力传统媒体和新媒体资源，全方位、多渠道加强旅游形象宣传，形成全媒体宣传矩阵。

八、加强旅游市场监管

加大对旅游标准化的规范推广，鼓励旅游企业公布服务质量承诺和执行标准。强化旅游质监执法队伍的市场监督执法功能，严肃查处损害游客权益、扰乱旅游市场秩序的违法违规行为，曝光重大违法案件，建立健全旅游与相关部门的联合执法机制，净化旅游市场，维护游客合法权益，实现旅游执法检查常态化。

九、培育旅游人才

积极引导科技、艺术、创意设计等各类专业人才跨界参与旅游开发建设。鼓励高等院校和职业院校发展旅游教育，提升本地旅游人力资源规模和水平，以市场为导向，加强校企联合。以外引内培为引领，加强开发研究、经营管理、专业技能等各类旅游人才队伍建设。建立健全旅游人才引进制度，着力完善旅游人才信息库等，注重引进旅游产品设计、旅游法律、电子商务等旅游创新人才，以及旅游企业高级管理人员等相关从业高层次人才。

第七节　支持赣南苏区旅游业发展的建议

一、提报一批支持赣南等原中央苏区振兴发展部际协调会解决的事项

（1）全国红色旅游三期方案重点支持赣州红色旅游项目。

（2）支持赣州市加强旅游基础设施建设，建议国家红色旅游、乡村旅游、厕所革命等专项资金向赣州倾斜。

（3）支持安远三百山景区、大余丫山景区建设国家 5A 级景区，建设一批环境优美、功能完善、特色鲜明的旅游小镇。

（4）将赣州智慧旅游 APP 纳入国家智慧公共服务平台。

二、政府高位推动旅游业发展

把旅游业的发展作为赣州市各级党委、政府的主要责任和一把手工程来部署、推动，统筹谋划、协调指挥。大力推进旅游管理体制、涉旅资源整合等运营机制的改革创新，将赣州市旅发委列为政府组成部门，进一步加强旅游主管部门对旅游发展工作的整体谋划和协调管理，建立兼职委员联席会制度，成立专门机构开发建设涉及中心城区和市本级的景区（点），破解资源分散、割裂难题，发挥旅游资源集聚效应。每年召开一次全市旅游业发展大会，采取看特色、看变化流动现场会的形式，表彰先进、鼓舞干劲，交流经验、引导发展。

三、部门合力推动全域旅游发展

全域旅游的重点是完善旅游全要素，工作任务涉及各地党委、政府和涉旅相关部门，需要部门合力，共同推进。建议赣州市各县（市、区）、各相关部门充分发挥积极性和创造性，群策群力，抓好城乡环境建设和旅游要素建设，在城市规划、交通管理、信息服务、商贸网点等工程建设过程中，树立"面向旅游、服务旅游"意识，提升环境卫生和管理服务水平，实现打造旅游目的地的目标。

125

四、加大旅游投入

市县两级政府成立旅游产业发展基金和旅游投资公司，通过财政杠杆撬动社会资本投入旅游业，通过资本资源整合支持重点项目和骨干企业发展。保障公共财政在旅游宣传推广、规划编制、公共服务体系建设、乡村旅游和新业态项目引导、旅游人才培养等方面的必要投入。赣州市相关部门在安排服务业、文化产业、中小企业、会展业、新农村建设、扶贫开发、智慧城市建设、商贸发展、电子商务等相关扶持资金时，充分考虑旅游发展需要。

五、加强目标考核

赣州市委、市政府应对全域旅游发展情况进行考核，在对各县（市、区）的科学发展考核中增加旅游发展的考核比重。对市直涉旅部门（单位）按部门职责，由赣州市政府每年列出工作任务清单，逐项推进和落实，年底考核，并把考核结果作为绩效考核的重要内容。

第八章
赣南苏区金融业振兴发展

自国务院出台《关于赣南等原中央苏区振兴发展的若干意见》（以下简称《意见》）以来，赣州市的发展揭开了新篇章。赣州市金融业紧紧围绕"在解决突出的民生问题和制约发展的薄弱环节方面取得突破性进展"的阶段性目标，全市金融业以改革创新为动力，积极推动赣南苏区振兴发展和区域性金融中心建设，改革发展取得了新进展、新突破。

第一节　赣南苏区金融业振兴发展成效

近年来，赣州市委、市政府高度重视金融工作，提出了建设赣粤闽湘四省边际区域性金融中心和江西省次金融中心的目标。尤其是《意见》出台后，赣州市金融系统满怀感恩奋进之心，抢抓《意见》的政策红利、全国新一轮金融改革创新及金融发展环境相对宽松的良好发展机遇，使赣州市经济稳步增长、软硬环境不断优化，金融业呈现出加速发展的良好态势。

一、金融发展水平稳步提升，金融规模增大

赣州市金融市场体量不断增强，主要表现为存贷款余额总额、上市（挂牌）公司数目、保费收入三个总量指标方面。2017 年 7 月，赣州市存贷款余额总额 7894 亿元，是 2012 年 7 月的 3 倍多，上市（挂牌）公司数目从仅仅的 2012 年的 3 家增加至 2017 年的 30 家，保费收入 74 亿元，是 2012 年 7 月的 2.4 倍（见表 8-1）。

表 8-1　2012~2017 年赣州市金融业发展情况

时间	存贷款余额总额（亿元）	上市（挂牌）公司数目（家）	保费收入（亿元）
2012 年 7 月	3236	3	24.46
2013 年 7 月	3920	3	28.14
2014 年 7 月	4519	5	36.53
2015 年 7 月	5296	10	39.68
2016 年 7 月	6500	27	67.47
2017 年 7 月	7894	30	74.38

注：保费收入均为 6 月数据。

二、信贷市场高速增长

截至 2017 年 7 月末，赣州市金融机构人民币各项存款余额 4689 亿元，2012 年 7 月末该数据为 2057 亿元，增长了 127.95%，年均增速为 17.92%，高于全国平均水平 6.19 个百分点，高于江西省平均水平的 2.34 个百分点（见表 8-2）。

表 8-2　赣州市存贷款增速及与全国及江西省平均水平比较　　单位:%

地区	存款增速	存款年均增速	贷款增速	贷款年均增速
全国	82.75	11.73	91.75	14.67
江西省	103.10	15.58	132.67	18.73
赣州市	127.95	17.92	171.84	22.14

截至 2017 年 7 月末，金融机构人民币各项贷款余额 3205 亿元，2012 年 7 月末该数据为 1179 亿元，增长了 171.84%，年均增速达 22.14%，高于全国平均水平 14.67 个百分点，高于江西省平均水平 3.37 个百分点（见表 8-2）。2012~2017 年，赣州市存贷款余额等指标连续在江西省十个设区市（不包括省会南昌市）中排第一名（见表 8-3）。

表 8-3　2012~2017 年赣州市存贷余额发展情况

时间	存款余额 （亿元）	存款同比增速 （%）	贷款余额 （亿元）	贷款同比增速 （%）	存贷比 （%）
2012 年 7 月	2057	—	1179	—	57.32
2013 年 7 月	2422	17.74	1499	27.14	61.89
2014 年 7 月	2757	13.83	1762	17.55	63.91
2015 年 7 月	3130	13.53	2166	22.93	69.20
2016 年 7 月	3823	22.14	2677	23.59	70.02
2017 年 7 月	4690	22.68	3205	19.72	68.34

　　截至 2018 年 9 月末，赣州市金融业增加值 123.68 亿元，占 GDP 比重 6.34%，占服务业增加值比重 13.10%，同比增长 9.2%，对 GDP 的贡献率达到 6.0%，拉动 GDP 增长 0.6 个百分点。2018 年，赣州市金融业税收由 2011 年的 7.78 亿元增加到 22.96 亿元，年增速为 16.72%，占全市税收收入的 5.74%，是赣州市重要的税源之一。2011~2017 年，赣州贷款增速均为 GDP 增速的两倍以上，贷款余额与 GDP 的比值由 2011 年的 0.76 上升到 2017 年的 1.35，存贷比由 2011 年的 56.04% 上升到 2018 年的 79.94%，呈逐年递增趋势。2018 年，赣州市金融机构人民币贷款余额 4047.19 亿元，新增贷款 631.22 亿元。截至 2018 年 11 月底，赣州市直接融资 335.31 亿元，同比下降 1.83%。

三、金融对经济增长贡献度提升

　　金融相关比率、金融业增加值占 GDP 比重、存贷比三个指标的不断优化说明赣州市金融化程度不断加深。2017 年上半年，赣州市金融业增加值 60.74 亿元，占 GDP 比重 5.8%，比 2012 年提高了 1.36 个百分点；金融业税收 15.57 亿元，比 2012 年全年税收高出 2.2 亿元，占全市税收收入的 8.97%。2016 年，赣州市金融业增加值为 2012 年的近两倍，金融业已成为赣州的支柱产业。如表 8-4 所示，2016 年的存贷比相较于 2012 年提高了 12.68 个百分点，说明赣州市金融转化资源能力正在加强，更多资金留在当地服务于社会经济发展，金融服务能力不断提升，金融资源效能不断提高。

表 8-4　2012~2016 年赣州市金融业对经济增长贡献度

年份	金融业增加值（亿元）	占 GDP 比重（％）	存贷比（％）	存贷款余额/GDP
2012	67.03	4.44	57.32	5.04
2013	79.37	4.74	61.89	5.48
2014	84.2	4.60	63.90	5.77
2015	103.21	5.22	69.21	6.24
2016	126.65	5.77	70.00	7.03

　　2018 年 3 月，赣州市在全国首创的"普惠金融共享平台"上线。该平台立足"共享"发展理念，从补"短板"、建平台、提质效入手，充分运用大数据、云计算等新兴信息技术，有效整合政务信息资源和金融信息资源，通过构建"金融宣传""金融产品""特色服务""政银企对接""大数据查询"五大关联系统，实现信息数据互联互通，为助力赣南苏区振兴发展提供金融新平台、新动能。

四、金融组织体系日益健全

　　随着《意见》的出台实施，赣州市金融机构加速聚集，金融机构类型不断丰富，金融组织体系趋于多元化。《意见》实施五年来，通过引进、设立、下沉等方式入驻的金融机构有：中信银行、人保健康、华融证券、瑞达期货、苏区基金、华融产投等 50 余家。

　　截至 2018 年底，赣州市已有各类金融机构 177 家，其中，银行业机构 22 家，比 2011 年增加了 6 家；保险业机构 35 家，比 2011 年增加了 11 家；证券机构（其中有三家证券分公司）22 家，比 2011 年增加了 12 家；期货业机构 3 家，比 2011 年增加了 2 家。金融机构数量增加明显。除此之外，与 2011 年相比，赣州市新兴金融业态取得重大突破，成立基金管理公司 16 家，交易场所 4 家，典当行 26 家，融资租赁 2 家，初步形成了银行、证券期货、保险等多种金融机构并存，全国性、区域性、地方性机构协调发展的多元化金融组织体系，成为赣粤闽湘四省九市中金融机构最多、种类最全、金融总量最大的设区市（见图 8-1）。

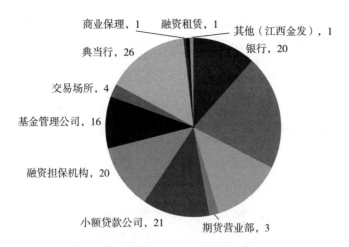

图8-1　2018年赣州市金融组织构成

2016年赣州市保险业特色明显，保险业机构35家，比2012年初增加了11家。2016年，赣州市保险密度为1002元，与2012年的451元相比翻了一番；保险深度为4.41%，高于全国平均水平0.25个百分点，在周边省市中排第一位（见表8-5）。同时，赣州市开展了脐橙、生猪等特色农业保险试点。在证券业方面，赣市已有各类证券经营机构22家，增加了19家，其中一家证券机构分公司，目前，赣州市证券经营机构已实现县域全覆盖。

表8-5　2012~2016年赣州市保险业发展情况

年份	全国保险深度（%）	全国保险密度（元）	赣州市保险深度（%）	赣州市保险密度（元）
2012	2.98	1143	2.76	451
2013	3.02	1265	2.90	523
2014	3.18	1479	3.33	653
2015	3.59	1766	3.91	807
2016	4.16	2239	4.41	1002

五、新型金融机构建设取得突破

近年来，赣州市组建并设立了全国首家私募基金呼叫中心、首家地级市一级子公司华融赣南产投投资公司、首家地级市进出口银行工作组、规模 300 亿元的国家级产业投资基金——赣南苏区振兴发展产业投资基金、注册资本 20 亿元的金盛源担保公司、注册资本 10 亿元的江西金融发展集团、江西首家金融资产交易中心等。

赣州市成功举办首届南北"4+8"地区绿色发展座谈会，推动赣州市与"4+8"地区在绿色金融方面的协同发展。积极推进赣州区块链金融产业沙盒园项目建设，聚焦"区块链+金融产业"，通过区块链技术对运营主体、金融平台、交易产品、客户信息和资金流信息五个主体的金融活动所产生的数据信息进行记录和分析，能有效提升跨金融行业、覆盖多个金融市场的交叉金融风险识别、防范和化解能力，为赣州市普惠金融和科技金融发展、成为"普惠金融改革试验区"保驾护航。目前，赣州市区块链金融产业沙盒园建设风生水起，已成功吸引区块链创新企业 21 家。依托赣州银行开发票据区块链产品，成立票链全国监控运营管理中心。南康区县域金融改革试验区试点建设成果显著，初步探索出一条"产港融"融合发展的县域金融改革发展路径。

六、多层次资本市场逐步搭建

近年来，得益于《意见》的政策优势以及中国证监会的对口支援和倾情帮扶，赣州市多渠道、多样化的投融资体系逐步完善健全。

（1）推动企业上市挂牌。与中介机构签订上市辅导协议正式启动上市工作的企业共有 13 家（其中新三板上市企业 6 家），赣县腾远钴业已于 2017 年 4 月 10 日向证监会递交 IPO 申报材料并收到证监会正式受理函；经开区金力永磁拟于 2017 年 6 月底申请江西证监局辅导验收，并向证监会递交申报材料；寻乌杨氏果业、章贡区经纬科技拟于 2017 年第三季度向江西证监局递交辅导备案材料。已与券商签约新三板挂牌企业 26 家，有 3 家企业拟于 2017 年 6 月底递交申报材料。同时，利用证监会资本市场扶贫政策，开展资本招商，重点引进科技创新型企业，已引进拟上市企业 18 家，其中 15 家科技创新型企业。

（2）实现融资工具多项"零突破"。赣州市企业发行了江西省首只在交易商协会的中期票据，以及江西省首只租赁资产证券化、赣州市首只永续票据。《意见》实施五年来，城投集团、发投集团、开发区建投、南康城建、瑞金城投等企业发行各类建设债券 16 只，债券余额 192.5 亿元，其中，发投集团成功发行 35 亿元中期票据，助推赣州市重大基础设施和重大民生工程建设。赣州毅德商贸物流、崇义章源钨业、天音控股三家上市企业发行企业信用债。从 2012 年单一的企业债，到目前涵盖了非公开定向债务工具、集合债、企业债、资产证券化、私募债等债务融资工具，实现债务融资工具三大交易市场全覆盖。

（3）股权投资得以大发展。通过股权投资基金，助力大众创业、万众创新。引入北汽产投、深圳创投等新能源汽车、电子科技、稀土深加工等行业企业，经过初步的摸底调查，落地股权资本共计 1.606 亿元，在募集资金项目共计 7.28 亿元，通过股权投资，为企业引入"资金+资源"，实现辖内行业的整合与做大。

（4）要素市场得以完善。赣州市现有要素市场三家，江西省首家金融资产交易所——江西赣南金融资产交易中心开业以来，截至目前实现交易量 278 亿元；环境能源交易中心和稀有金属交易中心正在推动重组。

七、政策支撑体系日益完善

得益于《意见》的实施，部委对口支援政策相继出台，形成多层次、立体化的金融政策支持体系。

（1）已初步搭建国家、省、市"三位一体"的金融政策支撑体系。《意见》明确了金融先行先试政策，银监会、证监会、保监会和国家开发银行均出台对口支援方案，江西省政府金融办、省银监局、省证监局等省级金融监管部门出台了支持赣南苏区振兴发展政策。中国证监会出台了《支持赣南等原中央苏区振兴发展的实施意见》，从支持企业上市挂牌、发债融资等九个方面支持赣南苏区利用资本市场；江西省政府金融办出台了《关于金融支持和服务赣南等原中央苏区振兴发展的意见》，从支持赣州市建设赣闽粤湘四省边际区域性金融中心和支持赣南原中央苏区大力推动金融改革创新等五个方面提出了 23 条政策措施；出台了指导全市金融业改革发展的纲领性文件《关于加快全市金融业改革发展的意见》，从机构、市场、环境和政策等方面予以支持。

（2）自身配融配套政策正在逐步完善。赣州市围绕建设四省九市边际区域性金融中心和江西省次金融中心目标，还积极出台配套政策措施，如出台了《关于加快全市金融业改革发展的意见》《关于进一步做好企业上市挂牌工作的通知》《赣州市农民住房财产权抵押贷款试点办法》等数十个配套文件。赣州市的相关配套政策已初步涵盖市场、平台、机构、人才、环境、服务等领域，对金融业的扶持奖励的范围扩大至金融和类金融机构、金融市场交易平台、金融配套服务和中介服务机构，以及在资本市场融资、开展金融创新等活动。

第二节　寻乌县金融业发展实践

寻乌县位于赣闽粤三省交界的边远山区，是国家级贫困县和中央苏区县，也是罗霄山片区扶贫开发重点县。为贯彻落实中共中央、国务院《关于打赢脱贫攻坚战的决定》中共中央、国务院《关于打赢脱贫攻坚战三年行动的指导意见》，国务院《关于支持赣南等原中央苏区振兴发展的若干意见》，全面打赢脱贫攻坚战，近年来，寻乌县金融系统紧紧围绕脱贫攻坚工作目标，狠抓责任落实、政策落实、工作落实，着力在加大金融创新、倾斜信贷配置、提高金融服务水平等方面发力，充分发挥了金融在脱贫攻坚中的支撑作用，金融扶贫工作呈现多元化、点线面结合的立体式发展态势，取得了显著成绩。

一、寻乌县发展金融产业特色做法

（一）狠抓责任落实，建立多层次金融扶贫机制

1. 建立领导责任机制

寻乌县成立以县长为组长、常务副县长和分管扶贫工作的县领导为副组长、相关单位主要负责人为成员的金融扶贫工作小组，统筹协调推进金融扶贫工作。

2. 建立督导调度机制

强化督导调度，严格实行一月一调度、一督查、一通报制度。通过督查调度，压实各乡镇、各部门责任，层层传导工作压力，及时了解工作中存在的困难和问题，提出有针对性的解决措施，确保"产业扶贫信贷通"政策全面落实到位。对各合作银行和各乡（镇）、村"产业扶贫信贷通"贷款发放情况每月初在寻乌县乡（镇）、县直单位负责人微信群中进行通报。

3. 建立激励机制

每年均制定出台《寻乌县金融机构支持地方经济发展考核奖励办法》，引导金融机构向扶贫领域加大信贷资源投入。一是在考核办法中单列再贷款激励措施，引导强化人民银行再贷款运用。截至2018年12月31日，寻乌县扶贫再贷款余额达2.87亿元，撬动地方法人金融机构发放扶贫贷款3.61亿元。二是单列"产业扶贫信贷投放奖"，根据各合作银行投放产业扶贫贷款情况划分奖励档次，引导激励金融机构加大扶贫信贷投入。

（二）狠抓政策落实，构建立体式金融扶贫格局

1. 强化高位推动

寻乌县委、县政府主要领导和分管领导高度重视金融扶贫工作，多次召开专题调度会，对金融扶贫工作进行部署，要求各乡镇、县直有关部门增强责任感和紧迫感，进一步加大对"产业扶贫信贷通"贷款的推进力度，做到主要领导亲自抓，分管领导具体抓，充分凝聚金融扶贫合力。寻乌县相继出台了一系列金融扶贫政策文件，主要包括《寻乌县"产业扶贫信贷通"工作实施方案》《关于进一步完善"产业扶贫信贷通"政策措施的通知》等，细化到各合作银行，确保"产业扶贫信贷通"工作有序推进。要求各合作银行强化责任担当，下移工作重心，细化工作措施，完善放贷机制，切实降低准入门槛，把"产业扶贫信贷通"金融扶贫政策落到实处。

2. 强化贷后管理

一是为发挥好"产业扶贫信贷通"政策效应，有效防范和控制贷后环节风险，确保"产业扶贫信贷通"项目健康发展，出台《寻乌县"产业扶贫信贷通"贷后管理办法》，从组织与职责，现场检查、日常跟踪和定期分析，监测与预警，退出与收回等方面作出了详细的规定，确保扶贫贷款资金安全。二是出台《关于进一步完善"产业扶贫信贷通"政策措施的通知》，开展续贷和展期业务，规范续贷和展期流程，保证扶贫贷款贷得出、用得好、收得回，切实防范金融风险。

（三）狠抓工作落实，推动全方位金融扶贫攻坚

1. 大力推动"杠杆式"金融扶贫

一是积极完善杠杆扶贫融资机制，加强金融部门与扶贫、财税、农工等部门的沟通和协调，共同探讨出台货币信贷指导、金融精准扶贫、小额担保贷款等意见和措施，共同开展文体贷款协调、"财政惠农信贷通"督导等工作。二是大力推动财政资金杠杆扶贫融资模式发展。引导、督促银行业金融机构积极参与"财园信贷通""小微信贷通""惠农信贷通"融资模式。

2. 积极推进"基础式"金融扶贫

一是引进银行业金融机构。积极向外宣传推介寻乌，通过"请进来"与"走出去"的方式，邀请上级各金融机构来寻乌县考察，介绍寻乌县的发展前景和规划项目，吸引了众多的外界金融部门的关注。2018年，江西银行、九江银行、中国银行先后入驻寻乌县，寻乌县金融机构已达10家，为寻乌县金融扶贫提供有力支撑。二是加快农村金融服务基础设施建设。依托现代通信和网络

信息技术，加快推进农村地区支付服务基础设施建设，进一步完善银行机构网点，优化支付服务环境；加大银行卡等非现金支付工具在农村地区的推广应用力度，减少农村地区的现金使用；推动移动电话支付、固定电话支付、互联网支付等新兴电子支付业务创新和应用，在行政村大力推广银行卡助农取款服务业务，推进金融基础服务村村通。目前，已建成支农金融服务点 209 个，布放 ATM、POS 机、转账电话等自助机具 1154 台，能够为寻乌县 173 个行政村、90% 的农户提供足不出村、方便快捷的银行账户查询、转账、小额取现、自助循环贷款等基础性金融服务。三是支持扶贫对象移民搬迁。为有效解决异地搬迁贫困住房问题，寻乌县加强信贷资金与易地扶贫搬迁需求的精准接对，2016~2017 年，异地搬迁扶贫贷款到位资金 3 亿元，主要用于易地扶贫搬迁安置房、基础设施、公共服务设施建设和移民安置户后续扶持发展。四是整村推进（基础设施）贷款。积极支持农村基础设施和整体城镇化建设，着力改善贫困地区生产生活条件。2017 年，寻乌县向国开行贷款 3 亿元用于农村基础设施提升工程项目和贫困村基础设施建设项目建设。

3. 稳步实施"普惠式"金融扶贫

一是不断探索金融服务模式，为缩短金融机构工作半径，拉近金融机构与贫困户的距离。2016 年，寻乌县开始建立"金融精准扶贫工作站+观察员"模式。2018 年，在原有金融精准扶贫工作站的基础上将其全部升级为普惠金融服务站。积极探索"普之城乡、惠之于民"的可复制、可推广的普惠金融发展模式。截至目前，共创设农村普惠金融服务站 140 个，实现了"十三五"贫困村和深度贫困村全覆盖，行政村覆盖率为 80.92%，并在南桥镇冠洲村打造普惠金融示范站，在示范样板站的基础上逐步推广至全县所有行政村。二是出台了《寻乌县农村信用体系建设实施方案》《关于印发寻乌县社会信用体系建设实施方案（2017—2020 年）》等一系列制度文件，建立了寻乌县信用管理中心，将在县域内有经济行为的企业和个人全部建立信用档案，通过政府门户网站向全社会公开，实现了全县信用征信基础信息的集中、统一与规范管理。

4. 扎实开展"智慧式"金融扶贫

一是注重扶贫干部金融知识培训。几年来，寻乌县多次邀请专家举办金融知识相关培训，增强了乡（镇）党政领导干部金融意识和发展意识，积极推进脱贫攻坚工作任务。二是加强宣传引导。近年来，寻乌县金融局积极联合中国人民银行及各金融机构，成立"金惠工程金融服务志愿者"工作队，广泛宣传金融知识，通过现场答疑、发放宣传单、金融知识进农村、进校园等方式，在各乡镇人口密集处，集中宣传金融知识和预防非法集资知识，提升农村居民及中小学生金融综合素养。三是充分利用手机报、电视台等宣传媒介，采取召开座谈会、发放宣传册等形式，广泛宣传"产业扶贫信贷通"政策，各乡（镇）充分发挥好乡村两级干部、驻村扶贫干部贴近贫困户的作用，面对面向贫困户宣传、解释政策。特别是寻乌县将金融扶贫政策印在"一本通"中分发给贫困户，确保每个贫困户知晓金融扶贫政策，熟悉申贷流程。

二、寻乌县金融业发展主要成效

（一）推动扶贫信贷快速增长

通过积极争取信贷资源向寻乌县倾斜，提高信贷扶贫工作针对性，结合各类贫困对象开展特色信贷扶贫。一是支持产业发展。寻乌县先后推出产业扶贫信贷通、金穗油茶贷款、财政惠农信贷通等扶贫信贷产品，解决贫困户产业发展资金问题。截至 2018 年 12 月底，"产业扶贫信贷通"贷款余额 6.8 亿元，金穗油茶贷款余额 13720 万元，财政惠农信贷通余额 26989 万元。二是支持扶贫对象移民搬迁。为有效解决异地搬迁贫困户住房问题，寻乌县加强信贷资金与易地扶贫搬迁需求的精准对接，2016~2017 年，异地搬迁扶贫贷款到位资金 3 亿元，该资金主要用于易地扶贫搬迁安置房、基础设施、公共服务设施建设和移民安置户后续扶持发展。

（二）助力普惠金融深入推进

开展扶贫开发工作是农村经济发展新形势下兴农、富农的又一创举。一方面，通过金融精准扶贫，进一步加快了信贷资金的有效运用，以解决农民贷款难的实际行动，赢得了良好信誉，得到了社会各界的关心和支持，有效地促进了自身发展。另一方面，赢得了农户对金融工作的支持，通过评级授信，减少了贷款中间审批环节，简化了贷款手续，提高了放贷效率，畅通了信贷绿色通道，从而得到社会对金融的一致好评。通过积极开展扶贫开发工作和小额农贷的评级授信贷款工作，加快推进农村先进生产力向经济优势转变，有效促进了农村产业结构调整和城乡一体化建设，支持区域经济发展的作用日益凸显出来。

三、寻乌县金融产业发展巩固措施

继续落实政策性担保、财政贴息等扶持政策，增加基层网点，为精准扶贫工作提供便利、高效、实惠的融资服务。

（一）着力引进金融机构

在普惠金融体系建设中充分发挥各金融机构特别是涉农金融机构的主力军作用，完善地方金融体系，构建多层次的金融服务体系，2019 年要着力争取恢复农发行。

（二）进一步落实金融支持扶贫工作政策性贷款

继续落实好"产业扶贫信贷通""金穗油茶贷款""异地搬迁扶贫贷款""财政惠农信贷通"等扶贫信贷政策，突出重点、优化结构、加大投入，不断扩大贷款覆盖面。

（三）进一步整合金融支持扶贫工作的资源投入

积极整合多元化融资渠道，结合寻乌县实际，围绕农村水、电、路等基础设施建设，柑橘、脐橙复种，猕猴桃、蔬菜、油茶等特色种植产业，有效利用政府性融资担保公司及扶贫投融资公司等平台，进一步扩大农村投融资总量。

（四）进一步提升保险服务功能

加大组织协调力度，扩大政策性"三农"保险地域覆盖面，提高品种普及率，引导保险公司因地制宜创新保险产品，提高特色种养业风险保障水平；推进"金信保"扶贫贷款保证保险试点。

（五）进一步防范金融风险

完善联席会议机制、数据共享机制和部门联动机制，严格信贷通贷款资格审查，实现全面数据共享与多部门联动掌握企业动态信息。完善各类信贷通代偿追责追偿机制，促进贷款主体筹集资金按时偿还贷款，努力控制信贷风险。

第三节　南康区金融业发展实践

南康区位于江西省赣州市西部，赣江源章江流域的中下游。东邻赣县区、章贡区，南连信丰县、大余县，西接上犹县、崇义县，北界遂川县、万安县。南康区纵长横狭，似弧形，南北长 85.45 千米，东西宽 42.6 千米，总面积 1732 平方千米。距赣州市中心城区 33 千米，距省会南昌市 455 千米。近年来，特别是《意见》以及《赣州市建设省域金融次中心实施方案》出台以来，南康区紧紧围绕政策优势，主动对接，先行先试，金融工作取得了显著成效。同时，南康区积极筹建基金产业园，引进各类基金入驻，推动金融业快速发展，并向赣州市政府和江西省政府申报金融改革创新试验示范区。

一、南康区发展金融业特色做法

（一）加强完善金融组织体系

近年来，南康区持续加大金融机构引进力度，加强完善金融组织体系，不断壮大县域金融实力。

积极引进域外银行、赣州市级银行分支机构、小额贷款公司、民营银行、村镇银行及担保、保险等法人金融机构入驻南康区。鼓励证券、基金、期货、信托等法人机构在南康区设立分支机构或专业子公司。大力引进培育会计、审计、法律、资产评估、资信评级、保险经纪等服务组织，构建专业化金融中介服务体系。

健全金融服务体系，设立民间借贷登记服务中心和中小企业还贷周转金，强化金融安全保障，减轻企业融资负担。发挥深圳前海股权交易中心、江西中财宝辉等担保公司的作用，如深圳前海股权交易中心在南康区设立南康服务基地，为46家企业提供1.15亿元融资。

积极实施"财园信贷通""小微信贷通""家具产业信贷通"和"惠农信贷通"等融资模式，助中小企业解决融资难题，累计为企业融资7.5亿元，其中"财园信贷通"融资规模居江西省第一位。加快农村金融体制改革，鼓励各类金融机构增加涉农信贷金额、增设涉农信贷网点、增办涉农信贷业务、增拓农业保险覆盖面。

（二）深入推进企业上市挂牌

南康区出台了《关于加大企业挂牌上市奖励扶力度的通知》，拟对进入"新三板"挂牌或境内外证券市场上市的企业，在省、市奖励的基础上，加大奖励力度，引导企业到资本市场直接融资。扩大企业挂牌上市工作成果，抢抓中国证监会对口支援契机，华源新材料公司正式登陆"新三板"，引导博晶科技、格棱电子、康意服装等企业在"新三板"挂牌，扶持华亿木业在主板或创业板上市。

（三）加快金融商务中心项目建设

南康区金融中心 CBD 位于赣南大道以北，芙蓉北大道以东，东山北路以西，总用地面积 1100 亩，其中金融中心总部经济基地用地 600 亩，安置点用地 500 亩。首期用地 266.5 亩，首期项目建设用地性质为商业服务业设施用地，分为 3 个地块，分别为 126.7 亩、75.9 亩和 63.9 亩；总建筑面积为 742482 平方米，其中地上建筑面积 599529 平方米，地下建筑面积 142953 平方米，容积率 3.37，建筑密度 38%，绿化率 30%，总停车位 4883 个。规划区内建筑以金融办公、写字楼、酒店、商业配套为主。金融办公区一期入驻银行 9 家，预留银行发展空间 15 家。

首期项目投资约 30 亿元，其中核心区由北京福岸投资管理有限公司投资建设，投资额约 20 亿元。完成首期主体工程后同步启动银行机构及总部企业入驻工作，大力引进保险、证券、担保等金融机构及各种创业投资基金、风险投资基金、科技孵化基金，搞活资本市场。目前已签订入驻协议的银行业金融机构 4 家，意向入驻正在争取总行批复的银行业金融机构 9 家，摸底调查的准金融机构、金融中介机构以及南康本土民营企业有 120 家左右意向入驻园区。

（四）支持发展特色金融平台

支持南康区依托金融改革创新实验园、基金业呼叫中心等，大力发展金融后援服务中心；成功发行 10 亿元规模的小微企业增信集合债，设立了 50 亿元规模的正悦家具产业发展基金，组建政府独资的金融投资有限公司。近年来，南康区以获批江西省县域金融改革创新试验区为契机，抢抓中国证监会对口支援的历史机遇，结合南康临港经济区规划，加快建设金融改革创新试验园，积极创新金融产品和服务，深入优化金融生态环境，金融改革创新取得初步成效。

二、南康区金融业发展主要成效

（一）金融信贷助力家具产业起飞

南康区充分发挥金融在现代经济中的核心作用，促进产业发展，特别是围绕家具产业，创新推出"家具产业信贷通"，累计为 210 家家具企业发放贷款 2.86 亿元，积极发展进出口贸易融资担保、仓单质押、融资租赁、商业保理、出口信用保险等新型金融业态，设立出口退税周转金，利用赣州港优势，促进南康家具转型升级,走向世界。南康区还充分利用证监会 IPO 上市"绿色通道"优惠政策,发展多层资本市场:建立上市挂牌企业储备库,培育优质企业登陆资本市场;成功发行 10 亿元规模的小微企业增信集合债,是江西省首支由县级平台发行的小微债,为小微企业提供低成本、长期限的资金支持;结合私募基金产业园建设,设立了 50 亿元规模的正悦家具产业发展基金,助力南康家具产业起飞。

(二)倾力打造县域金融商务中心

南康区把金融改革创新试验园作为打造县域金融改革创新试验区的载体,以点带面,辐射其他金融领域。金融改革创新试验园总占地面积 1100 亩,一期建设用地面积 287 亩,总建筑面积 62.6 万平方米,功能定位为金融机构集聚区、总部经济入驻区、私募基金产业园区、金融外包服务产业园区、创意空间孵化区、金融人才培养基地、"互联网+金融"服务平台。目前,该园一期建设工程已接近尾声,二期工程即将启动;私募基金产业园、金融外包服务产业园取得突破,已入驻 22 家基金类公司,金牛公司被中国基金业协会授予"基金业协会授权咨询服务机构",是目前国内唯一承接基金业协会私募基金电话咨询的后台呼叫中心;金融服务中心于 2016 年 4 月竣工,各类融资服务已陆续进驻。

三、南康区金融业发展巩固措施

一是坚持高位推进,全面部署发动。南康区委主要领导亲自召开金融企业座谈会,南康区政府主要领导亲自召开金融工作会议,对金融发展改革稳定工作作出全面部署。南康区委、区政府主要领导和分管领导多次带队,到多家银行争取支持,取得重大成效。二是基金培育初见成效,大力发展直接融资。支持企业发行债券、中票、短融等降低融资成本,直接融资创历史新高。依据江西省、赣州市出台的相关政策,营造鼓励基金发展的良好环境,依托私募基金产业园、正悦家具产业发展基金、新能源汽车基金等,推动政府引导基金加大投资力度。三是企业上市稳步推进。面对 IPO 审核新形势,积极拓宽企业上市渠道,完善企业上市推进机制,南康区政府主要领导亲自主持召开企业上市专题推进会,对全区上市工作全面、系统调度。帮助报会企业解决部门证明、不动产权证更名、契税免征和土地挂牌等问题,企业上市取得新进展。

第四节　赣南苏区金融业发展面临的困难和"短板"

一、金融组织体系发展不完善

（1）商业金融机构体系发展缓慢。从组成结构看，金融组织体系中银行业仍占主导地位，其资产规模、利税总额要远远高于其他类型的金融机构。从机构性质看，地方法人机构发展较慢。赣州市目前仍没有一家具有独立法人资格的保险公司、证券公司、信托公司，货币经纪、消费金融等新兴金融业态均为空白。地方法人寿险公司（瑞京人寿）和地方法人公募基金管理有限公司（瑞京基金）的筹建申请材料已经正式递交，但尚未通过保监会和证监会的审批。

（2）政策性银行覆盖率低。振兴赣南苏区经济发展离不开国家政策性银行的大力支持。2013 年 4 月，国家开发银行在赣州市设立工作组，围绕赣南苏区振兴发展，通过省直贷、市贷县、直贷等方式，支持赣州市能源、交通等重大工程项目建设。截至 2016 年末，实现贷款余额 156.63 亿元，"十三五"期间，计划支持赣州市信贷投放超 500 亿元。中国进出口银行自 2015 年在赣州市设立工作组以来，在赣州市的贷款余额达 70.72 亿元，2016 年新增贷款达 31.57 亿元，其中，支持棚户区改造贷款 11.5 亿元，支持基础设施贷款 16.89 亿元。中国农业发展银行在赣州市设有一个市级分行和 13 个县级分行，在支持县域经济发展方面起到非常重要的作用，截至 2016 年 12 月末，中国农业发展银行在赣州市贷款余额达 208.24 亿元，新增贷款 88.31 亿元。目前，国家开发银行、国家进出口银行尚未在赣州市设立分支机构，中国农业发展银行仍没有实现县域全覆盖。国家政策性银行在赣州市新设、增设分支机构能够更好地根据赣州市经济发展的产业特色，丰富信贷产品，为某些特定领域提供专业化的、高质量的金融服务。比如，国家开发银行的绿色金融可以和赣州市新能源汽车城的发展紧密联系起来，积极开展以绿色债券为主的融资渠道；依托"一带一路"建设，赣州市现代家具企业可以在出口信贷方面与中国进出口银行开展更多的合作；中国农业发展银行在农业经济方面拥有专业经验及多层次的产品体系，如农业小企业贷款和农业科技贷款，可以为赣州市农业产业升级发展提供肥沃的土壤。

（3）金融内部结构有待优化。其一，赣州市大部分银行尚未成立特色金融事业部，亟须对现有内部组织进行优化。比如，设立普惠金融事业部，解决中小企业，尤其是"三农"企业、小微企业融资难、缺信用、缺担保问题；设立绿色金融事业部，以赣州市新能源汽车产业、电子信息产业、生态农业为龙头，大力推进绿色产业的发展；设立互联网金融事业部，为偏远地区提供适合当地发展的金融服务。其二，赣州市证券公司仍以经纪业务为主，较少开展投行业务，对赣州市直接融资市场的发展未能起到有效的支撑作用。

（4）交易场所建设有待加强。各要素交易场所、交易平台能够有效地促进要素流动，盘活存量资产。赣州市金融资产交易中心稳步健康发展，但稀有金属交易所、环境能源交易所仍需改革重组。绿色产业、电子信息产业是赣州市的重点发展产业。赣州市尚未设立绿色金融产品交易中心，不能够较好服务于江西省及周边地区绿色金融产品的发行与交易。随着赣州市经济的不断发展和产业的逐步升级，大数据成为连接内外经济发展的数字纽带，大数据开发成为新兴重要产业。赣州市尚未设立数字资产（大数据）交易中心，海量高价值数据不能有效汇聚，数据挖掘价值未能体现，制约着江西省的数据流通和变现。

二、金融市场结构发展不平衡

（1）金融对经济增长的贡献有待加强。在《意见》的大力支持下，赣州市金融增加值占 GDP 的比重由 2011 年的 3.30% 稳步提升至 2017 年上半年的 5.80%，但仍然远远低于 2017 年上半年全国 8.13% 的平均水平。从金融对第三产业发展的贡献来看，2017 年赣州市金融增加值占第三产业比重为 12.80%，大幅落后于全国 39.37% 的平均水平。另外，赣州市金融与经济的关联度低于全国平均水平。金融与经济的关联度可以用金融相关比率来衡量，即存贷款总额占 GDP 的比重。2011 年赣州市金融与经济的关联度为 2.57，略低于全国 2.88 的平均水平；2017 年赣州市金融与经济的关联度为 7.43，与 2011 年相比有明显提升，但只相当于 2017 年全国平均水平 13.60 的 55%。赣州市金融相关比率与全国平均水平之间的差距进一步拉大。

（2）金融市场结构功能失衡。总体来看，赣州市还是存款资金净流出的设区市，全市存贷比仍然落后于全国、江西省平均水平，其中中国邮政储蓄银行、赣州银行、光大银行和中信银行的存贷比低于60%。从结构上看，信贷增长仍靠政府投资和房地产项目拉动，产业经济、民营经济等领域吸附信贷资金的能力偏弱。赣州市资本市场发展进程较慢，2017 年上半年，赣州市直接融资占社会融资规模的 8.90%，低于全国平均水平 5.42 个百分点。赣州市上市挂牌公司30 家，其中大部分为新三板挂牌公司，主板挂牌公司仅有 2 家，创业板挂牌公司仍未实现零的突破。政府产业基金作用发挥不够明显，资金基本投向基础设施建设、棚户区改造等项目；对重点产业支撑不足，投向产业发展的资金约占总量的25%，其中稀土产业基金尚未落地，缺少面向医药、家具等重点产业的专业化基金；股权投资基金发展不充分，尚未实现专业化管理，多为"明股实债"，真正开展股权投资的基金数量较少。

从金融产业发展趋势来看，国家正大力倡导发展绿色金融，在绿色债券等产品上安排了大量资金，一方面，因历史渊源，钨、稀土等高耗能行业仍为赣州市支柱产业的重要组成部分，在一定程度上不利于赣州市绿色金融的发展；另一方面，赣州市在生态农业、循环工业、持续服务产业等资源消耗低、环境污染少、产品附加值高、生产方式集约的绿色产业发展仍有待加强，未能对赣州市绿色金融的发展提供强有力的经济基础。赣州市绿色金融的缓慢发展直接影响到赣南苏区振兴项目建设的融资规模，进一步制约了赣南苏区经济的振兴发展。

从江西省来看，赣州市在绿色金融的发展上相对落后。据不完全统计，2016年末，赣州市绿色信贷余额仅2.12亿元，同比增长38.1%，增速落后于江西省平均水平11.9个百分点。2017年第二季度，赣州市绿色信贷余额4.15亿元，比年初下降0.16亿元，而同期"两高一剩"行业合计贷款余额3.27亿元，比年初增加0.96亿元。

（3）金融生态环境有待改善。良好的金融生态环境是金融体系功能充分发挥、实现经济与金融良性互动和可持续发展的基础条件。目前，赣州市的金融信用体系建设仍有很大的改进空间，征信系统建设还不完善，信息采集难，采集标准不统一，数据质量参差不齐。个人信用信息散落在基层工商、税务、司法、金融等部门，统一的个人征信体系建设还在探索中。企业信用体系虽然建立了银行信贷登记咨询系统，但因其信息单一性及金融机构有意无意的忽略，使该系统运用效率很低。个人和企业信用信息基本处于不透明状态，加大了信贷风险，增加了金融交易成本，使金融生态系统建设缺乏有利基础。2017年7月9日，在国家互联网金融安全技术专家委员会的指导下，在江西省政府金融办、国家互联网金融安全技术联盟、中国区块链应用研究中心、北京太一云科技的大力支持下，赣州市区块链金融产业监管沙盒园在中国金融博物馆正式启动。这标志着赣州市在运用科技手段建设金融生态系统，特别是在金融信用体系、金融监管体系的建设上走在了全国的前列。但是，区块链技术在征信领域的成功运用离不开江西省金融办的大力支持。江西省金融办能否继续将网络小贷的审批权限下放赣州市，支持赣州市核发"区块链技术互联网金融企业监管牌照"是赣州市区块链金融产业监管沙盒园成功落地实施的先决条件。

三、金融产品单一、创新不足

（1）中间业务、产品创新发展缓慢。赣州市银行业主要开展传统存贷款业务，全市银行业中间业务收入占总收入比重较低。国家全面放开贷款利率管制后，利率市场化进程加速推进，银行业传统的存贷业务必将受到巨大冲击。挖掘新型贷款模式，创新金融产品，拓展中间业务，将是银行业改革创新的大势所趋。同时，赣州市保险行业内部缺乏创新意识，竞争方式粗放，保险主体之间产品同质化严重，服务差异化不足，服务实体经济能力较弱。

（2）普惠金融产品缺乏。一是普惠金融产品体系不完善。赣州市尚未建立完善的普惠金融产品体系，中小微企业融资难问题仍然存在。"财园信贷通""小微信贷通""银园保"等现有成熟金融产品有限，且尚未实现全覆盖。二是产权不明晰。赣州市尚未大范围建立各类产权要素的确权颁证、价值评估、抵押登记、交易流转和风险处置机制建设，未将文化产权、知识产权、碳排放权、农民住房财产权、水域滩涂使用权、大型农机具等纳入贷款抵（质）押范围。银行信贷产品在支持农民工转型，加大对农民工创业就业、技能培训上的力度不够。三是保险品种单一，保险保障覆盖面不足。在商业财产保险公司产品中，交强险占比过高，普惠性质的农业保险发展严重不足，亟须建立农业巨灾保险，支持发展大宗农林产品和特色农业保险，研究推出生猪价格指数保险，完善政策性农业保险的财政补贴。

（3）绿色金融产品缺失。国家正大力推进绿色金融产品的发行，大量资金向绿色债券等产品倾斜，相比之下，赣州市绿色债券进展缓慢。早在2015年底，国家发改委就发布了《绿色债券发行指引》，用于支持节能减排技术改造、绿色城镇化等12个大类的项目。截至2016年9月，中国绿色债券发行量达1400亿元，占全球总发行量的40%。从江西省看，江西银行已经通过发行绿色金融债券，融得80亿元资金，而目前赣州市绿色债券发行尚处于空白阶段。

（4）产业金融产品体系不成熟。赣州市尚未建立符合制造业特点的信贷管理体制和金融产品体系。在运用贷款时，不仅要考量企业资源、资产，还要合理考量制造业企业技术、人才、市场前景等"软信息"，运用信用贷款、知识产权质押贷款等方式，积极满足创新型制造业企业的资金需求。大力发展产业链金融产品和服务，有效满足产业链上下游企业的融资需求。

四、金融专业人才队伍有待加强

（1）金融行业领军人才缺失。人力资源是金融服务业的核心资源，人才优势也是区域金融中心最重要的竞争优势。金融行业领军人才能够有效吸附金融行业各层次、各类型的人才，形成金融行业人才聚集效应。一个同时具有多种类型人才资源供给的地区，对金融机构总部及其各业务部门都具有很大的吸引力。目前，赣州市金融行业领军人才严重匮乏，在企业层面，企业经营者的金融意识不强，缺乏懂金融、擅长资本运作的领军人才；在监管层面，缺少既懂金融又懂管理的复合型高端人才。

（2）本土人才培养力度不够。从内在来看，驻市高校在金融教师队伍、金融专业设置、招生规模、人才培养机制上存在"短板"。在教师队伍中缺乏拥有金融专业高等学历、具备丰富从业经验的人才。驻市高校在金融专业设置上比较单一，国际金融、保险、风险管理、房地产金融、证券投资、金融工程等专业尚待设立。驻市高校在招生方面缺乏引导，金融是文科、理科、工科交叉发展的学科，尚有很大一部分优秀理科、工科学生由于对金融专业缺乏了解而未选择就读。在人才培养机制上，驻市高校与赣州市金融监管部门、各金融机构合作深度有待加强。要培养懂金融、懂业务的金融人才，需要将理论与实际应用相结合，在金融监管部门、金融机构处设立实习基地，培养理论扎实、实操过硬的金融专业人才。从外在来看，赣州市在引进市外高校来赣州设立分校（院）的力度不够。吸引外地有影响力、金融专业排名靠前的高校来赣设立分校（院），在吸引外地生源的同时，能够更好地留住本地优质生源，并为赣州市现有金融人才提供培训、交流的平台，形成赣州市高校金融学科蓬勃发展的良好态势。

第五节　支持赣南苏区金融业发展对策

一、支持赣州设立普惠金融试验区设想

自党的十八届三中全会将"普惠金融"写入决议以来，发展普惠金融成为金融扶贫的主要着力点。赣南苏区在中国革命历史上具有特殊重要地位，党中央、国务院领导十分关心赣州苏区的发展，并多次作出重要批示。为更好贯彻

落实国家领导人重要讲话精神，进一步加快赣南苏区金融改革发展，提高金融服务多元化、便捷化、均等化的可持续发展，确保2020年与全国同步进入全面小康社会，恳请国家、江西省支持在赣州市设立普惠金融改革试验区，探索建立与全面建成小康社会相适应的普惠金融服务和保障体系，激发赣南等原中央苏区经济金融发展潜力，使赣南等原中央苏区人民群众公平分享金融改革发展的成果。

普惠金融重视消除贫困、实现社会公平，积极帮助受益群体提升"造血"功能。江西省100个县（市、区）中，有25个贫困县，其中赣州市有8个，赣州市的脱贫任务重、责任大。在赣州市开设普惠金融试验区对脱贫攻坚任务的顺利完成有积极和极为重要的意义。如获批设立普惠金融改革试验区，赣州市将重点打造具有精准扶贫特色的普惠金融体系，在总结原有金融精准扶贫工作经验的基础上，继续积极运用扶贫再贷款、财政扶贫拨款等资金来源，采取分片包干等方式，引导金融部门创新金融扶贫模式和产品，加大扶贫信贷资金对贫困地区、扶贫产业的投放力度。同时，进一步探索完善金融扶贫工作站职能，引导金融资源和金融服务重点向社区、农村尤其是贫困地区下沉，向弱势群体、非公经济和"三农"领域倾斜，提高基础金融服务的可获得性；进一步完善扶贫贴息贷款政策，多渠道增加扶贫贷款风险补偿基金资金来源，强化对赣州市所辖贫困县（市）的金融扶贫力度，增强金融扶贫可持续性，实现试点区域责任银行对乡镇全覆盖、建档立卡贫困户信贷需求调查全覆盖、符合贷款条件的建档立卡贫困户信贷投放全覆盖。

（1）赣州市引进设立国家开发银行、中国进出口银行等政策性银行分支机构，推动中国农业发展银行在赣州市实现县域全覆盖。目前，三大政策性银行在赣州市能源、交通、棚户区改造、基础设施建设等重大工程项目上提供了强有力的支持。在赣州市开设、增设分支机构能够进一步深化三大政策性银行对赣州市经济产业发展的引导机制，对赣州市脱贫攻坚具有重大意义。

（2）为赣州市地方法人寿险公司（瑞京人寿）开通寿险牌照审批绿色通道，加快有关审批步伐。根据国务院《关于支持赣南等原中央苏区振兴发展的若干意见》和保监会"支持赣州市研究发起设立全国性地方法人寿险公司"有关精神，2016年2月，江西省正式启动地方法人寿险公司（瑞京人寿）的筹建准备工作，筹备组分别于2016年5月、9月向保监会发改部递交申请正式和补充材料。

（3）支持赣州市公募基金管理有限公司（瑞京基金）的组建工作，加快有关审批步伐。根据国务院《关于支持赣南等原中央苏区振兴发展的若干意见》，为进一步完善赣州市金融组织体系，赣州市积极争取设立公募基金管理有限公司（瑞京基金）。2016 年 6 月，公募基金管理有限公司取得了国家工商总局的名称预核准通知书；7 月，获得了证监会下发的网上申报账号；8 月，通过书面和网申途径向证监会正式提交完成全部申报材料，且按照证监会的材料补正意见，完成了材料的补正工作，并被证监会机构部接收。

（4）支持赣州设立险资直投支农支小项目试点。在赣州市推行险资直投支农支小项目有利于建立保险资金投资与小微企业融资的桥梁，解决中小企业融资难问题，有助于赣州市打赢脱贫攻坚战略，通过支持农村经济主体的融资需求，带动农村经济发展，带动贫困人口就业。恳请江西省局协调人保财险、人保资产以及人保资本等公司，参照"重庆模式"，加大保险资金对赣州市交通、水利等基础设施建设的支持力度，探索将险资直接投放于赣州实体经济，推动赣州经济社会发展，服务赣州脱贫攻坚战略。

（5）加大赣州市农业保险补贴政策力度，扩大赣州市农业保险补贴政策范围。赣州市作为农业大市，只有水稻保险纳入了中央财政补贴，赣南脐橙、甜叶菊等地方特色农业支柱产业在国家级、省级保费补贴政策上几乎空白。扩大赣州市农业保险补贴范围将有利于赣州市生态农业的发展，推动新型城镇化和美丽乡村建设。

（6）支持赣州加快推动江西赣州稀有金属交易所有限责任公司完成重组。2017 年 1 月，赣州市金融局向江西省政府金融办呈报了《关于呈报〈赣州工业投资集团有限公司关于筹建江西赣州稀有金属交易所有限责任公司有关事项的请示〉的请示》，恳请支持赣州市按此方案重组稀有金属交易所。

（7）推动赣州环境能源交易所重组。赣州市环交所成立于 2011 年 10 月，注册资本 1000 万元，由赣州市国有资产投资集团有限公司出资组建。赣州市拟引进战略投资者重组环交所，恳请予以支持。

二、支持赣州新设科技金融试验区

科技金融机构是传统金融机构的有益补充，是丰富中小微企业融资渠道，也是降低实体经济融资成本的有效手段。以赣州启动区块链金融监管沙盒产业园为契机，设立科技金融试验区有利于加强市场引导，优化资金配置，创新金融监管，防控金融风险。同时，针对试点区域"三农"、小微企业融资等薄弱环节，运用现代科技金融手段和成熟的微贷技术，可以有效降低金融交易成本、延伸服务半径，提供低成本、可持续的金融服务，不断改进金融服务质量和效率。

（1）支持赣州建设区块链金融先行先试试验区。国务院《关于支持赣南等原中央苏区振兴发展的若干意见》明确"支持赣州在地方金融组织体系、中小企业金融服务等方面开展改革试验"。2014年2月，江西省人民政府发布《关于加快全省金融业改革发展的意见》（赣府发〔2014〕7号），提出"支持赣州建设赣湘闽粤四省边际区域金融中心"。为策应建设赣湘闽粤四省边际区域金融中心、江西省次金融中心的定位，2017年7月9日，在国家互联网金融安全技术专家委员会的指导下，在江西省政府金融办、国家互联网金融安全技术联盟、中国区块链应用研究中心、北京太一云科技的支持下，赣州市区块链金融产业监管沙盒园在中国金融博物馆正式启动。这标志着赣州市在运用科技手段建设金融生态系统，特别是在金融信用体系、金融监管体系的建设上走在了全国的前列。区块链技术研发、测试和应用发展迅速，为了保持赣州市在区块链相关技术上的全国领先性，恳请江西省政府金融办支持赣州建设区块链先行先试试验区。根据江西省政府金融办下发《关于同意进入赣州的电子商务企业发起设立小额贷款公司试点的批复》，继续将网络小贷的审批权限下放赣州市，支持电子商务公司在赣州市开展网贷业务；支持赣州市设立区块链金融监管沙盒产业园，运用区块链等先进技术建设以科技金融公司为主体的互联网金融生态系统，加强地方监管机构对科技金融企业业务监测监管，支持赣州核发"区块链技术互联网金融企业监管牌照"。

（2）支持赣州发起设立消费金融公司。消费是经济增长的重要引擎，扩大居民消费、加快消费升级，对推动经济发展提质增效具有十分重要的意义。从全国来看，在消费金融领域中，传统金融机构、互联网平台、P2P平台的资产总额均在2016年实现大幅上涨。在市场份额占比中，以互联网平台为主的科技消费公司处于领先地位。以赣州市启动区块链产业监管沙盒园为契机，科技和金融相融合的消费金融在赣州市有着广阔的发展前景和巨大的发展潜力。同时，赣州市居民的消费习惯近年来有了很大的转变，为赣州市消费金融的发展提供了经济基础。一是随着人均收入水平的提高，对于耐用及大额消费品的需求增加，分期付款逐渐流行。二是人口结构面临重大变化。作为未来的主力消费群体，"80后""90后"乃至"00后"逐渐走上历史舞台。他们出生在改革开放后，在观念上能够接受提前消费、透支消费。在赣州市设立消费金融公司可进一步丰富赣州市金融业态，为打造区域金融中心、江西省次金融中心增添新的要素。目前，赣州银行正与中国开发性金融促进会等机构洽谈合作设立消费金融公司事宜，并已多次向省、市银监部门汇报发起设立消费金融公司。为此，恳请江西省银监局支持赣州市发起设立消费金融公司，将赣州银行尽快纳入非银金融机构筹建规划上报中国银监会。

（3）支持赣州新设数字资产（大数据）交易中心。通过建设交易中心汇聚海量高价值数据，将数据挖掘价值最大化，加快江西省的数据流通和变现，打破数据交流阻碍，成为大数据产业发展的基石。为实现赣州市"主攻工业、三年翻番"的目标，加快经济转型升级和振兴发展，恳请支持赣州市成立数字资产（大数据）交易中心。

三、支持赣州绿色金融改革试验区

赣州市围绕特色优势产业，已全面启动"两城两谷一带"的项目建设，以供给侧结构性改革为主线，在调整经济结构和转变发展方式上抢先一步，为发展绿色经济和绿色金融提供了内生动力。赣州市绿色资源丰富、生态优势明显，有着"江南宋城""红色故都"和"脐橙之乡"的美誉。设立和建设绿色金融改革创新试验区有助于将赣州市的绿水青山转变成金山银山，不断丰富经济发展和环境保护之间的辩证关系。

（1）支持驻市金融机构设立绿色金融事业部或绿色支行，鼓励创新绿色金融产品。赣州市将围绕创建国家森林城市和建设全国循环经济试点城市的目标要求，逐步完善绿色金融体系，加快健全绿色金融制度，与大气污染防治、生态环保建设、稀土等有色金属产业污染整治等专项方案相结合，引导和激励更多资金投资当地高新技术、节能环保、农业生态观光旅游等绿色产业。同时，结合赣南苏区的国家南方地区重要生态屏障定位，积极推动试点区域新型城镇化和美丽乡村建设。恳请国家、江西省在发展绿色信贷，财税优惠、信贷贴息等具体政策上给予支持，加强国家开发银行对赣州绿色产业发展的引导作用。

（2）支持赣州市新设绿色金融产品交易中心。绿色金融产品交易中心为专业从事绿色金融产品交易服务、投融资服务及其他相关金融服务的机构，拟由赣州市人民政府、中国开发性金融促进会会员单位共同出资组建。该交易中心主要是服务于江西省及周边地区绿色债券发行与交易、绿色要素交易、绿色股权融资或交易、大型环保项目融资、绿色金融创新与信息服务等领域。恳请支持赣州市设立绿色金融产品交易中心。

第九章
赣南苏区商贸业发展及实践

第一节　赣州市商贸业振兴发展行动

一、商贸业简介

（一）商贸业

1. 定义

据贸易行业分析及市场研究报告，贸易是指在平等互愿的前提下进行的货品或服务交易。贸易属于商业行为，是在交易市场里面进行的。最原始的贸易形式是以物易物，即直接交换货品或服务。现代的贸易则普遍以一种媒介（金钱）作贸易平等代换，金钱及非实体金钱大大简化和促进了贸易。两个贸易者之间的贸易称为双边贸易，多于两个贸易者的则称为多边贸易。

2. 分类

商贸业分类如表9-1所示。

表9-1　商贸业分类

划分标准	划分类别	具体内涵
按商品移动的方向国际贸易划分	进口贸易	将外国的商品或服务输入本国市场销售
	出口贸易	将本国的商品或服务输出到外国市场销售
	过境贸易	甲国的商品经过丙国境内运至乙国市场销售，对丙国而言就是过境贸易

划分标准	划分类别	具体内涵
按商品的形态国际贸易划分	有形贸易	有实物形态的商品的进出口。例如，机器、设备、家具等都是有实物形态的商品，这些商品的进出口称为有形贸易
	无形贸易	没有实物形态的技术和服务的进出口。专利使用权的转让、旅游、金融保险企业跨国提供服务等都是没有实物形态的商品，其进出口称为无形贸易
按生产国和消费国在贸易中的关系国际贸易划分	直接贸易	指商品生产国与商品消费国不通过第三国进行买卖商品的行为。贸易的出口国方面称为直接出口，进口国方面称为直接进口
	间接贸易和转口贸易	指商品生产国与商品消费国通过第三国进行买卖商品的行为，间接贸易中的生产国称为间接出口国，消费国称为间接进口国，第三国则称转口贸易国，第三国所从事的就是转口贸易

（二）商贸服务业

商贸服务业是指为商贸提供的服务业。商贸是指从事销售、购销、批发、零售、国外贸易、国内商业等经济活动，并自愿以货品或服务交换。服务业可分为四个层次：第一层次是流通部门，包括交通运输业、邮电通信业、商业饮食业、物资供销和仓储业；第二层次是为生产和生活服务部门，包括金融业、保险业、公用事业、居民服务业、旅游业、咨询信息服务业和各类技术服务业；第三层次是为提高科学文化水平和居民素质服务的部门，包括教育、文化、广播电视事业，科研事业，生活福利事业等；第四层次是为社会公共需要服务的部门，包括国家机关、社会团体以及军队和警察。

我国所说的商贸服务业，主要是指长期以来由商务部门为主管理的、与企业商务贸易活动以及与老百姓的生活密切相关的批发业、零售业、住宿业、餐饮业、租赁业、商务服务业、居民服务业以及物流业、典当业、拍卖业和部分娱乐业等其他服务业。

二、赣州市商贸业振兴实践行动

国务院《关于支持赣南等原中央苏区振兴发展的若干意见》实施以来，赣州市采取行动大力推进赣州市商务贸易发展，具体成果如下：

（1）规范市场秩序。一是大力打击侵权假冒成效明显。2016年，赣州市行政执法部门共立案374件、办结274件、涉案金额185.47万元、吊销证件1件、捣毁窝点1个，公安机关破获案件42件、抓获犯罪嫌疑人44人、涉案金额6000余万元。二是商务领域信用建设扎实推进。赣州市开展了"食品安全宣传周""打击侵犯知识产权和制售假冒伪劣商品宣传咨询日"等活动。2018年，赣州市共受理举报投诉94起，开展执法活动1822次，出动人员8762人次，出动执法车辆1998台次，检查涉嫌违法违规经营场所664个。

（2）加快物流现代化建设。近年来，赣州市出台了《关于加快推进赣州市物流产业集群发展工作的实施意见》，集中推进了赣南脐橙、南康家具、城市共同配送3个重点物流产业集群建设。江西省首家城市共同配送试点项目顺利验收，初步建立了城市共同配送的架构体系，提升了城市共同配送的集约化水平。例如，南康家具物流产业集群标准化建设步伐加快，共制定物流服务标准158个，标准覆盖率达到90%以上，物流效率显著提高，物流成本下降30%以上，各类货物货款纠纷事件降低了50%以上。

（3）促进传统商贸服务业转型升级。赣州市着力打造客家餐饮文化品牌，推动餐饮服务业转型升级。出台了《培育赣南客家菜餐饮文化品牌工作方案》，成功举办"第一届赣南客家美食文化节"，高标准建设赣南美食"一城一街一广场"，拍摄《赣南客家菜》电视专题片并在央视播出。

（4）完善城乡市场体系建设。中心城区社区蔬菜便利店建设全面铺开。2016年开业蔬菜便利店65家，超额完成建设任务，共解决了380个住宅小区、19万余户居民买菜难问题。积极争取江西省商务厅支持市县乡两级农贸市场改造建设工作，2016年共实施县乡农贸市场建设改造项目13个，争取补助资金565万元，2017年6月底前全面完工并投入运营。

（5）深入开展作风问题大整治。重点整治"怕、慢、假、庸、散"等作风问题。充分用好"四种形态"，严格监督执纪。2018年处理了4起违纪典型案例，诚勉谈话和提醒谈话8人次。深入开展忠诚型、创新型、担当型、服务型、过硬型政府机关建设。开展"拉高标杆、争创一流"对标对表活动，推动机关进一步解放思想、转变观念、创新思路，实现工作进位争先。

第二节　赣州市商贸业典型案例介绍

一、瑞金商贸物流园

（一）瑞金商贸物流园基本情况

瑞金商贸物流园位于瑞金市火车站站前广场北侧区域，东面为长征大道，西面为 206 国道，由站前广场道路、长征南路与 206 国道围合而成，区域环境良好，交通便利，基础设施配套齐全，具备使现代物流达到快速、高效、畅通、有序的基本条件。

瑞金商贸物流园集建材、家具、服装、药品、家电、农资、仓储以及货物配送等相关功能为一体。作为粤闽两地商品展示中心，瑞金商贸物流园通过市场化运作，把广州、泉州、厦门等地的生活性商品集聚在此，吸引周边各地需采购广东、福建商品的客商前来采购。同时，瑞金商贸物流园设立家居家装、会展中心、物流基地、物流 CBD 商务中心、城市物流配送中心、五金机电、建材医药烟草物流等功能区。

瑞金商贸物流园总投资 5 亿元，依托瑞金市的资源和区位优势，全面引入与国际接轨的现代物流业管理模式、经营理念、营销策略的运作，把瑞金商贸物流园建成融入物流、商流、资金流、信息流，以现代物流、商品展示与交易为主，集城市配送、区域集散、商品批发销售、电子商务等多种功能于一体，面向赣闽粤、立足瑞金，成为服务及辐射周边地区的区域性商贸物流基地。

（二）瑞金市大力发展商贸物流的优势条件

瑞金市位于江西省东南边陲，赣州市东部武夷山脉西麓，与福建省长汀县相邻。唐天佑元年（公元 904 年）置瑞金监，因"掘地得金、金为瑞"故名瑞金；五代南唐保大十一年（公元 953 年）升监为县；1994 年 5 月撤县设市。瑞金市国土面积 2448 平方千米，下辖 17 个乡镇、223 个行政村、16 个居委会，2017 年户籍人口为 704202 人。

1. 交通要地

瑞金区位突出，地扼赣闽咽喉，素为赣闽粤三省通衢，是中西部省市沟通东南沿海的中转要地，是海峡西岸经济区的第一腹地。从瑞金市区出发，1.5小时车程可到赣州新黄金机场、福建连城机场，3小时车程可到厦门、福州、泉州、南昌等地以及全国最大港口之一的厦门港，5小时车程可达广州、深圳等城地。瑞金交通发达，323、206、319三条国道在瑞金市区交汇；瑞金机场建设列入长江经济带综合立体交通走廊规划，选址已通过国家民航局组织的专家评审；赣龙铁路横贯瑞金东西并在实施扩能改造，纵贯瑞金南北的鹰瑞梅铁路（鹰潭—瑞金—梅州）正在开展前期工作，目前已开通瑞金至南昌、苏州、北京的始发列车；厦蓉高速公路瑞金段、济广高速公路瑞金段全线建成通车，瑞金正在加快形成双"十"字枢纽型铁路网和高速公路网。依托发达的陆地交通，赣闽边际区域每年有1000多万人次以上的人流、2000多万吨以上的货物在瑞金中转、集散，瑞金成为赣南东部和赣闽边际区域人流、物流、资金流、信息流的交汇之地。

2. 资源富地

瑞金矿产资源丰富，萤石储量达200万吨，石灰石储量位居江西省前列。瑞金生态资源优越，是"中国绿色名县"、千里赣江之源，赣江源自然保护区是国家级自然保护区。瑞金活立木总蓄积量649.2万立方米，森林覆盖率为74.5%。同时，瑞金农业物产富饶，是国家农业产业化示范基地、中国优质脐橙生产基地、国内最大的烤鳗出口基地、江西省农业产业化先进县市和赣州市烟叶生产重点县市。

3. 创业福地

国务院《关于支持赣南等原中央苏区振兴发展的若干意见》明确提出，设立瑞兴于经济振兴试验区，赋予其先行先试权力，瑞金成为革命老区中的"经济特区"。确立电气机械及器材、绿色食品和生物医药、新型建材、现代轻纺、旅游文化、现代农业六大重点产业和新能源、现代物流、金融服务三大新兴产业的"6+3"产业定位。瑞金经济开发区已升级为国家级经济技术开发区，构建起以电气机械及器材制造业、新型建材、食品药品加工、现代轻纺、清洁能源等为主的产业体系。随着国家促进中部崛起、支持海西经济区发展战略和赣南苏区振兴发展规划的深入实施，瑞金政策优势、资源禀赋更加凸显，一大批企业相继落户，产业集聚效应加速释放，日渐成为各方客商投资兴业的福地。

二、全南电商产业园

（一）全南电商产业园基本情况

全南电子商务产业园主要建设电子商务中心和仓储物流配送基地。电子商务中心利用艺佳兴陶瓷有限公司二楼约900平方米的闲置厂房，兴办电子商务孵化基地（以下简称"孵化基地"），孵化基地内设有商务办公区、信息服务、交易展示区、软件开发区、金融服务区、结算中心。仓储物流基地以全南县邮政局物流业务为依托，借助邮政速递、顺风、圆通、申通、韵达等物流企业，为交易平台上的交易商品提供仓储物流服务为交易商提供及时、便利的仓储、代理运输服务，保证交货仓库的业务过程可控，与交货仓库共同保证交易货物的真实性，从根本上建立起了大宗商品电子商务信用体系，提升了园区的整体形象。

（二）全南县建设电商产业园的优势条件

1. 区位交通

全南县毗邻广东省，60%的边界与广东省接壤，位于105国道与106国道、赣粤高速与京港澳高速的公路连接线上，是大广高速由广东省进入江西省的第一站，大广高速全线贯通后，全南县将融入珠三角两小时交通圈，距广州仅210千米。全南县区位优势明显，既是策应长三角、珠三角、海西三大沿海经济圈的最佳区域，又是承接粤港澳沿海发达产业梯度转移的窗口基地，更是珠三角通往内陆的咽喉要道。首先，大广高速在全南县设有出入口，距工业园、县城仅5千米。其次，全南县城距京九铁路龙南站30千米，距赣韶铁路南康站140千米，距武广铁路韶关站150千米。最后，全南县城距赣州黄金机场（4D级）170千米，现已开通10个城市航线，即将开通香港国际航班等22条口岸航线。

2. 资源生态

全南县生态环境优越，田园山川秀美，有着南岭北坡首屈一指的生态和矿产资源。拥有山林191万亩，森林覆盖率达82.5%，是中国南方48个重点林业县之一。全南县境内空气清新，空气中负离子含量达10万个/立方厘米，空气质量常年保持在二级以上，河流水质常年保持在Ⅰ类、Ⅱ类，生态环境指数达88.88，列江西省第六位，被评为江西省资源节约和环境保护先进县、江西省碳汇造林试点县和江西省循环经济试点县等。水能蕴藏量7.5万千瓦，是全国首批初级电气化达标县。

全南县矿产资源丰富，已探明储量的有稀土、钨、萤石、瓷土、石英石、硅矿等20余种，尤其是萤石、稀土、钨保有储量分别位列赣州市第二、第四、第五，大吉山钨矿就坐落在全南县境内。

全南县充分利用生态优势大力发展现代农业，推进传统农业的转型升级，涌现了古桩梅花、野生灵芝、高山蔬菜、葡萄、脐橙等农副特产，产品因质高味美深受宾客喜爱，并在广东沿海地区已具备一定的市场空间和品牌效应。

3. 城市人文

全南县按照以山为景、以水为亲、以人为本的要求，高标准建设了一批城市重点工程，市政功能更加完善，整体品位大为提升。建成的一江两岸滨江公园风景怡人，夜景流光溢彩，被市民们称为全南的"外滩"；体育中心气势宏大，标准处于江西省县级一流水平；市民公园精致大气，音乐喷泉、标志性建筑成为展示全南城市形象的亮丽名片。目前，全南县已入选江南生态新城榜，是省级文明城市、市级卫生城市。

全南县是客家人的重要聚居地，客家历史文化积淀深厚，非物质文化遗产资源较为丰富，瑶族花棍舞、香火龙等10多个门类的传统文化种类列入了县级以上非物质文化遗产保护名录。全南县还有一个瑶族行政村，洋溢着浓郁的少数民族风情。

全南县把保平安作为第一责任，创新社会治理、健全防控机制，促进社会和谐平安。全南县公众安全感测评连续四年位居赣州市第一位，连续两年居江西省第一位。全南县坚持在从严管党治党中正风肃纪，切实履行党风廉政建设职责，坚决落实中央八项规定，全面推进惩防体系建设和反腐倡廉各项工作。在江西省2014年度党风廉政建设社会评价民意调查中，全南县综合得分名列江西省100个县（市、区）第四名、赣州市第一名。

4. 产业配套和平台建设

江西全南工业园区是江西省首批生态工业园区建设试点单位之一，距大广高速全南出入口仅4千米，总规划面积10000亩，已建成面积4000亩。全南县通过大力招商引资，使得国新控股、江苏阳光、包钢稀土、深圳新星轻合金、家宝国际、呈和实业等一批中央企业、国内"200强"企业、上市公司及行业龙头企业纷纷落户全南投资兴企，并得到了长足发展，形成了以稀土发光材料、氟盐化工为主的矿产品精深加工，以家用电器、手机配件为主的机械电子，以防火代木材料、添加剂为主的新材料，以女性高档内衣为主的现代轻纺四大优势产业集群。具体产业包括：矿产深加工业、机械电子业、新材料业、现代轻纺业、现代服务业、芳香产业、物流业、有色金属深加工业和机械制造和电子信息业等。

5. 法规政策支持

2012 年 6 月，国务院《关于支持赣南等原中央苏区振兴发展的若干意见》（以下简称《意见》）正式颁布实施，使赣南苏区振兴发展上升为国家战略，与西部大开发、中部崛起、东北老工业基地振兴等国家重大战略比肩齐重，为赣南苏区及全南县加快发展带来了亘古未有的历史机遇。全南县不仅全境纳入赣南等原中央苏区范围，享受《意见》赋予的享受西部大开发、减按 15% 的税率征收企业所得税等各种政策，而且《意见》提出把全南等三县建设成为赣州"三南"承接加工贸易转移示范地，在国家层面全力将全南县打造成承接产业转移示范地、体制机制改革的试验区和中东部地区开放合作的经济特区。

全南县是江西省实行改革开放较早的县，通过多年的招商引资，全南县发展抓环境、抓好环境促发展的亲商、安商、富商理念深入人心。全南县实行"一站式"审批、"一条龙"服务，编制了招商引资"项目服务流程表"和"收费明白卡"，打造了优质高效的服务环境、优惠透明的政策环境、诚实守信的人文环境、稳定安全的法治环境。全南县先后多次获得江西省人民政府颁发的工业崛起年度贡献奖，被评为江西省外贸出口先进县、赣州市开放型经济工作强县等荣誉称号。

三、全南创新创业（电商）园

（一）基本情况

全南创新创业（电商）园自 2017 年 1 月开园以来，目前意向入驻企业 150 家，已入驻企业 57 家，主要有特色农产品企业 11 家、科技创新企业 3 家、电商类企业 25 家、其他配套类企业 18 家。全南创新创业（电商）园的定位是充分发挥江西南大门地缘优势，打造对接珠三角的"四众平台"。园区整体架构为"一园两区"，即创新创业区（政策扶持+资本机构引进+大数据运用）和电商孵化区（互联网+品质农业+特色工业+现代旅游业+精准扶贫）。园区总建筑面积 8012 平方米，由运营中心、物流仓储中心、电商（创客）中心、蜂巢公寓四栋主体建筑组成。

园区以互联网电商为基础，初步形成了以下四大特点：第一个特点："互联网+现代农业"。通过互联网，建立农产品全程可视化安全追溯体系，实现农产品高溢价、品牌化（如农眼智能监测系统）。第二个特点："互联网+特色工业"。通过跨境电商帮助全南特色工业产品上线，拓展国际市场（如三扬耳机、艺佳兴陶瓷）。第三个特点："互联网+创客企业"。通过政府创客基金，支持创业者团队成长，构建创新创业的新模式（如一统电器、网红魔术）。第四个特点："互联网+大数据"。通过"互联网+大数据"为大量消费者提供产品或服务的企业可以进行精准营销（如农眼大数据、网库大数据）。

（二）发展状况

2017~2018 年，全南创新创业（电商）园保持高速发展，业绩增长率再创新高，2018 年突破 6.05 亿元，开展培训共 55 期，累计培训 2153 人次，吸引了大批全南籍在外优秀人才返乡创业就业。同时，全南创新创业（电商）园获得2017 年赣州市第二批电子商务示范基地、赣州市小型微型企业创新创业示范基地、赣州市众创空间、2018 年度赣州市首批市级"大众创业，万众创新"示范基地等称号。

全南创新创业（电商）园是由全南县政府打造的优秀政府公益孵化平台，旨在面向创新创业的社会青年、返乡创业人员、海内外高层人才等提供一流的创新创业平台。全南创新创业（电商）园成功打造"六大平台"，即孵化平台（众创空间、孵化基地、创业总部、产业园区）、产业平台（大农业、大旅游、大数据、大物流）、技术平台（政产学研、资介销媒、技术升级、知识产权）、培训平台（双创学院、创业大赛、公共平台、蓝海智库）、市场平台（电商渠道、通路渠道、集采渠道、产品渠道）和融资平台（种子基金、天使基金、股权基金、产业基金），形成"四众+四创"的模式，即通过众创、众包、众扶和众筹平台，聚焦创新、创业、创意和创造服务。全南创新创业（电商）园将成为赣南苏区创新创业新标杆、返乡创客的创业沃土和创新家园。

商务部对口支援全南创新创业（电商）园，全南创新创业（电商）园成为全南县首个创新创业示范基地园区。园区经常开展学习考察，共谋园区规划。园区也开展一些公益活动，关心孤寡老人、留守儿童等社会弱势群体。2018年 3 月，创新创业（电商）园开展了趣味运动会，企业在互动过程中增加了情谊。

2018 年为加大宣传全南县电子商务知识的普及力度，推动全县农村电子商务及商业电商工作快速发展，培训团队深入了九个乡镇，进机关、进校园、入园区、进企业。为广大农村青年送去"村淘"知识，加速全民"触网"，点燃他们创业梦想。南县从事电子商务及有志于从事电子商务的青年以及各乡镇人员 2000 多人次参加了培训。其中参加培训的贫困户人数达到 500 人，社会青年500 人。

（三）优势条件

全南创新创业（电商）园的最大优势是政策的扶持，大力度的优惠政策吸引了一大批优秀的青年投入创业，实现创业的梦想。全南创新创业（电商）园主要有以下优势条件：

（1）"三免"入驻，即免房租、免水电费、免宽带。

（2）创业担保、贷款及贴息，即对入驻全南创新创业（电商）园的创业实体，按规定给予两年期限的小额担保贷款并给予金额贴息扶持。个人创业最高贷款10万元，合伙或组织起来创业的，最高贷款30万元。

（3）鼓励创业实体吸纳就业。对当年新增岗位吸纳贫困劳动力、大学毕业生就业占用工总数10%以上并与其签订一年以上劳动合同的创业实体，比照劳动密集型小企业或就业促进基地政策，给予最高额度不超过200万元的贷款贴息扶持。

（4）免费参加创业培训。对具有创业要求和培训愿望并具备一定创业条件的城乡各类劳动者，可免费参加创业培训（实训）机构组织的各类培训。

（5）创业培训补贴。组织全南创新创业（电商）园内的创业人员参加创业培训，给予每人300~1000元的培训补贴，每年资助一批具有发展潜力和带头示范作用突出的创业经营者，参加高层次进修学习或交流考察。

（6）创客引导资金。鼓励社会青年、本科生、研究生、博士生、留学生等各类创客主体入驻全南创新创业（电商）园，对符合条件，经评审委员会审定的项目予以最高10万元资助。鼓励创客个人、创客团队参加创新创业大赛，对其在省级及以上竞赛优胜项目给予最高5万元奖励。鼓励职业技术学校、高中开设各类创客教育课程，建设创客实践室，对经县级主管部门同意开设、符合条件的创客实践室予以最高8万元资助。

（7）专利申请资助。已申请中国发明专利且进入实质审查的，每件资助人民币5000元；已被授予中国发明专利权的，每件资助人民币45000元；已被授予外国发明专利权的，每件资助人民币100000元；已授权的港澳发明专利，每件资助人民币50000元；已被授予中国实用新型专利权的，每件资助人民币5000元；已被授予中国外观设计专利权的，每件资助人民币500元。申请专利资助的，同一发明创造只能申请一次，不重复资助。

（8）电商扶持与专利奖励。根据全府办〔2016〕62号文件精神，对电商企业主体培育、降低运营成本、降低物流成本、打造服务网络体系、鼓励品牌建设等给予资金支持；对新列入国家、省、市知识产权试点，示范和优势的企业单位，验收合格后，分别给予一次性100000元、50000元、20000元奖励；对通过《企业知识产权管理规范》国家标准认证的企业，给予 100000 元奖励。

第三节 赣南苏区商贸业振兴发展分析

一、社会消费品零售总额逐年上升

社会消费品零售总额指在一定时间内全社会各种流道渠道与环节直接售给城乡居民和社会集团用于最终消费的实物商品总额。

2013～2018 年，赣州市社会消费品零售总额分别为 563.06 亿元、649.65 亿元、708.74 亿元、790.24 亿元、887.05 亿元、901.71 亿元，与 2012 年的 492.42 亿元相比，2013～2018 年增长速度明显，年均增速在 10%以上。

2013～2018 年，赣州市城市消费品零售额分别为 465.62 亿元、585.35 亿元、526.18 亿元、658.33 亿元、744.09 亿元、751.87 亿元，同比增长率为 14.1%、8%、12.4%、11.5%、12.8%、11.2%。

2013～2018 年，赣州市乡村消费品零售额分别为 94.37 亿元、119.86 亿元、103.41 亿元、131.91 亿元、142.96 亿元、149.84 亿元，同比增长率分别为 11.7%、11.4%、12.5%、11.6%、9.7%、10.6%。显然，赣州市城市消费品零售额一直保持良好发展势头，乡村消费品零售额同增长率在 2015 年到达最高值，2017 年和 2018 年增幅有所减缓，具体如表 9-2 所示。

表 9-2 2013～2018 年赣州市社会消费品零售总额

年份	城市消费品零售额（亿元）	同比增长（%）	乡村消费品零售额（亿元）	同比增长（%）	社会消费品零售总额（亿元）
2013	465.62	14.1	94.37	11.7	563.06
2014	585.35	25.7	119.86	27.0	649.65
2015	526.18	10.1	103.41	-13.7	708.74
2016	658.33	25.1	131.91	27.6	790.24
2017	744.09	13.0	142.96	8.4	887.05
2018	751.87	1.0	149.84	4.8	901.71

资料来源：根据《赣州市统计年鉴》和赣州市政府工作报告整理。

二、批发零售贸易与住宿餐饮额快速增长

国务院《关于支持赣南等原中央苏区振兴发展的若干意见》（以下简称《意见》）实施以来，赣州市批发和零售业、住宿和餐饮业得到快速发展。2012~2017 年，赣州市批发和零售业产值分别为 452.31 亿元、516.09 亿元、595.39 亿元、642.12 亿元、713.83 亿元、806.56 亿元，增幅达到 78.3%。2012~2017 年，赣州市住宿和餐饮业产值分别为 42.70 亿元、46.98 亿元、54.26 亿元、66.62 亿元、76.41 亿元、80.48 亿元，增幅达到 88.5%，具体如表 9-3 所示。

表 9-3　2012~2017 年赣州市批发和零售业、住宿和餐饮业发展情况

年份	批发零售业（亿元）	住宿和餐饮业（亿元）
2012	452.31	42.70
2013	516.09	46.98
2014	595.39	54.26
2015	642.12	66.62
2016	713.83	76.41
2017	806.56	80.48

资料来源：根据《赣州市统计年鉴》和赣州市政府工作报告整理。

三、赣州市电子商务发展迅猛提升

（一）赣州市支持电子商务行动

（1）有序推进示范体系建设。围绕国家电子商务示范城市、电子商务进农村综合示范项目建设，赣州市已建成并投入使用的电子商务产业园（孵化园）共 26 个，贫困村电商服务站覆盖率达 86.57%，2018 年农村电商培训人数突破 2.77 万人次，为赣州市电子商务的发展奠定坚实基础。

（2）加速特色产业与电商融合发展。2018 年，赣州市电商网络销售赣南脐橙的数量占总产量的 30% 以上，南康家具电商网络销售交易额高达 200 亿元，

网上零售额达 231 亿元，居江西省第二位。赣南脐橙网络销售做法在由商务部主办的全国农商互联大会上做经验推广介绍，南康家具市场位列全国 100 个国家电子商务示范基地前十名。

（3）实施电商扶贫计划。近年来，赣州市先后培育了安远紫山药、红蜜薯、瑞金廖奶奶咸鸭蛋等一批适销对路农产品，寻乌县、安远县、石城县荣登农产品电商贫困县 50 强排行榜。同时，为 1.25 万贫困户提供免费电商技能培训，带动 6140 多贫困户创业就业，贫困户年均增收 2300 余元。

（二）电子商务发展交易额不断攀升

《意见》实施以来，赣州市大力推动电子商务发展，取得明显成效。2013年，赣州市电子商务销售额达 35.59 亿元，同比增长 49.6%。2014 年电子商务销售额为 117.52 亿元，同比增长 230.2%。2015 年电子商务交易额达到 221.32亿元，同比增长 88.6%。2016 年电子商务交易额达到 313.50 亿元，同比增长41.7%。2017 年，赣州市电子商务交易额完成 454.70 亿元，同比增长 45.04%，具体如表 9-4 所示。

表 9-4　2013~2017 年赣州市电子商务交易额及增长率

年份	电子商务交易额（亿元）	同比增长率（%）
2013	35.59	49.6
2014	117.52	230.2
2015	221.32	88.6
2016	313.50	41.7
2017	454.70	45.04

资料来源：根据赣州市历年政府工作报告整理。

综上，2013 年以来，赣州市电子商务交易额呈现"爆炸"式增长局面，每年增长速度均达到 40% 以上。可以预见，在今后相当长的时间里，电子商务冲击传统实体商务的势态仍将持续，如何引导和促进电子商务等新业态的发展是今后赣州市政府必须重点关注的问题。

四、赣州市商务投资发展

《意见》实施以来，赣州市良好的政策条件显现出一定的商务投资优势，

163

其商务经济呈现良好发展态势。2018 年，赣州市实际利用省外 2000 万元以上项目资金 837.12 亿元，增长 10.90%，增幅列江西省第一位。

（一）赣州市吸引商务投资行动

（1）节会招商。在"赣港会""98 厦门会""绿发会"等重大经贸活动，重点推介赣州市新能源汽车、现代家居、钨和稀土及其应用、电子信息、生物制药以及文化旅游等产业。目前，赣州市吸引了欧姆龙、杜邦、佳能、百胜、沃尔玛、丰田汽车、戴姆勒、可口可乐、飞利浦、复星集团等世界 500 强和国内 500 强企业入驻。

（2）"粤港澳"大湾区招商。赣州市、县领导带头外出走访，重点对接"粤港澳"大湾区客商，洽谈推进项目。一方面，结合赣州市产业特点，突出农产品加工业、精密机械和装备制造业等特色产业招商。另一方面，适应"互联网+"形势特点和电子商务经济迅猛发展趋势，加大电子商务产业招商力度，成功引进多个电子商务和互联网金融项目，京东商城、阿里巴巴等知名电商平台均来赣州市考察洽谈合作。与深圳、广州、河源三市签订合作框架协议；启动赣粤（定南和平）合作示范区建设，稳步推进赣闽（兴国）产业园建设，推动赣闽、赣粤经贸、人才合作交流。

（3）平台建设招商。积极推进赣州、龙南、瑞金经济技术开发区园区建设，跟踪赣州综合保税区建设进度，提供招商信息和平台，促成赣州经开区、龙南经开区和赣州综保区都签约了外资项目。此外，赣州市已经完成"三南 1+N"总体规划，着力推动龙南、瑞金经开区"一区多园"数据并表，先后在东莞、深圳等地举办多场"三南""瑞兴于 3+2"园区一体化招商推介活动，积极推进"三南""瑞兴于 3+2"园区一体化发展。

（二）赣州市商务投资效果

（1）一大批项目签约。大力开展赣商回归活动，引进赣商、赣才项目和签约资金均占全年签约项目总数和投资总额的 36% 以上。2017 年在省、市重大招商推介活动中签约 224 个项目，已注册 218 个，开工 211 个，投产 161 个，注册率、开工率、投产率分别达到 97.32%、94.20%、71.88%。2018 年，赣州市举办和参加重大省、市招商推介活动 32 场次，签约合同项目 183 个，其中已注册 173 个，注册率 94.54%，已开工 160 个，开工率 87.43%，已投产 92 个，投产率 50.27%，总投资 2003.17 亿元，已进资 534.58 亿元，进资率 26.69%。

（2）引进一批大企业大项目。引进了众恒科技园等一批投资超 100 亿元的特大项目，赣州市特大项目招商引资呈现良好发展势头。开展央企入赣、名企入赣、外企入赣、赣商回归等活动，引进了合力泰、招商局集团、TCL、山东凯马等一批大型央企、知名民企和外企投资项目。在省、市重大招商活动中签约10亿元以上项目66个，20亿元以上项目19个，单个项目平均投资规模达7.33亿元，再创历史新高。

（3）重大项目金额逐年递增。《意见》实施以来，赣州市引进重大项目金额逐渐递增，年平均增幅超过12%。2013～2018年，其引进重大项目投资金额分别为454.15亿元、525.00亿元、585.00亿元、676.75亿元、754.86亿元、837.12亿元（2016年之前政府采用5000万元项目金额作为统计标准，2016年后政府采用2000万元金额作为统计标准），年增长率分别为15.6%、11.4%、15.7%、11.5%、9.8%（见表9-5）。

表9-5 2013～2018年赣州市引进重大项目投资金额

年份	引进重大项目金额（亿元）	同比增长率（%）
2013	454.15（5000万以上项目金额）	—
2014	525.00（5000万以上项目金额）	15.6
2015	585.00（5000万以上项目金额）	11.4
2016	676.75（2000万以上项目金额）	15.7
2017	754.86（2000万以上项目金额）	11.5
2018	837.12（2000万以上项目金额）	9.8

资料来源：根据赣州市历年政府工作报告整理。

（4）外商直接投资金额持续增长。2013～2018年，赣州市外商直接投资总额分别为11.07亿美元、12.22亿美元、13.70亿美元、15.15亿美元、16.67亿美元、18.44亿美元。以2013年11.07亿美元为基数，2013～2018年增长了66.6%，年均增长率为10.7%（见表9-6）。

表9-6 2013～2018年赣州市外商直接投资金额

年份	外商直接投资金额（亿美元）	同比增长率（%）
2013	11.07	—
2014	12.22	11.2
2015	13.70	12.1

续表

年份	外商直接投资金额（亿美元）	同比增长率（%）
2016	15.15	10.6
2017	16.67	10.0
2018	18.44	9.6

资料来源：根据《赣州市统计年鉴》和赣州市政府工作报告整理。

（5）外商直接投资企业数量有所下降。2012~2017年，赣州市外商直接投资单位个数分别为129个、119个、103个、104个、68个、39个，外商直接投资单位数量总体呈下降趋势，下降率分别为7.8%、13.4%、-0.1%（上升0.1个百分点）、34.6%和42.6%（见表9-7）。值得注意的是，虽然外商直接投资企业数量在下降，但外商投资总金额仍在10%左右增长。究其原因，可能是赣州市招商引资更强调高质量导向，紧紧围绕着赣南苏区振兴规划，对外商直接投资企业好中选优。

表9-7　2012~2017年赣州市外商直接投资企业个数

年份	外商直接投资（个）	同比增长率（%）
2012	129	—
2013	119	-7.8
2014	103	13.4
2015	104	0.1
2016	68	-34.6
2017	39	-42.6

资料来源：根据《赣州市统计年鉴》和赣州市政府工作报告整理。

五、赣州市国际贸易振兴发展

(一) 努力提升口岸功能

（1）做强赣州国际陆港口岸龙头。赣州市正积极争取进口肉类指定口岸投入运营，并完成整车进口口岸建设；力争获批粮谷饲料和钻石指定口岸，努力实现批复一个口岸，培植一个产业；大力开行铁海联运"三同"班列，力争2019年全年开行铁海联运班列超 1000 列、内贸班列超 1000 列。

（2）推进港区联动和口岸一体化发展。赣州市正积极推动赣州国际陆港与赣州综保区、航空口岸和其他口岸平台实现资源整合、功能互补、联动提升，逐步形成"港区联动、一体发展"格局。

（3）实现赣欧班列常态化运行。赣州市正在促进加强赣州国际陆港进出口货物资源集并和通达能力建设，积极发挥船代货代企业作用，加速形成国际国内货物集散，稳定扩大赣欧班列开行数量，巩固提升江西省开行赣欧班列中心港口地位，2019年全年开行"赣欧"班列超 300 列。

（二）积极应对中美贸易摩擦

（1）组织学习，提升外贸企业能力。通过培训、组展、政策扶持和引导企业使用信保等手段弱化中美贸易摩擦影响。2018 年，赣州市支持全市外贸企业申报省市外贸项目 509 余个，扶持资金 3258 万余元；支持小微企业购买出口信用保险，覆盖率已达到 80.48%，承保额 4.79 亿美元，同比增长 87.62%。

（2）加大帮扶力度，提升政府服务水平。赣州市加大对供外省出口转回本市自营出口的帮扶力度，促成一批供外省出口企业转回本市出口；积极发展外贸新业态，组织外贸企业参加各种展会。

（3）主动融入"一带一路"建设。主动融入"一带一路"建设、支持企业"走出去"是赣州市重要的发展策略。2018 年，赣州亿通对外经济技术合作有限公司与赞比亚 ZCF 签订的两座日产 200 吨玉米磨面厂合同项目已经土建施工。截至 2018 年底，赣州市已完成对外承包工程营业额 445.9 万美元，实现了对外承包工程营业额零的突破。

（三）赣州市国际贸易发展形势向好

（1）进出口总额增长较为明显。进出口总额指实际进出我国国境的货物总金额。2012~2018 年，赣州市进出口贸易总额出现较为明显的增长（除 2016 年略有所下降），其金额分别为 32.89 亿美元、33.02 亿美元、39.03 亿美元、41.55 亿美元、41.12 亿美元、47.35 亿美元、53.33 亿美元。2012~2018 年，赣州市进口总额分别为 4.50 亿美元、3.87 亿美元、7.01 亿美元、7.63 亿美元、7.22 亿美元、7.69 亿美元、9.75 亿美元。其中，2013 年和 2016 年均低于上一年份。2012~2018 年，赣州市出口总额分别为 28.39 亿美元、29.16 亿美元、32.03 亿美元、33.92 亿美元、33.91 亿美元、39.66 亿美元、943.58 亿美元。其中，2016 年低于上一年份。2012~2018 年，赣州市净出口总额分别为 23.11

亿美元、25.29 亿美元、25.02 亿美元、26.29 亿美元、26.69 亿美元、31.97 亿
美元、33.83 亿美元，总体表现出逐年增长的趋势（见表 9-8）。

表 9-8　2012~2018 年赣州市进出口总额

年份	进出口贸易总额 （亿美元）	进口总额 （亿美元）	出口总额 （亿美元）	净出口 （亿美元）
2012	32.89	4.50	28.39	23.11
2013	33.02	3.87	29.16	25.29
2014	39.03	7.01	32.03	25.02
2015	41.55	7.63	33.92	26.29
2016	41.12	7.22	33.91	26.69
2017	47.35	7.69	39.66	31.97
2018	53.33	9.75	43.58	33.83

资料来源：根据《赣州市统计年鉴》和赣州市政府工作报告整理。

（2）进口额占比小幅提升。2012~2018 年，赣州市进出口总额处于递增趋
势，但出口额占比 80% 以上，进口额占比不足 20%。因此，赣州市对外贸易具
有明显的出口导向特征。2014 年之后，进口比率有所提升，这可能与赣州市居
民收入增加和医疗保障水平提升存在一定关系，也间接体现出《意见》的出台
对赣南苏区人民生活水平的提升具有正面影响（见表 9-9）。

表 9-9　2012~2018 年赣州市进出口额占比情况

年份	进口占比（%）	出口占比（%）
2012	13.7	86.3
2013	11.7	88.3
2014	17.8	82.2
2015	18.4	81.6
2016	17.6	82.4
2017	16.2	83.8
2018	18.3	81.7

资料来源：根据《赣州市统计年鉴》和赣州市政府工作报告整理。

（3）进出口额增长轨迹。从赣州市进出口总额来看，2013～2018年，其进出口总额增长轨迹呈"M"形，两个波峰出现在2014年（同比增长18.20%）和2017年（同比增长15.15%），2016年处于波谷（同比下降1.03%），2018年增长速度略有下降（见图9-1）。

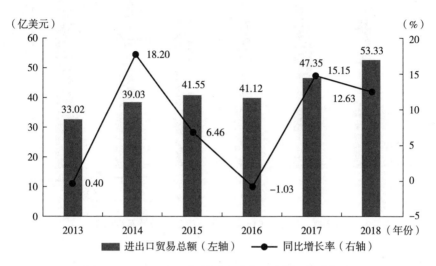

图9-1　2013~2018年赣州市进出口总额及其增长率

从赣州市出口总额来看，2013～2018年，其进出口总额增长轨迹呈"S"形螺旋上升，两个波峰出现在2014年（同比增长9.84%）和2017年（同比增长16.96%），但2017年的波峰值（39.66亿美元）明显高于2014年的波峰值（32.03亿美元）；2016年进出口总额处于波谷（同比下降0.03%）；2018年增长速度略有下降，增长率为9.88%（见图9-2）。

从赣州市进口总额来看，2013～2018年，其进口总额增长轨迹呈倒"V"形，波峰出现在2014年（同比增长81.14%），波谷出现在2016年（同比下降5.37%）随后逐年上升；2018年增长速度进一步提升。2018年，中美出现经济摩擦，但赣州市进口并没有受到太大影响。究其原因，可能为赣州市进口产品更多为工业制成品，因而影响不大（见图9-3）。

（四）赣州市外贸经济发展特征

（1）生产型企业出口占比高，特色产业出口增长快。2017年，赣州市生产型企业出口占比达68.06%，持续居江西省前列；家具、电子信息等特色产业出口同比增长均在40%以上，有力地推动了赣州市主导产业集聚发展。

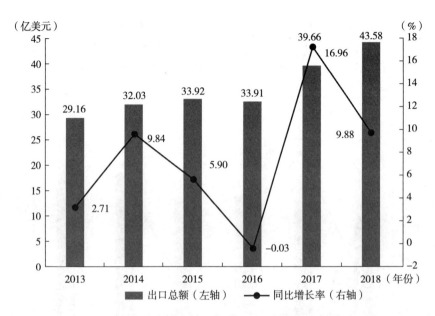

图 9-2　2013～2018 年赣州市出口总额及其增长率

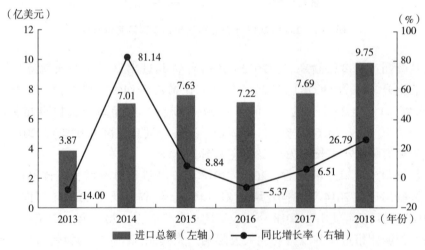

图 9-3　2013～2018 年赣州市进口总额及其增长率

（2）外贸新业态发展迅速，形成了出口新动能。2018 年，赣州市有近 200 家出口企业利用跨境电商带动出口超 6000 万美元；赣州服务外包产业孵化基地在江西省考核中获得优秀，全市服务外包合同金额即将突破 1 亿美元；累计组织超 200 余家企业参加境内外展会，可接订单近 4 亿美元，新业态发展带动形成了赣州市出口新的增长点。

（3）"走出去"步伐明显加快，对外经济合作取得新突破。2018 年，赣州市新增对外投资企业 12 家，新增对外投资额 7059.97 万美元，是 2017 年新增对外投资额的 4 倍，单年新增投资企业数和投资额为历年最高。

（4）快速拓展新兴国际市场，深度融入"一带一路"建设。赣州市对"一带一路"国家出口量增长 24.27%，占比达 23.05%，在"一带一路"沿线国家投资企业数占比超 20%，对外投资遍布 20 个国家和地区，深度融入"一带一路"格局初步形成。

第四节　赣南苏区商贸业发展面临的问题与挑战

一、实际利用外资波动大

实际利用外资指我国各级政府、部门、企业和其他经济组织通过对外借款、吸收外商直接投资以及用其他方式筹措的境外现汇、设备、技术等。

2013~2017 年，赣州市实际外资合同总额分别为 12.04 亿美元、10.91 亿美元、13.56 亿美元、14.66 亿美元、13.32 亿美元（见表 9-10）。总体来看，实际外资合同金额维持在 13 亿美元左右，涨跌幅度为-10%~9%。这说明，近年来，赣南苏区外商资金注入水平并没有出现持续高速增长，赣南苏区振兴政策利好虽然使外商直接投资金额不断增长，但实际利用外资金额并不高。可以判断，大量外商直接投资资金来自于配套支持不断增加。

表 9-10　2013~2017 年赣州市实际外资合同金额及其增长率

年份	实际外资合同金额（亿美元）	同比增长（%）
2013	12.04	-1.2
2014	10.91	-9.4
2015	13.56	2.43
2016	14.66	8.1
2017	13.32	-9.1

资料来源：根据《赣州市统计年鉴》和赣州市政府工作报告整理。

二、部分项目落地进展缓慢

随着大批招商项目签约完成，如何快速履约成为项目落地的关键。目前有以下几点原因影响项目落地进展：

（1）用地问题仍然突出。受征地拆迁进展较慢、建设用地指标不足、土地利用总规难以调整、林地核减和置换难等情况影响项目落地。

（2）项目审批难度大。环评、安评、规划、前置许可等前期审批时间长，影响项目落地进度。

（3）企业招工难。虽然赣南苏区各地均出台了许多政策鼓励招工，但招工难仍是当前政府和企业面临的最大问题之一。

（4）企业融资难。赣州市普遍存在融资平台窄、融资门槛高、融资产品少的问题，企业普遍反映借贷困难，严重影响了项目的推进。

此外，相关政府职能部门服务水平还不高，仍难以快速有效地解决企业的实际困难。赣州市在政策落实、签约项目跟踪、各部门配合协调等方面与发达地区仍存在差距。

三、外贸发展制约因素较多

经过持续多年发展，赣州市承接产业转移、发展加工贸易取得了不俗成绩，但外贸发展存在以下制约因素：

（1）加工贸易基础薄弱。受配套基础设施不完善、加工贸易起步晚、公共服务平台不完善等因素影响，赣州市加工贸易发展仍不理想，承接产业转移转入速度明显放缓。

（2）企业"走出去"步履艰难。受国际市场大环境影响，赣州市部分重点企业出口形势不容乐观，本地货源出口困难较大等问题仍未得到明显改善。赣州市企业"走出去"投资呈止步甚至撤资的趋势。

（3）劳动密集型企业逐步退出市场。劳动力成本急剧上升后，原来依靠廉价劳动力生存的劳动密集型加工贸易企业已无优势，赣州市部分传统行业低端企业已被迫退出市场。

四、商贸流通领域结构性矛盾突出

（1）商贸流通基础落后。赣州市传统商业占比较重，规模化大型商贸企业严重不足，竞争力不强，辐射影响力有限。赣州市尚未形成成熟完善的产业链，商贸物流还较多停留在概念与规划阶段，行业管理水平有待进一步提高。

（2）电子商务软硬环境不足。虽然赣州市电子商务发展迅速，但仍然基础弱、底子薄、发展滞后，尤其是人才、物流"瓶颈"突出。赣州市要加大电子商务软硬环境建设，力争在互联网时代迸发新动能。

第五节　推进赣州市商贸业高质量发展的对策

赣州市坚持推动高质量商贸业发展，坚持解放思想、内外兼修、北上南下，坚定不移打好"六大攻坚战"，以打造内陆开放先行区为目标，抢抓新一轮扩大开放机遇，着力推进稳外资、稳外贸、扩消费，推动全市开放型经济高质量发展，为奋力打造新时代中国特色社会主义红色样板做出新贡献，具体对策如下：

一、实施"三请三回"，着力推进招大引强

（1）大力开展招大引强。开展请乡友回家乡、请校友回母校、请战友回驻地"三请三回"招商活动，推动国企、民企、外企"三企"入赣，实施"三百工程"，着力推动赣商返乡创业、高端人才重回故地，实现引资、引技、引智相结合。

（2）办好重大经贸活动。精心组织举办"三请三回"系列活动、融入粤港澳大湾区深圳招商周系列活动、主导产业专题推介等招商活动，努力提升推介成效和项目对接实效。

（3）创新招商方式。积极探索中介招商，大力推动并购招商，鼓励和吸引外资通过控股或参股方式投资赣州市企业；组建专业招商小分队，强化小分队招商；推行以商招商，发挥赣州商会联合总会、外埠赣州商会及国内外赣商、赣才资源桥梁作用，积极引导赣商返乡投资。

二、做强国家级经开区，着力提升开放平台发展水平

（1）推进园区一体化建设。建立高效协同发展机制，加快推进"三南"快线、"三南"共建产业园等重点项目建设，推进三南园区一体化发展和瑞兴于

经济振兴试验区建设。

（2）创新发展体制机制。突出"一园一特色"，全面落实"亩均论英雄"考核办法，以大项目、核心项目带动园区产业基础持续提升，加大力度引进科技创新平台，深化与高校、知名科研院所的合作，确保在国家级经开区综合考评中排位前移。

（3）推进合作共建。积极学习借鉴广东、上海、浙江等发达地区经验，加强与发达地区经开区合作交流，推动各合作共建事项的落实。

三、优化外贸环境，着力提升"走出去"水平

（1）改善外贸发展环境。坚持"稳增长、调结构、促升级、优服务"的思路，外贸发展稳中求进、稳中提质，加大外贸企业"两转"扶持力度，支持赣南脐橙、蔬菜、纺织服装以及南康家具、电子信息、钨和稀土等特色优势产业企业自营出口。

（2）培育外贸新增长点。加大加工贸易企业和外贸出口导向型企业招商引资力度，大力发展跨境电商，争取中国（赣州）跨境电商综合试验区申报成功；加快发展服务外包产业，力争成功申报中国服务外包示范城市。

（3）对接"一带一路"建设，积极"走出去"。引导企业优化境外投资结构和布局，以"一带一路"沿线国家为主，以矿业、农业两大优势龙头产业为依托，力争推进2~5家企业在"一带一路"沿线国家投资落户。

四、提升口岸功能，着力推进双向开放先行试验区建设

（1）做强赣州国际陆港口岸龙头。争取进口肉类指定口岸尽快投入运营，完成整车进口口岸建设；力争获批粮谷饲料和钻石指定口岸，努力实现批复一个口岸，培植一个产业；大力开行铁海联运"三同"班列。

（2）推进港区联动和口岸一体化发展。推动赣州国际陆港与赣州综保区、航空口岸和其他口岸平台实现资源整合、功能互补、联动提升，逐步形成"港区联动、一体发展"格局。

（3）实现赣欧班列常态化运行。加强赣州国际陆港进出口货物资源集并和通达能力建设，积极发挥船代货代企业作用，加速形成国际国内货物集散，稳定扩大赣欧班列开行数量，巩固提升江西省开行赣欧班列中心港口地位。

五、完善电商服务网络，着力助推产业扶贫

（1）完善电商基础设施。扎实推进贫困村道路、互联网、电商服务网点等基础设施建设，改善贫困村电商发展基础条件。

（2）加快物流体系建设。坚持线上与线下同步推进，加快构建完善贫困村物流体系。

（3）加强电商人才培训。在聘请专业老师、电商扶贫专家授课和运营企业点对点培训的基础上，建立市对县、县对乡、乡对村三级轮训机制。

（4）夯实产业支撑基础。按照"一村一品"的原则，确定网上营销的主打产品和主导品牌，持续推进网销品牌培育，做大做强赣南脐橙、南康家具、绿色蔬菜和旅游民俗文化手工艺品等品牌。

六、加快现代市场体系建设，着力推进消费升级

（1）建设供应链创新与应用试点城市。积极争取政策、资金项目支持，加快产业供应链创新发展，完善重点产业供应链体系，构建一批整合能力强、协同效率高的供应链平台，培育一批行业带动能力强的供应链领先企业，形成一批供应链体系完整、国际竞争力强的产业集群。

（2）狠抓社消督报工作。积极培育和发展新的消费热点，引导限上企业创新经营模式，提升服务品质，增强实体销售模式竞争力，不断挖掘消费潜力。切实改进工作方法，优化企业结构，做到应统尽统。

（3）促进消费。促进消费观念和消费心态的升级，引导消费者更加理性、推崇绿色环保的消费趋势。大力发展城市商业综合体，打造一批时尚购物广场、美食街、夜市街、历史文化街区。

（4）抓好行业管理。开展成品油市场专项整治行动，加强市场应急保供，加强整顿规范市场秩序，加强商务诚信体系建设，营造放心、安全的消费环境。

赣南客家传统文化继承与振兴发展

第一节　赣南客家传统文化的形成和地位

一、客家

客家是历史上由于战乱、饥荒等原因，中原汉民渐次南下进入赣闽粤三角区，与当地畲族、瑶族等土著居民发生融合而形成的一个独特而稳定的汉族民系，具有独特的客家方言系统、文化民俗和情感心态。客家人分布于世界的许多地区和国家，据调查，现在全球客家人总数为6563万以上，赣南、粤东、闽西地区是客家人的大本营。赣南是赣州市辖区的统称，位于赣江上游、江西省南部，故称赣南。赣州市辖章贡区、南康区、赣县区3个市辖区，以及大余、上犹、崇义、信丰、全南、龙南、定南、安远、宁都、于都、兴国、会昌、石城、寻乌14个县，代管瑞金1个县级市，管理赣州经济技术开发区、龙南经济技术开发区、瑞金经济技术开发区3个国家级经济技术开发区。2016年3月，赣州蓉江新区获批成立，是赣州市成立的城市新区。

二、赣南与客家

赣南是历史上最著名的客家诞生地和大本营之一，是目前海内外最大的客家聚集地，因客家历史文化积淀深厚，世称"客家摇篮"，除章贡区的中心城区和信丰县嘉定镇以及其他几个居民点属西南官话方言区外，其余均属说客方言区的客家原居区，如素有"江西南大门"之称的全南县，客家人占全县总人口的99%。据有关部门调查统计，赣州市客家人人数达912万人，占全市人口的 95% 以上，占全球客家人的 14%，占中国大陆客家人的 15%。

目前，学术界关于客家民系形成的时间和地域虽意见不一，但赣南在客家民系形成和发展中占有重要的地位却是公认的。正史中的历代移民资料和客家人谱牒中的姓氏源流资料都证明了这一点：客家民系的形成和发展经过了一个从赣南到闽西到粤东再到世界各地的过程。从地理和史实上看，赣南是客家大本营地区接受北来汉族移民的第一站；很多客家姓氏源流资料也昭示，客家人的祖先在赣南繁衍生息了若干代，后来才进一步往闽西、粤东迁移。学界一般认为，与客家民系形成有直接渊源关系的历史上的北方汉人南迁是从唐代安史之乱开始的。也就是说，安史之乱之后，特别是唐末黄巢农民大起义之后，北方地区长期战乱，而赣闽粤三角区相对安宁，于是大批汉民避乱迁居于此，成为第一批"客家先民"。从唐末至两宋，一批批汉民迁至赣闽粤三角区，在这里繁衍生息，并与畲族、瑶族等土著居民发生血缘上和经济文化上的交融，最终形成为客家民系。从地名普查和田野调查的资料来看，赣南唐宋以来世居的姓氏远远超过闽西和粤东，而且赣南保存的客家传统文化古朴而内容深厚，足以说明赣南是客家民系的重要发祥地之一。

明末清初，赣南由于受战乱影响，加上瘟疫暴发，人口锐减。此时闽西和粤东由于人口膨胀，加之清初为对付郑成功反清起义，颁布"迁海令"，封锁了沿海地区，通令沿海居民向内陆挤压，造成了闽西"人稠地窄，米谷不敷"、粤东"地窄人稠"的局面，人口与土地的再分配形成尖锐的矛盾，于是一部分客家人只好举家出走，另谋生路。他们中的一部分人回迁至赣南，与世居赣南的客家人交错杂居在一起，从而最终奠定了赣南客家人的分布格局。从赣南各县市姓氏源流资料来看，河东片唐宋以来世居姓氏较多，尤以宁都、石城为著，河西片明末清初回迁姓氏居多，有的县竟占百分之六七十。而且，闽粤客家人回迁入赣后，不仅仅局限于赣南地区，他们中的一部分北上至赣中之吉安，赣西之安福、宜春、萍乡、万载及湖南之醴陵、浏阳、平江，赣东之铜鼓、修水等县，大大扩展了客家人的分布区域。因而，赣南在客家民系的发展壮大中起着不可忽视的重要作用。从以上分析可以得出结论：赣南是客家民系的重要发祥地之一。有一个说法比较贴近实际：客家民系，形成于赣南，成长于闽西，成熟于梅州，发展于海外。总之，认识赣南在客家民系形成和发展中的重要地位，有助于我们从整体上把握客家人的历史和现状，也有助于我们理解赣南客家文化的特色和丰富内涵，从而更好地利用这一文化资源为经济建设服务。

第二节　赣南客家传统文化的现状和特色

客家文化是客家人文精神的反映，体现了其生命力、创造力和凝聚力。客家文化是以汉族传统文化为精神内核，是客家先民历经多次大迁徙，吸纳多种文化营养并在丰富的社会实践中创造的多元文化形态。赣南客家文化历史悠久，作为客家先民南迁的第一站和客家文化重要的发祥地，客家共有的文化事象源头多在赣南，故而赣南也被称为"客家摇篮"。与闽西、粤东客家文化相比，赣南客家文化既有高度的同一性，又有地域的差异性。赣南客家文化具有质朴无华的风格，务实避虚的精神和返本追源的气质，以其历史积淀丰厚、存续状态良好被社会广泛认同。流传至今的赣南客家文化，包括历史文物遗迹、姓氏宗族文化、方言文化、民居文化、民俗文化、饮食文化、民间文艺、服饰文化等方方面面。

一、历史文物遗迹

赣南客家人在开发与建设赣南的历程中，创造出了辉煌的业绩和灿烂的文化，留存于赣南各地的丰富的历史文物遗迹便是最好的证明。如在宋代赣州是当时客家政治、经济、文化的中心，也是客家人文兴盛的标志。被誉为"东方的古罗马城堡、汉晋坞堡的活化石"的赣南围屋凝聚着客家人的勤劳智慧，是我国富有特色的传统建筑形式之一，也是客家文化的象征。2012 年，赣南"三群，四围"（"三群"：全南雅溪围屋群、龙南关西围屋群、安远的东升围屋群，"四围"：龙南的燕尾围和鱼仔潭、定南的虎形围和明远弟围）入选《中国世界文化遗产预备名单》。通天岩石窟群、唐代宝华寺玉石塔、丫山灵岩寺、大圣寺塔、无为塔、宝福寺塔以及慈云寺塔等唐宋佛教遗迹，反映了唐宋时期特别是宋代赣南佛教文化的兴盛。明清时期，赣南各地普建风水塔，如玉虹塔、龙凤塔、田在塔、龙头塔、水口塔、朱华塔、南山塔、龙公塔、龙珠塔、龙光宝塔、上乐塔等，则是明清时期赣南风水文化兴盛的反映。大余梅关古驿道、会昌筠门岭闽粤赣古通道、石城闽粤通衢等是赣闽粤三地客家血脉相连、友好往来的历史见证。赣州文庙、兴国潋江书院等则是赣南客家人崇文重教的重要历史遗迹。

179

二、姓氏宗族文化

客家人的姓氏宗族文化主要反映在祠堂的建造和谱籍的发达两个方面。祠堂是客家人宗族兴盛和崇祖意识相结合的产物，每个自成村落的姓氏都有祠堂。有的姓氏除建有总祠外，还建有分祠、支祠，如宁都县洛口乡南岭村卢氏就有一个总祠、四个分祠和两个支祠；上犹县营前镇黄氏除有总祠外，还建有四个分祠。赣南各地现存明清时期的祠堂不少，如全南县大吉山镇李氏宗祠、城厢镇榭坊曾氏宗圣公祠、定南县岭北镇寨背黄氏宗祠、赣县夏府村戚氏宗祠、宁都洛口乡灵村丘氏宗祠、南康凤岗董氏祠堂等便是代表。这些祠堂不仅规模宏伟，建筑风格别致，而且文化内蕴深厚，是我们研究古代家族文化最好的实物资料，也是海内外客家后裔寻根问祖的精神载体。谱牒资料则是研究客家历史的最重要的史料依据。客家人的谱籍在"文化大革命"中虽多有毁失，但因客家人对族谱、家谱千方百计地加以保护、珍藏，故至今留存于民间的族谱、家谱亦不少。如1980～1984年赣南各县市在进行地名普查和编辑地名志的过程中，就发现和查考了不少谱牒资料，其中尤以宁都县为甚，共查考了1100多种族谱、家谱。从这些谱籍资料中，我们可以看出赣南（特别是宁都、石城等县）是保留唐宋以来客家世居姓氏最多的地区之一，从一个侧面证明了赣南是客家民系的重要发祥地。正因如此，越来越多的海内外客家人士和专家学者来赣南寻根问祖或探源追流。因而，客家人的谱籍越来越受到人们的重视。

三、方言文化

客家方言被学术界称为研究古汉语的"活化石"。赣南的客家方言跟闽西和粤东的客家方言相比，更能引起学者的兴趣，这是因为：第一，赣南是赣南方言和客家方言的交会点，因此，从赣南客家方言中更容易考察出客赣方言的联系和差别。第二，赣南的客家方言既古敦，又呈现出同一的多样性。说它古敦，是因为唐宋以来赣南的世居客家姓氏较多，因此方言中保留中原古韵的成分较多；说它呈现出同一的多样性，是因为明末清初粤东、闽西的客家人大量回迁赣南，使赣南的客家方言不像粤东、闽西那样统一，而是同中有异，县与县之间不同，甚至乡与乡之间、村与村之间也呈现出差异。因而，赣南的客家方言更具研究价值。

四、民居文化

围屋是颇具特色的客家民居，它不仅被建筑学家誉为民居建筑史上的奇葩，而且其深厚的文化内涵，更使历史学家、民俗学家、诗人、艺术家乃至于一般游客为之陶醉。赣南的客家围屋，主要分布在龙南、全南、定南3县全境以及信丰、安远、寻乌等10县，现存围屋近600处。其中以龙南县最为集中，该县有赣南最大的方形围屋——关西围屋；全南县每个乡镇都有围屋，该县拥有最精致的客家围屋——雅溪围屋群（石围、土围）以及赣南唯一保存较为完好的方形套围——江东围；定南县也是几乎各个乡镇均有围屋，但分布较零散，多用生土夯筑墙体，故屋顶形式也多为悬山，此为别县所少见。赣南的客家围屋多为方形，与闽西圆形的土楼和粤东内方外圆的围龙屋呈现出不同的风格。有研究者指出，土楼和围龙屋均是由围屋演化发展而来的，如果这一观点成立，则赣南客家围屋作为文化资源的研究和开发价值就更大了。此外，遍布赣南各地的"上三下三""九井十八厅"等府第式民居也很有特色。如赣县白鹭的古民居建筑群、石城的九十九间半等就吸引了许多中外旅游者和研究者前往参观和考察。

五、民俗文化

客家民风淳朴，客家民俗文化更是以其古敦和浓郁的乡土气息为世人瞩目。客家民俗活动一年四季均有举行，如春节期间有龙灯、蛇灯、鲤鱼灯、马灯、狮灯等各种灯舞表演，端午节有龙舟竞赛，中秋节有放孔明灯等活动。除上述具有汉族一般特点的节日民俗活动外，赣南还有一些其他汉族地区（包括客家地区）不常见的大型民俗表演。这里仅举两例，以见一斑。

一是"九狮拜象"。这是流传于上犹营前一带的大型春节民俗表演，以造型艺术为主要特征。其造型为九头狮子，一头大象，一匹麒麟。据当地人介绍，"九狮拜象"最初的形式为"龙狮舞"，含有驱邪和庆丰收的寓意。发展成"九狮拜象"以后，其既隐喻着新年伊始，"万象回春、九州同乐、共庆太平"的喜庆情景，又寄寓着来年"风调雨顺、五谷丰登、六畜兴旺"的美好愿望。随着历史的发展和"九狮拜象"这一形式本身的不断完善，吉庆和娱乐的功能大大增加，最后发展成一种大型民间灯舞表演形式，被载入史册和搬上屏幕。

二是全南谭坊举人龙。它起源于康熙五十二年（1713年），钟氏家族为庆贺钟家珍中举，在传统舞龙的基础上创建了舞七节龙，故称举人龙。举人龙自创建以来，以精巧灵活著称，非常适合村边巷口、厅堂庙宇走家串户式的表演，它作为一种家族式文化活动由春节必舞逐渐演变成了在庙会、新居落成、店堂开张等喜庆节日活跃气氛的重要文化活动并在全县流传。其表演寄托着客家人的祈求和美好愿望，表达了人们对图腾龙的敬仰，丰富了人们的精神文化生活，记录着全南先民千百年来文化生活的演变发展，是中国传统民俗文化的"活化石"。举人龙具有技艺制作、器乐演奏、舞蹈表演等多方面的艺术成分，是民间文化艺术的融合，是重要的传统文化遗产。

如此盛大的民俗活动，还可列举出许多。这些都是赣南民俗文化中的"大特产"，无论是学术研究还是发展旅游业，都具有重要的开发价值。

六、饮食文化

赣南客家的饮食文化丰富多彩，如过去广大乡村家家户户都会酿造的糯米酒；一入冬月，便腌制板鸭（以南安板鸭最著名）、香肠、猪肝、猪利子（猪舌头）、鸭五件、牛肉巴、酒糟鱼等；平时招待贵客用酒娘蛋、擂茶（以全南擂茶最著名）；宴请和逢年过节吃"四盘八碗"，即分别用四个大盘和八个大碗盛菜，共 12 道大菜。赣南各地特色菜肴有荷包胙（肉）、客家酸酒鸭、鱼饼、白斩鸡、蛋皮、菜干扣肉、粉蒸鱼、捶鱼丝、三杯鸡、酿豆腐、炒东坡、小炒鱼、红烧狗肉等；各地风味小吃有猪血旺（以全南最著名）、糍粑、嗦粉子、烫皮丝、凉粉、艾米果、芋包子、勺子米果、薯粉饺子；特色食品则有丁香李、酸枣糕、花生巴、柿饼、全南蜜钱、南康辣椒酱、兴国红薯干、会昌豆腐干、信丰萝卜脆等。客家饮食文化内涵深刻，具有浓烈的原汁性和乡土味，有些菜肴和食品已享誉海内外。如何进一步弘扬其传统特色，开发出系列客家名优食品，是振兴地方经济的一项重要工作。

七、民间文艺

一是赣南采茶戏。赣南采茶戏是赣南土生的传统戏曲剧种之一，是在当地民间灯彩和采茶歌舞的基础上形成的，其产生和流传具有悠久的历史，2006年，赣南采茶戏经国务院批准列入第一批国家级非物质文化遗产名录。民间传说，唐朝歌舞大师雷光华潜逃赣南后，化名"田师傅"流落到安远九龙山种茶为生，农事之余，教农民唱茶歌、玩茶灯，并创作了《九龙山摘茶》这出戏。当然，采茶戏不可能是某个人发明的。一般认为，采茶戏于明代中叶开始流行于民间，它是由安远、于都、赣县、信丰、石城等地的茶歌、马灯、龙灯、摆字灯等民间歌舞与粤东采茶灯结合发展而成的。它以载歌载舞见长，诙谐风趣，具有浓郁的民间生活气息和鲜明的地方特色，是一种雅俗共赏的民间艺术。过去，采茶戏是用客家话演唱的，中华人民共和国成立以后，随着民间戏班进城，发展成正规的采茶剧团，方改用赣州话演唱。今天，为了弘扬客家文化，采茶戏应返璞归真，改回用客家话演唱，才能使其根植于民众之中，更具有生命力。

二是客家山歌。客家人爱唱山歌，一曲美妙动听的客家山歌，会激起海外客家赤子对祖国、对家乡的无限情思。赣南、闽西、粤东的客家山歌各具特色，但最具文化内涵的要数兴国山歌。2006年，兴国山歌被列入国家第一批非物质文化遗产保护项目名录。兴国山歌是随着客家先民的迁入赣南山区而产生的，它萌芽于唐末宋初，因深受唐宋诗词的影响而趋于成熟，并广为流传。兴国山歌既保留了古朴的中原音韵，又颇具浓郁的赣南客家情趣。随着客家民系向赣南西南、闽西南及粤东、粤北的发展，客家山歌也流传到更为广大的地区。客家山歌在流传过程中自然会带上浓厚的地方色彩，但从本质来说，都是兴国山歌的演变与发展。

八、服饰文化

客家服饰的种类繁多。先说衣服，客家人称衣服为"衫裤"，"衫"指上衣，"裤"指下衣。"上穿大襟衫，下着大裆裤"是客家人最常见的衣着打扮。

大襟衫是客家人男女老少最常穿的上衣。其服装结构的特点是直领、斜襟、布扣、宽袖、无口袋。客家人的大襟衫按照服装的长度，可分为长衫、中长衫和短衫三类。一般来说，年轻妇女的大襟衫装饰较多，美观亮丽，中老年妇女的则稍为朴素、庄重。除此之外，客家人也穿对襟衫。对襟衫与唐装相似，在前面中间开襟，把前襟平均分为左右相对的两襟，所以称为"对襟"。无论大襟衫还是对襟衫，都分为夏装、冬装。

与上衣相关联的，就是围裙。客家人的围裙上及胸口，下至膝盖，常用一块花色耐脏的单布做成，多为客家女子劳作时的穿着。严格来说，围裙并不是上衣，一般不可单用，常穿于大襟衫表面，为劳作时防止弄脏衣衫而穿戴的附属服饰。

大裆裤是客家人最为常见的下衣，几乎在各种场合都可以看到。客家人的大裆裤的特点是裤腰、裤腿均宽松、肥大，裤腿直筒裁剪，通风透气，便于上扬下放。这种设计是为了适应客家人田间劳作的需要，如果紧了，就不适于劳作时的弯腰迈腿。

帽子也是客家服饰的一部分。客家人最有特色的帽子，要数女性秋冬时期戴的"冬头帕"。在全南县"冬头帕"也叫蓝巾帕，蓝巾帕主要分布在赣南地区的"三南"，尤其以全南县的蓝巾帕式样最为美观，花纹最为精致。客家先民为了御寒防湿，在长期的生活实践中发明了一种便于拆洗的围裙"拦身帕"和外出时可戴在头上御寒保暖的头巾，一物两用，久而久之就把戴在头上的头巾称为"蓝巾帕"（因冬天使用较频繁又称为冬头帕）。全南蓝巾帕由披肩、护额、丝带三部分组成，属纯手工制作，是北方头巾文化的延续，更是赣南本土文化的重要代表。2010 年 6 月，全南蓝巾帕制作技艺列入江西省第三批省级非物质文化遗产保护名录。

以上这些基本体现了并保留了完整的客家社会形态、地道的客家方言、古老的客家民居、淳朴的客家风情、精湛的客家艺术、丰富的客家人文景观。赣南客家文化遗产资源丰富，截至目前，全市各地传统文化民俗节日达 40 余个，各类传统民俗文化活动参与人数众多，拥有"山歌之乡""灯彩之乡""唢呐之乡""围屋之乡"等中国民间文化艺术之乡，特别是赣州市的非物质文化遗产资源非常丰富、特色鲜明，被列为国家级非遗代表性项目的就有 10 项，分别为赣南采茶戏、兴国山歌、于都唢呐公婆吹、赣南客家擂茶制作技艺（全南县）、客家古文、赣南客家围屋营造技艺、石城灯彩、东河戏、会昌匾额习俗等。各类客家文化事象为客家民众所广泛认同，客家传统文化与当地民众日常生产生活紧密相连，总体存续状况良好，表现出较强的生命力，得到了较好的传承和发展。

第三节　赣南客家传统文化继承和发展的探索与实践

2013 年，文化部批准设立国家级"客家文化（赣南）生态保护实验区"（以下简称"保护区"），赣州客家文化的保护上升到国家层面。赣州市委、市政府牢牢把握这一历史机遇，把建设保护区作为文化建设的重要抓手，将其纳入国民经济和社会发展规划，组织编制《客家文化（赣南）生态保护实验区总体规划》（以下简称《总体规划》），并于 2016 年 9 月获文化部批准。在编制《总体规划》的同时，全面启动保护区建设，赣州客家文化的保护工作正由以项目、局部、个体为主，向以整体、全面、全民为主的方式转变，保护成果惠及更多的人民群众，赣州人民共有的精神家园日益繁华。

一、以项目保护为抓手，着力启动保护区建设

加强对赣南优秀客家文化资源的挖掘整理，不断充实完善非物质文化遗产项目名录和传承人体系。

（1）挖掘筛选项目。以编制保护区总体规划为契机，在赣州市深入开展非物质文化遗产普查调查，共挖掘筛选了 2200 多个非物质文化遗产项目。

（2）整理完善项目。在普查的基础上，赣州市系统开展非物质文化遗产项目的整理完善工作，正确认知全市非物质文化遗产项目的保护价值，实施分级保护；对普查成果建立档案，实行数字化、网络化、规范化管理，为后续保护、发展、利用提供资料依据及操作平台。

（3）申报提升项目。对整理后具备条件的非物质文化遗产项目，纳入县、市级非物质文化遗产代表性项目名录，并遴选最具典型性、有更高价值的项目申报省级、国家级非物质文化遗产项目，提升保护层级。2013 年以来，赣州市成功申报国家级非物质文化遗产项目 5 个，省级非物质文化遗产项目 29 个，新增市级非物质文化遗产项目 33 个，新增县级非物质文化遗产项目 102 个。目前，赣州市有国家级非物质文化遗产代表性项目 10 项、省级 96 项、市级 165 项、县级 556 项。

二、以强化意识为根本，大力推动保护区建设

通过多种方式宣传教育，强化社会各界的保护意识，努力营造全民参与保护区建设的良好氛围。

（1）全民了解。开展各类宣传展示活动，让群众认识和了解客家文化。一是完善展示平台。赣州市博物馆、江西省客家博物院、江西省客家民俗博物馆等 18 个客家文化展示馆常年对外免费开放；创建了赣州市非物质文化遗产网站和 16 个县级非物质文化遗产网站，加大网络宣传力度。二是积极开展宣传交流。在全国非物质文化遗产博览会举办客家文化（赣南）生态保护实验区建设成果展，在 2016 年第六届江西艺术节举办赣州市非物质文化遗产展示、展演、展览活动专场，组织参加了湘鄂赣皖非物质文化遗产联展、2015 "中国长江非物质文化遗产大展"等。

（2）全民感受。利用广场、公园、舞台、校园、景区等场所，依托各类文化设施、传习场所等，推动客家文化进社区、进乡村、进家庭、进课堂、进教材、进景区。广泛开展节日民俗和非物质文化遗产展示、展演等全民参与活动。

如在 2015 年、2016 年、2017 年春节和文化遗产日期间，广泛开展以赣州客家民俗、年俗为主题的展示、展演活动，群众参与的积极性高涨。通过参与各类活动，使群众更真切地感受客家文化的真谛，增强全民参与保护的积极性、主动性，为保护区建设奠定坚实基础。

（3）全民保护。积极推动全民参与保护区建设。一是建设了一批传承基地。已建成 1 个省级非物质文化遗产生产性保护示范基地，1 个省级非物质文化遗产校园研究基地，5 个省级非物质文化遗产研究、传承、传播基地，9 个市级非物质文化遗产研究、传承、传播基地。二是创建了一批"艺术之乡"。兴国县（山歌）、于都县（唢呐）、安远县（采茶戏）入选"中国民间文化艺术之乡"，6 个乡镇入选"江西省民间文化艺术之乡"。三是打造了一批特色文化新村。按照"宜文则文、宜古则古、宜绿则绿、宜红则红"的原则，体现群众意愿，打造特色文化新村。如龙南县、全南县依托"客家围屋"，打造一批客家文化新村；瑞金市、于都县依托红色资源，打造一批红色文化新村等；崇义县依托"客家梯田"资源创建了上堡戏剧村等 30 多个特色文化村。

三、以强化队伍为基础，强力带动保护区建设

把强化队伍作为一项长期性、基础性工作抓好抓实，努力提升保护区建设工作水平。

（1）整合三支队伍。一是整合专兼职队伍。健全了市、县、乡（镇）三级非物质文化遗产保护的专兼职队伍。二是整合传承人队伍。建立起非物质文化遗产传承人体系，目前赣州市有国家级非物质文化遗产项目代表性传承人 5 人、省级 64 人、市级 192 人、县级 235 人。三是整合志愿者队伍。发挥大学生村官和老干部、老党员、老教师、老艺人、老工匠等文化志愿者的作用，形成了广泛参与的非物质文化遗产保护社会队伍。

（2）强化各类培训。既做好非物质文化遗产传承人的培训，又做好专职人员和文化志愿者的业务培训。如多次邀请国家级、省级非物质文化遗产专家授课辅导；承办文化部"国家级非物质文化遗产项目保护单位认定和文化生态保护实验区建设管理培训班"；举办赣州市非物质文化遗产生产性保护流动培训班；积极组织参加上级举办的各类非物质文化遗产保护培训班。

（3）培养后续力量。构建非物质文化遗产校园传承保护模式，政府出资，由赣州师范高等专科学校每年招收 50~60 名学生，培养赣南采茶戏专门人才，分配到县级剧团、文化馆等单位；开展"赣南采茶戏进校园、进课堂"活动等。

四、以创作精品为引领，有力撬动保护区建设

赣南文化资源丰厚，以客家文化为主线，呈现宋城文化、红色文化、生态文化一脉多元文化形态。全市深入挖掘文化资源，创作文艺精品，打造文化品牌，丰富文化活动，把文化资源优势变为文化发展优势，进而变为推动经济社会发展的优势。

（1）创作文艺精品。赣南采茶戏是赣州市首批国家级非物质文化遗产，深受赣州人民喜爱。大型赣南采茶歌舞剧《八子参军》获中宣部第十二届"五个一工程奖"、第十四届"文华优秀剧目奖"，赣南采茶戏《永远的歌谣》获2015年度国家艺术基金舞台艺术创作资助，该戏男主演杨俊获第27届中国戏剧"梅花奖"。《永远的歌谣》等5个优秀剧目入选2016年度文艺创作与繁荣工程（舞台艺术类）项目。2016年重点创作了大型赣南民俗音画《客家儿郎》，在全国范围内遴选编导、作曲、舞美等，组建了一支优秀的创作团队，着力打造了一部既叫好又叫座的文艺精品、一张亮丽的赣州客家文化名片。2017年5月底，《客家儿郎》开始公演，受到广大群众的好评。

（2）打造文化品牌。有机融合地方特色文化、民俗民间文化、现代都市文化，打造一批非物质文化遗产特色明显、群众喜闻乐见的文化品牌。一是市级龙头带动。如覆盖全市的"百姓大舞台，大家一起来"广场文化活动经久不衰，"文化惠民、精品共享"周周有演出，深受市民欢迎。二是基层品牌互动。一批基层文化活动品牌异彩纷呈，如安远县是赣南采茶戏的发源地，该县实施采茶戏传承振兴计划，打造群众文化活动主打品牌。

（3）丰富文化活动。利用文化遗产展览展示展演，讲好赣州故事。提升赣州市博物馆、纪念馆、图书馆、文化馆、美术馆的展览展示水平，丰富免费开放内容。设立一批非物质文化遗产展示馆、传承基地和传播基地。通过非物质文化遗产进景区、进校园、进社区、进机关、进企业、进乡村，举办民俗展演展示，使群众文化活动的特质更加鲜明、丰富多彩。

第四节　赣南客家传统文化继承和发展存在的问题

客家传统文化的发展历史和成就引人注目，但放眼其发展现状，也令人担忧。有许多客家传统文化正在走向消亡，历史悠久的客家民居、围屋等物质文

化遗产以及民间音乐、民间舞蹈、民间习俗等非物质文化遗产的传承、发展形势也越来越严峻。

一、局部文化环境发生变迁

赣南客家传统文化整体相对保存较好，但也不免受到外来因素的影响。农村人口结构和传统生活生活方式的改变、现代外来文化的强烈冲击、工业化对自然环境的破坏等造成了客家文化发展的局部失衡，对赣南客家传统文化的保护造成威胁。

二、部分客家传统文化遗产传承乏力

受现代媒介文化传播和工业化生产市场的影响，部分客家传统文化遗产项目出现受众减少、市场竞争力不足的情况，缺乏年轻传承发展群体，传承人高龄化、收入和社会地位下降，造成了客家传统文化遗产传承发展动力不足。

三、缺乏独立的保护机构

赣州市各县（市、区）仅在文化馆增挂了非遗保护中心的牌子，保护机构和人员编制都无法落实。还有个别县还存在文化馆、非物质文化遗产中心和博物馆"三块牌子、一套人马"的状况。

四、基础设施薄弱

赣州市还没有一个国有综合性非物质文化遗产展示馆，现有的非物质文化遗产展示馆规模小、功能不全。还有部分县仍没有博物馆和文物展示馆。

五、专业人才缺乏

从事非物质文化遗产保护专业人员仅为 40 人左右，且大多数为兼职。从事文物保护的专业人员也十分有限，严重缺乏。同时，对传承群体的认定和资金支持也存在一定困难，扶持和资助无法落实，客家传统文化保护工作人才也相对不足。

六、保护经费不足

赣州属我国罗霄山脉集中连片贫困地区，共有 11 个国定贫困县，经济欠发达，各级财政支付能力有限，客家传统文化遗产专项保护资金不足的困难普遍存在。各级财政对客家传统文化保护的专项资金与现实保护所需资金差距较大，致使对客家传统文化的保护出现捉襟见肘的情况。

第五节　赣南客家传统文化继承和发展的建议

对于目前客家传统文化流失，以及在继承和发展客家传统文化的存在的各种问题和困难，我们应该积极采取措施来应对。对于如何进一步继承和发展好赣南客家传统文化，建议从以下几个方面来开展：

一、紧抓历史机遇争取国家更大支持

赣州市作为全国唯一被列为集创建国家公共文化示范区和文化生态保护区于一身的城市，要紧紧抓住国务院《关于支持赣南等原中央苏区振兴发展的若干意见》，以及中共中央办公厅、国务院办公厅《关于实施中华优秀传统文化传承发展工程的意见》等一系列利好政策的出台实施，利用好千载难逢的发展机遇，从以下几个方面积极向上争取更大的支持：

（1）积极做好项目策划申报工作。要把赣南客家传统文化的继承与发展同创建国家公共文化示范区和文化生态保护区相融合，与《关于支持赣南等原中央苏区振兴发展的若干意见》《关于实施中华优秀传统文化传承发展工程的意见》等相结合，切合实际，把赣南客家传统文化的继承与发展纳入重点攻坚工作内容，注重策划包装，积极向上申报项目，以争取国家层面对赣州市赣南客家传统文化继承和发展在资金、项目、土地和对口支援等方面的支持力度，使更多的项目和资金落地赣州市。

（2）积极开展第五批传统历史文化村落的申报。根据住房城乡建设部下发的《关于做好第五批中国传统村落调查推荐工作的通知》精神，紧抓中国传统村落最后一次全国性调查的契机，全面发动、严格筛选，深入开展好赣州市的调查工作，力争将全市所有有重要保护价值的村落全部纳入中国传统村落名录。

（3）积极筹建全国客家文化博物馆。赣南作为客家先民南迁的第一站和客家文化重要的发祥地，被公认为"客家摇篮"，赣州市要抢抓当前国家对传统文化建设工作的重视支持，策划筹建全国客家文化博物馆，进一步加强赣南在全国乃至世界各地的知名度和影响力。

（4）积极开展特色小镇的申报、建设工作。自国务院《关于深入推进新型城镇化建设的若干意见》出台后，赣州市积极行动、抢抓机遇，2017年，住房城乡建设部印发《关于拟公布第二批全国特色小镇名单的公示》，赣州市全南县南迳镇、宁都县小布镇名列其中。在进一步推进特色镇村建设中，要充分利用好赣州市赣南客家传统文化历史悠久、特色鲜明等特征，进一步深挖地方特色，严格按照国家要求把关筛选，积极开展申报工作并把握好国家对赣南苏区的优惠政策等，多方努力，争取申报成功更多特色乡镇。

二、开展客家传统文化的研究

（1）进一步开展赣南历史文化专题研究。围绕客家文化、红色文化、生态文化等，进一步加强赣南史前文化研究。深入推进赣南采茶戏研究等传统艺术研究。进一步系统梳理革命时期党在赣南领导武装斗争的文献、遗迹、口述史料等。深入开展赣南客家文化意义诠释专题研究，以及赣南客家人文精神与社会主义核心价值观建设研究等。

（2）进一步推进赣南名人研究。深入开展在赣南历史上产生重大影响的赣南名人的生平、思想、业绩、贡献等研究。系统研究对赣南文化发展影响巨大、已融入赣南文化的历史名人。进一步系统研究历史名人、历史名人群体与赣南地域文化的关系等。

（3）进一步加强与闽西、粤东等地的联系与协作。"天下客家一家亲"，客家文化是一个整体。梅州、龙岩两地在开发和利用客家文化资源中已取得了很好的成效。赣南要打好"客家文化"这张牌，必须向它们学习，走"大客家文化圈"的路子。

三、开展客家传统文化保护振兴计划

（1）进一步推进文物保护利用。切实加强文化资源普查，积极推动第三次全国文物普查和第一次全国可移动文物普查成果转化共享，建设赣州文物资源地理信息系统GIS管理系统、馆藏文物电子档案等数据资源库，建立文物资源总目录。继续开展并有效地推进赣南客家围屋等申报中国世界文化遗产的工作，争取国家各方面的扶持。

（2）进一步推进非物质文化遗产保护发展。制订实施赣州市非物质文化遗产保护创新发展计划，扎实推进非物质文化遗产保护名录项目保护、传承人群研修研习、保护成果编纂等，深入推进市级以上非物质文化遗产项目的科学规范管理。培育一批以特色非物质文化遗产资源为基础的非物质文化遗产旅游景区。

（3）进一步推进传统戏曲保护振兴。强化客家传统戏剧保护，有效扶持赣南采茶戏等剧种传承，扶持专业团体发展、戏曲剧本创作、戏曲人才培养、戏曲市场培育等。建立健全赣南采茶戏等戏曲传承发展工作体系，真正使具有赣南特色的传统戏曲活起来、传下去、出精品。

（4）进一步推进传统村落保护利用。全面摸清赣州市传统村落保护现状，科学界定每个村落的保护价值，严格保护村落的格局、风貌、田园景观以及存有环境的空间形态，大力保护有传统历史、时代印记、文化标志、人文故事的乡土建筑。加强对全市历史文化村落的管理，编制传统村落保护名录，建立古建筑档案，提升保护利用水平。坚持乡村物质遗产与非物质遗产保护并重，传承一批具有赣南客家味道和地域特色的活态文化，推动传统村落在新时代焕发新活力。

（5）进一步推进红色文化保护传承。切实加强革命文物的保护利用，进一步开展革命文物史料的征集和研究，组织革命历史类设施遗址的排查和梳理，加强对革命历史类纪念设施、遗址的维修、保护、管理和使用。深入推进爱国主义教育基地建设，开展以爱国主义为主题的宣传教育活动，展示爱国主义深刻内涵，弘扬爱国主义精神。充分利用赣州市红色革命资源，大力发展红色旅游，弘扬苏区革命精神。

四、开展客家传统文化教育的普及

（1）推进客家传统文化进课堂。教育继承是赣南客家传统文化得以传承的重要途径，政府相关部门要有效配合，将客家优秀传统文化知识纳入教学计划，积极推动客家文化遗产进课堂、进校园，全面开展青少年优秀传统文化教育和爱国教育，培养潜在的传承群体，延续客家传统文化。

（2）强化客家传统文化阵地建设使用。进一步推进图书馆、文化馆、博物馆、美术馆等文化设施建设，发挥其社会教育功能。充分利用农村祠堂、综合文化服务站、社区等文化阵地和场所，组织开展各类传统文化教育普及活动，

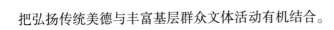

把弘扬传统美德与丰富基层群众文体活动有机结合。

五、加强客家传统文化传播交流

（1）打造客家传统文化节目栏目。在《赣南日报》、赣州电视台等媒体开辟客家传统文化栏目。策划推出一批集创新性、故事性、前瞻性于一体，具有赣南特色的原创优秀节目栏目。把赣南客家传统文化的有益思想、艺术价值与时代特点相结合，打造一批底蕴深厚、涵育人心的优秀公益广告，在各类公共场所和媒体播出。

（2）加强文化交流和文化传播。一是宜组织赣南文化队伍和山歌队赴外地和海外演出，特别是要积极打造具有赣南客家元素的文化精品节目，如赣南采茶歌舞剧《八子参军》、赣南采茶戏《永远的歌谣》、大型赣南民俗音画《客家儿郎》等；二是每年举办一次全国性或国际性客家学术研讨会或文化艺术节，同时开展联谊和经贸交流，以达到"文化搭台，经济唱戏"的目的。

六、开展客家传统文化创作生产

（1）开展赣南优秀客家传统文化影视精品的创作。围绕赣南的重大历史故事和重要历史人物，挖掘赣南本土资源和题材，加大投入力度，策划、征集、创作、打造一批代表赣南文化形象、富于赣南地域特色、深受人民群众喜爱、具有影响力的影视精品佳作。

（2）积极开展优秀客家传统文化文学创作。围绕继承和弘扬优秀传统文化，重点打造和推出一批深刻反映赣南优秀历史文化传统和深厚思想内涵的长篇小说和报告文学等。

七、开展优秀传统文化实践养成

（1）深化好家风和好村风建设。以传承好家训、培育好家风、建设好家庭为主要内容，组织开展"立家训""重家教""传家宝""全家福"等活动，大力弘扬传统家庭美德，让注重家庭、注重家教、注重家风成为广大干部群众的普遍共识与自觉行动。挖掘和保护赣南乡土文化资源，建设新乡贤文化，培育和扶持乡村文化骨干，提升乡土文化内涵，形成良性乡村文化生态。

（2）深化传统节日实践活动。注重传统节日文化与现代文明的有机结合，注重家国情怀和人文关怀，大力倡导与培育积极向上的节日新习俗。深化"我们的节日"主题活动，以传统节日、文化节庆为契机，组织开展具有优秀传统和地域特色的民俗文化活动，丰富春节、元宵节、端午节、七夕节、中秋节、重阳节等传统节日内涵，形成新的节日风俗。组织开展特色节庆民俗活动、群众性文化体育活动等。

八、促进客家文化与旅游深度融合发展

文化与旅游融合发展，是提升文化旅游发展水平的必然选择。文化和旅游融合，就是充分依托当地经济条件和人文地理环境，在旅游业发展的各个环节突出文化元素，将文化贯穿和体现在旅游"吃、住、行、游、购、娱"的各个要素中。应当结合赣州市实际，把更多的地方文化元素体现在旅游规划中，落实在旅游项目中，渗透到旅游产品中，展示在旅游宣传中。

（1）做好传统文化与旅游相融合。分布于赣州市各县（市、区）的民间技艺、民间戏剧、民间舞蹈、民间习俗等具有鲜明的地域特色。在旅游开发过程中，要充分挖掘和整理这些地域文化特色，开发一系列地域性和民族性较强的旅游文化产品。地域文化还体现在具有赣南客家特色的村居民居上，要按照赣南客家特色民居的样式修葺农房，形成特色民居村落。各地在城规划建设中，应注入地方特色文化元素，通过景观改造、立面修缮、灯饰工程，营造独具特色的城市旅游环境。

（2）做好农耕文化与旅游相融合。大力发展乡村旅游，吸引游客体验原生态农耕文化，既是对乡土文化的保护传承，又可以促进当地经济发展。要依托现有的特色农业产业，推出以采摘体验、农业观光等为载体的乡村旅游节会，打造田园综合体，形成具有旅游价值，集观光、休闲、度假于一体的各种园区景区。注重保护和传承客家人传统的农耕方式，努力保留客家生活、客家习俗、客家语言，把客家人勤劳聪慧、热情好客的特性弘扬出来，使人一到赣南，就能感觉到依依客家情、浓浓客家味、亲亲客家人，绘制山村、梯田、耕牛入画来的山水画美景。

九、加强组织领导和加大政策保障力度

（1）进一步加强组织领导。赣州市各级要从坚定文化自信、坚持和发展中国特色社会主义、实现中华民族伟大复兴的高度，切实把中华优秀传统文化传承发展工作摆上政府工作议程，整合各类资源，调动各方力量，打造全社会共同参与的中华优秀传统文化传承发展工作新格局。

（2）加大政策保障力度。系统梳理赣州市优秀传统文化传承发展的相关财政扶持政策，完善财政投入、人力支持等政策措施，加大文化专项资金的扶持力度，支持优秀传统文化传承发展。统筹全市各方面资源，搭建工作平台，建立优秀传统文化传承发展相关领域和部门合作共建的体制机制。

第十一章
赣南苏区县域教育事业发展
——以上犹等县为例

赣南苏区振兴发展计划实施五周年以来，党中央、国务院专门出台了《关于支持赣南等原中央苏区振兴发展的若干意见》，安排中央国家机关对口支援原中央苏区县，国家教育部对口支援上犹县。国家教育部高度重视、倾情帮扶，出台了《教育部对口支援上犹县工作实施方案》，将上犹县列为教育扶贫重点县、欠发达地区教育综合改革试点县，帮扶上犹县创建中西部地区学校标准化建设示范县。

第一节　赣南苏区县域教育事业发展成效
——以上犹县为例

上犹县位于江西省西南边陲，赣州市西部，全县面积 1543 平方千米。截至 2015 年末，下辖 6 个镇、8 个乡、131 个行政村和 10 个居委会，户籍总人口 32.22 万。上犹县是国家扶贫工作重点县、罗霄山脉集中连片特困地区扶贫攻坚县和原中央苏区县。在党中央、国务院的深切关怀和教育部的倾情帮扶下，上犹县始终把教育摆在优先发展的重要位置，加快教育事业发展步伐，取得了重要进步。

一、强保障，教育投入大幅增长

2012 年以来，上犹县教育事业总投入 17.77 亿元，占财政总支出的 19.34%。2016 年，上犹县累计获得校建项目中央资金 3042.51 万元、省级资金 2520 万元；2017 年上半年，争取中央及省级专项资金 4817.29 万元。2016 年以来，自筹资金 5000 多万元实施了职业中专迁建工程；争取香港言爱基金会捐赠 1000 万元，县级配套资金 7000 万元，进行了思源实验学校建设；开工新建了 3 所乡镇中心幼儿园；启动了黄埠初中迁建、上犹四小新建工程、上犹中学综合大楼主体工程建设等项目建设。

二、抓项目，办学条件不断改善

2012 年以来，中央下达上犹县专项建设资金 2.4 亿元，协调省级下达资金 1.2 亿元，支持上犹县实施了"薄改"、校舍维修改造、学校标准化建设、周转房建设、普惠性幼儿园创建等一系列校建工程项目。新建、改建教学教辅、办公、生活用房建筑面积 18 万平方米，新装备中小学校功能教室 113 间，新添图书 3.03 万册，更新计算机设备 1331 台，新建公办幼儿园 12 所，改建附属幼儿园 80 所，完成 71 所村小标准化建设。

三、细管理，教育质量稳步提高

上犹县狠抓学校管理，以抓实中考、高考为突破口，全力提高教育教学质量。2013 年起，上犹县高考不断进位赶超，一本、二本上线人数实现"四连增"，中小学教育教学质量连续保持上升态势，中考尖优段人数与比例在赣州市排位不断靠前。

四、重创新，信息化建设大力推进

教育部高度关心上犹县教育信息化发展，协调安排教育信息化专项资金 3194.2 万元推进"三通两平台"等硬件建设。在给予资金扶持的同时，中央电教馆在上犹县举办了大规模研训活动，通过现场和云端培训校长教师共 2239 名，向教师赠送教学资源 49 种 7745 个（件）；国家开放大学安排 47 万元在上犹县援建学习体验中心。上犹县教育信息化基础条件进一步提高，教师运用信息化手段教学的能力得到进一步增强。

五、显特色，教育内涵日益丰富

依托教育部对口支援的契机，上犹县大力实施"国培计划""乡村校长助力工程"等研培项目，实现了月月有教育专家入县授课、月月有校长教师外出学习，师资队伍素养水平有了质的提高。在国家教育部的指导下，上犹县深入推进了"学校品质提升"和"一校一品"创建活动，不断挖掘校园内涵，整体提升了学校的管理水平和育人水平，有 11 所中小学先后被评为市级"文明校园""校园文化示范校"。

六、惠民生，资助政策全面落实

国家开放大学启动"长征带"教育精准扶贫工程，将上犹县列入全国首批支援县。教育部支持上犹列入省属高校招收赣南等原中央苏区县考生专项计划，每年有超过 100 名学生通过该专项计划进入专本院校就读；促成县职业中专与南昌理工学院、九江职业技术学院、抚州职业技术学院、江西省环境工程学院等高职院校合作办学，在落实教育扶贫政策上做到应享尽享。上犹县发放生源地助学贷款 7570.481 万元，12831 名学生受益；发放中职、高中、贫困寄宿生等各类奖（助）学金 3719.91 万元，57971 人（次）学生受益；安排资金 4496.79 万元，让上犹县 1592 名乡村教师享受了艰苦边远地区教师特殊津贴、乡镇工作补贴、乡村教师生活补助；安排中央专项资金 2017.7 万元建设学校食堂；安排 7825.97 万元用于农村义务教育学生营养改善计划补助，让上犹县 26126 名农村中小学生享受了免费营养餐。

第二节　赣南苏区职业教育发展
——以宁都技工学校为例

一、宁都技工学校情况介绍

赣州市宁都县是原中央苏区核心县、国家扶贫开发工作重点县、罗霄山特困片区县和西部大开发政策延伸县。全县现辖 24 个乡镇、299 个村委会，2016 年户籍总人口 83 万人，总面积 4053.16 平方千米，人口和面积在赣南 18 县（市、区）中分别居第二位和第一位。土地革命时期，宁都是中共苏区中央局的诞生地和五次反"围剿"战争的指挥中心，全县有参战人口 5.6 万人，有名有姓的烈士 1.6 万多人。作为中央苏区的核心县，宁都县为中国革命的胜利做出了巨大的贡献和牺牲，可以说是"中央苏区的摇篮"。在 2013 年国务院办公

197

第十一章　赣南苏区县域教育事业发展——以上犹等县为例

厅印发的《中央国家机关及有关单位对口支援赣南等原中央苏区实施方案》中，明确规定由国家人力资源和社会保障部（以下简称"人社部"）对口支援江西省宁都县。2014年1月17日，人社部出台了《关于对口支援江西省宁都县人力资源和社会保障事业发展的指导意见》（人社厅发〔2014〕6号），围绕"推动更高质量的就业、加强干部人才队伍建设"，特别指出要帮扶指导宁都县建设一所高级技工学校。自援建开始以来，宁都技工学校为加快宁都县攻坚脱贫、推进宁都县全面小康建设进程做出了巨大贡献。

宁都技工学校于2014年4月经赣州市人社局批复设立，由宁都县人民政府举办，隶属于宁都县人力资源和社会保障局管理。2015年10月启动短期技能培训工作，2016年9月正式启动学制类教育办学。宁都技工学校坐落于宁都县工业园新区，总占地面积330亩，总建筑面积14万平方米，总投资概算7亿元。宁都技工学校分两期建设，一期工程已于2017年9月建成并交付使用，二期工程现已开工建设，计划于2019年9月全面建成，届时可容纳学制教育类学生6000人以上，每年短期就业技能培训量可达3000人次以上。目前有学制类教育在校生2106人，其中建档立卡贫困家庭学生618人。宁都技工学校拥有一支爱岗敬业、善学乐教、精诚团结的教师队伍。现有专任教师101人，有硕士研究生5人，副高级以上职称7人，高级技师3人、技师2人。设有电子商务、计算机应用与维修、服装设计与制作、会计、幼儿教育、汽车维修、饭店（酒店）服务、工业机器人、机电一体化、电子技术应用、航空服务、美容美发造型（美发）、美容美发造型（美容）、新能源汽车检测与维修14个专业。

宁都技工学校围绕做中国好工匠的宗旨，遵循"修炼匠心、精益求精"的校训，利用晨会喊校训，用"开学第一课"解读"精工"主题校园文化，用班会学习讨论"怀技自信、明德自立、精工自强"的学风，举行了践行"匠心致精、工于至善"校风的演讲比赛等活动，让全体师生理解认同学校文化并把学校文化内在于心、外化于行。宁都技工学校围绕"精工"二字安排教育教学工作，切实把学校文化落实到具体的教育教学管理当中，凸显学校主题氛围。同时，宁都技工学校注重对学生"严管理、优质量"。一是制定了《学生日常行为规范》等制度，如规定课堂上手机入袋，就寝时手机入屉；实行就餐排队，集会排队入场；寝室物品按半军事化管理模式规范化摆放等，以严格的学生管理赢得了家长和社会的认可。一年多来，从未发生过学生打架斗殴等恶性事件，形成了井然有序的活动秩序。二是制定了《学生学习常规管理制度》，对学生理论、实践课纪律要求明确，注重学生理论实训成绩，形成了良好的学习风气。在日常工作中加强学生的自我管理，利用学生会、团委护校队等平台，指导学生参与到学校的日常管理之中。学校环境卫生、晨跑、午休、社团活动、开学

第一课、日常文明班级评比、寝室内务管理、校园巡查等都有学生自主管理，既减轻了学校管理的压力，又培养了一大批学生干部，取得了良好的效果。同时，在课外之余积极开展社团活动。学校成立了广播站、舞蹈社等 17 个社团组织，吸引了 800 多名学生参与到学生社团活动中。每周一次的社团活动极大地丰富了学生的课外活动，活跃了校园生活，培养了学生的兴趣爱好。学校创办以来，学校社团成员参与市县文体活动达 20 余次。

二、宁都技工学校发展现状

2017 年 5 月，国家人社部发布了《关于做好定点帮扶宁都技工学校工作的通知》（人社厅函〔2017〕114 号），动员多方面力量定点支援宁都技工学校建设，目前该学校已经形成了"一政策、二就业、三扶贫"的特色保障教育体系。

（一）"一政策"——保障入学无忧

（1）资助政策。为解决贫困学生上学、生活困难等问题，政府层面给予就读于宁都技工学校的建档立卡贫困学生学费减免、资金补助等优惠政策，主要包括以下三个方面：第一，凡现就读宁都技工学校的全日制农村（含县镇）在校生，享受国家减免三年学费政策；第二，所有罗霄山片区的农村学生、县城户口学生可享受国家助学金每年 2000 元补助；第三，就读的"建档立卡"贫困学生入校满一年后可申请雨露计划教育资金每年补助 3000 元（随政策变化而增减），特别贫困的学生还可申报中国慈善总会 5100 元/年的补助。截至 2018 年 10 月，政府拨付学生资助资金达 154.23 万元。也就是说，贫困生就读宁都技工学校不仅不需要学费，并且在所有资助政策都满足的条件下，贫困生一年最多还可获得 10100 元的资金补助，这大大地解决了贫困学生"难上学、上学难"的问题。

（2）勤工俭学政策。学校层面学校充分发挥学生创新创业能力，采取半工半读的模式，引导贫困学生勤工俭学，在保证贫困学生在实践中掌握就业技能的同时，又能获取一定的生活补助。主要政策包括：①在校内建立电商孵化基地，建设"宁都供销 E 家"专业实训室，自主成立了"匠食府"，让电商专业贫困学生既能在实训中系统掌握电商的运营流程，也能利用课余时间帮助"宁都供销 E 家"和"匠食府"做网上销售，获取一定的生活补助；②按照京东集团入学即入职的人才培养模式，强化"京东电商订单班"贫困学生的电商客服实践操作，让其每月可通过网上运营获得一定的生活补助；③成立了"校园文印中心"，让贫困学生利用课余时间进行文件排版与打印复印，既能掌握办公自动化技能，又能获取一定的生活补助；④选出 2 位专业技能扎实的贫困学生参与校外"农村淘宝"社会实践，为"农村淘宝店"进行商品营销，获取一定生活补助；⑤汽车维修专业专门为贫困学生建立了"洗车房"，让他们在实践中巩固洗车技能，获取一定生活补助；⑥酒店管理班的贫困生共同参与学校烘焙房建设，配合专业教师做好烘焙社会化培训，当好助教；同时在校内开设奶茶店，利用所学技能自制奶茶饮品，通过校内销售获取一定的生活补助；⑦提倡劳动光荣，积极开展志愿者活动，指导贫困生通过参与学校食堂卫生打扫、收发邮件快递等工作获得一定的生活补助。

政府层面的资助政策和学校层面的勤工俭学政策充分考虑了学生特别是贫困学生的入读后的学习和生活，在双层的政策红利下，在保障了学生入学无忧的同时，还让部分能吃苦、有能力的学生利用"学有所长"实现自身的"造血"功能，为家庭减轻负担。目前，全校就读的贫困生占到了总人数的 1/3 左右。

（二）"二就业"——保障充分就业

（1）深化技工教育改革，培养学生过硬的技术能力保障就业。宁都技工学校始终围绕"精工"二字来安排教育教学工作，切实把"精工"文化落实到具体的教育教学管理中。具体措施包括：第一，采取技能月考模式来推动教学质量的提升。各个专业根据本专业的教学大纲及企业用人标准，特别是参照世赛的评分要点等，制定 2.5 年共 20 次技能月考的考题及评分标准。所有学生参与技能考核，教师对学生考核进行打分，深入了解学生对该专业技能要求的掌握情况，以促进技工教育的质量。技能月考的推行，既优化了学风，又把技能训练落到了实处，真正提升了全体学生的技能水平，并通过评比，激励了师生的竞争意识，形成了你追我赶的良好学习氛围。第二，通过抓技能竞赛引导学生从技能掌握到技能高水平运用。学校始终把学生技能竞赛工作放在非常重要的位置，专门成立了竞赛处，聘用了曾冬生等 7 名教师为竞赛指导老师，专门研究各级各类竞赛技术文件，了解各种技能竞赛的要求特点，因材施教、有的放矢，为策划实施学校后面的各专业技能竞赛做好铺垫。2017～2018 学年，学校各专业都举行了校内技能竞赛活动，并将优秀学生派到各帮扶院校学习、训练。在这样的指导下，学生在"中国技能大赛行业赛""赣州市第五届技术能手大赛"和"2018 赣州市职业技能竞赛"中均取得了耀眼成绩，宁都技工学校在赣州市职业教育领域崭露头角（见表 11-1）。

表 11-1　宁都技术学校学生获奖情况

比赛名称	参赛项目		选手姓名	获奖名次
世赛江西省选拔赛	重型车辆维修		肖成远	第一名
中国技能大赛行业赛	美容美发		黄翙簵 陈凤玲	青少组铜奖
			萧雪梅 肖露微 龚家良 李缘	新锐奖
赣州市第五届技术能手大赛	学生组	汽车技术	林宗安	一等奖
			刘松	三等奖
			何泽东	优胜奖
	教师组	汽车技术	曾冬生	二等奖
		网络系统管理	詹贻清	二等奖
			温昊	三等奖
		钳工	黄园平	优胜奖
2018 年赣州市职业技能竞赛	学生组	汽车营销（2人/组）	林宗安、刘松	二等奖
		汽车营销（2人/组）	唐鑫、何泽东	二等奖
		车身涂装（涂漆）	张斌	三等奖
		车身涂装（涂漆）	曾泉	三等奖
		电子商务运营技能 （4人/组）	廖新荣、邹中民 邓骏聘、董建雄	三等奖
	教师组	汽车维修基本	柯阳辉	三等奖
2018 年"我能出彩"技校主题活动暨全国技工院校教师职业能力大赛江西选拔赛	—	—	柯阳辉	三等奖

（2）实施校企订单培养，校企合作给予贫困学生 100%保障就业。宁都技术学校深化校企合作，先后与江苏京东集团有限公司、东风汽车集团、广东骏

亚电子科技股份有限公司、中航空港集团、上海永琪集团、美的集团、信科教育科技集团等多家企业签订校企合作协议，对建档立卡贫困户学生实施专业订单培养。企业先后在学校设立了京东电商班、东风汽修班、骏亚电子班、航空乘务班、永琪美容美发班、信科工业机器人班等订单班，让贫困学生接受企业和学校的共同培养，确保所有订单班贫困学生100%无忧就业。同时，骏亚公司等企业在校设立每年2000元/学生的助学金用于帮扶订单班中建档立卡的贫困学生，并承诺所有订单班贫困学生就业后月薪可达4000～6000元，企业缴纳"五险一金"，力争让学生实现高薪就业，实现"学好一门技术、脱贫一户家庭"的目标。

（三）"三扶贫"——保障扶贫实效

（1）坚持扶贫与扶志相结合。为激发贫困劳动力的内生动力，宁都技术学校利用技能培训开展就业创业理念和政策宣讲，同时在宁都县24个乡镇开展"智志双扶"巡回宣讲演出活动，在每个乡镇各推选4名脱贫攻坚、乡风文明典型人物事迹进行宣讲，不断鼓舞贫困劳动力的脱贫斗志。为激励贫困家庭学生自立自强，宁都技工学校在各班开展"扶贫要扶志"主题班会，开展"技能脱贫我先行"为主题的国旗下讲话活动，开展"技能扶贫，宁都技工学校在行动"主题座谈会，鼓励贫困家庭学生脱贫先立志，并将所领悟的道理通过书信的方式告知父母，共同树立起脱贫的信心和决心。此外，还鼓励贫困家庭学生给帮扶干部写感谢信，培育对社会的感恩意识。

（2）坚持扶贫与扶智相结合。学校与教育局密切配合，常态化开展"技工教育入初中课堂"宣讲活动，让贫困中学生们树立起"劳动光荣、技能宝贵、创造伟大"的脱贫思想，选择通过技工教育实现脱贫致富。学校每年为建档立卡贫困生建立花名册，与各村委对接跟踪，中考后未考上重点高中的贫困生，采取上门宣传的方式，引导他们入读宁都技工学校，确保他们学好一门技术，助力全家脱贫。2018年，宁都技术学校赴全县各乡镇中学开展技能宣讲75次。

（3）坚持扶贫与扶技相结合。按照"扶贫必先扶技"的工作思路，积极整合人社、民政、农粮、水利、商务、妇联等十几个部门的培训资源，在学校设立"宁都县就业扶贫培训中心"；按照"乡镇出名单、培训机构出菜单、企业下订单、政府来埋单"的模式，多层次、多渠道、多形式、分类别面向贫困劳动力采取集中授课、送教下乡的方式免费开展电子商务、烹饪、家政服务、养老护理、电车等一系列操作实用性强的短期就业技能培训。宁都技术学校加强与园区易富科技有限公司、江西蒙山乳业有限公司、赣锋锂业有限公司等企业以及多个乡镇的脐橙、三黄鸡、茶叶、蔬菜等产业经营主体合作，设立培训实训基地，走到田间地头、工厂车间进行现场培训与实训。2018 年共开展各类贫困劳动力就业技能培训 48 期，培训贫困劳动力 2141 人，在宁都县每个乡镇都至少举办了一期贫困劳动力专项技能培训班。截至 2018 年 9 月，共开展各类贫困户培训 30 期共计 1291 人次。其中，开展厨师培训 4 期共计 194 人次、开展家政服务培训 16 期共计 675 人次（其中校本部 5 期、送教下乡 11 期）、开展养老护理培训 1 期共计 40 人次、开展电子商务培训 5 期共计 116 人次（其中校本部 2 期，送教下乡 3 期）、开展缝纫电车培训 4 期共计 166 人次。

三、宁都技工学校建设发展经验

（一）抓痛点，解决就业问题"刨穷根"

"富不富，关键看收入"，要让宁都县的贫困群众走上脱贫致富的道路，就业一直以来都是很大的痛点问题。截至 2018 年底，宁都县农村居民可支配收入为 10610 元，低于赣州市 10782 元的平均水平，仅相当于江西省平均水平（14460 元）的 73.3%，全县有建档立卡贫困人口 32818 户 132602 人，其中贫困劳动力 73487 人，占到了贫困人口的一半以上，由此可见"贫困顽疾"在宁都县农村扎根之深。

为彻底刨除"穷根"，人社部针对宁都县职业技能培训发展滞后的现状，指导整合现有教育培训资源，在宁都建设一所高级技工学校。"千金在手，不如一技傍身"，要彻底解决贫困问题不仅仅是从当下入手，更应该要防止"贫困"的连代传导，"就业要从娃娃抓起"。宁都技工学校以"技能扶贫"为目标，不仅对全县有就业意愿的贫困劳动力开展职业技能培训，并且招收有就读意愿的建档立卡农村贫困家庭学生，按规定落实国家助学金、免学费政策，实施定向培养保障学生就业，真正引导和实现青少年贫困人口的"技能脱贫"，阻隔了"贫困顽疾"的连带传导效应；同时依托高级技工学校的宣传平台，通过讲演和脱贫典型事例帮助贫困人口树立脱贫信心。2018 年 3 月 25 日，世界技能大赛先进事迹巡回报告团在宁都技工学校开讲，高级技师李成进行了"世界点亮人生，技能成就梦想"的主体演讲，让该校来自宁都农村的 2016 级服装专业学生黄雅婷深受感染。贫寒的家境让她一度非常自卑，当她看到世赛冠军也是来自技工院校，信心倍增，决心好好学习，学好技能改变自己的人生。"扶贫先立志，致富要自立"，内化于心的思想观念是脱贫的垫脚石，这也是根治"贫困顽疾"最为彻底有效的方法。

（二）抓难点，统筹整合资源奠基础

宁都高级技工学校的建设由国家人社部统筹安排，江西省人社部、赣州市人社部充分调动现有资源组织实施各项工作，加强监督检查和跟踪落实。三级工作单位上下合力，形成联动效应，为帮扶工作的实施奠定了良好基础。

国家人社部定点帮扶宁都技工学校工作由职业能力建设司牵头，规划财务司、指导中心、出版集团参与。职业能力建设司负责综合协调，规划财务司负责协调帮扶宁都技工学校建设的项目和资金，指导中心负责支持宁都技工学校提升师资能力，出版集团负责支持宁都技工学校一体化课程改革、教材建设等工作。采取组建专家指导服务团，建立帮扶院校与宁都技工学校对接机制，在资金、项目、政策等方面对宁都技工学校倾斜，帮扶指导信息化建设四大举措帮扶宁都技工学校发展。2017 年 6 月 26~29 日，人社部党组成员、副部长汤涛莅临宁都，召开座谈会，亲自部署推动定点帮扶工作。

随后，江西省人社厅、赣州市人社局先后出台帮扶文件，明确了帮扶举措、细化了帮扶任务。江西省人社厅于 2017 年 6 月 18 日出台了相应通知（赣人社字〔2017〕236 号），对学校专业设置、师资培养、人才培养、高技能人才培训基地申报等方面进行重点倾斜。紧跟其后赣州市人社局于 2017 年 7 月 18 日也出台了相应通知（赣市人社发〔2017〕19 号），利用暑期组织赣州技师学院专家对学校新任教师进行岗前集中培训；倾斜安排学校教师参加全国技工院校培训；指导学校申办或申报高级技工学校和职业技能鉴定站所，宁都县人社局积极配合上级部门各项举措落地。

（三）抓要点，创新帮扶机制有保障

作为一所新建立的技工院校，宁都技工学校在师资、专业设置、人才培养、技能培训等方面都缺乏经验，在充分协调整合资源建设学校基础设施的同时，"谋发展、谋水平"更是帮扶关键所在。针对宁都技工学校的发展提升问题，人社部创新建立帮扶院校与宁都技工学校的对接机制。第一，选拔帮扶院校（见表 11-2）对宁都技工学校新设专业和已有专业进行定点帮扶，帮扶院校在该校设立专家流动站，确保定期至少有 1 名专家入站，以加强对专业建设方案、人才培养方案、专业课程建设、校本教材编撰的指导。第二，帮扶院校采取双向挂职、两地培训、委托培养和支教等方式，定期选派 1~2 名高技能人才、优秀教师到宁都技工学校支教，同时接纳宁都技工学校管理人员及教师分批到校培训或跟班顶岗学习 3~6 个月。帮扶院校对宁都技工学校各专业实训场地的规划、实训设施设备的采购和配置、实训课程的设置和实施要进行有效指导，并支援部分实训设备。第三，帮扶院校充分利用企业资源优势，联系至少1家在该地区技术领先、专业对口的规模企业与宁都技工学校对口帮扶专业开展深度校企合作。各帮扶院校采取到校指导、接纳培训等方式，帮助宁都技工学校参加各级各类技能大赛的学生进行专业技能强化训练，提高学生竞技水平。

表 11-2　帮扶院校

帮扶院校	帮扶专业	专业开设时间
邢台技师学院	计算机应用（商务软件）	2016 年
	汽车维修	2017 年
江苏常州技师学院	电子商务	2016 年
	计算机应用	2016 年
江苏盐城技师学院	服装设计与制作	2016 年
江西技师学院	会计	2017 年
江西省电子商务高级技工学校	饭店（酒店）服务	2017 年
赣州技师学院	幼儿教育	2017 年
	现代农艺技术	2017 年

同时，对口支援意见中规定各帮扶院校所在地区人力资源社会保障部门加大对帮扶院校帮扶工作的考评力度，推动定点帮扶工作的落实。从帮扶院校的选拔到与帮扶院校的对接再到帮扶效果的保障，为帮扶工作创新建立了长效保障机制。

第三节　赣南苏区教育事业发展存在的问题
——以上犹县为例

上犹县地处赣南苏区，其教育事业发展取得了阶段性成效，但由于经济欠发达、后发展的县情没有得到根本性改变，目前仍然面临着不少的困难和挑战。

一、教育基础仍然薄弱

随着工业化、城镇化进程加快，集镇，特别是城区初中、小学教育资源日趋紧张，因学位缺乏导致的"大班额"现象严重。较多农村学校教师周转宿舍和功能用房不足，大部分学校都存在没有标准跑道、运动场地小、缺少功能用房、教学器材装备不足和老化等问题。

二、城区高中教育资源紧缺

赣州市农村地区教师的职称骨干教师、优秀教师的数量明显低于城市，第一学历水平偏低，大多是中专毕业。同为普通初中，市级中教师的第一学历达标率为100%，并且有6人具有研究生学历。农村教师只有通过学历进修来提高自身学历水平，尽管很多人通过函授、成人自考等非全日制教育方式获得了大专或者本科学历，但由于是在职学习所以并没有受到系统的大专或者本科教育，专业能力不过硬，不能把新的教学理念贯穿到日常教学中，无法适应当前社会对人才的需求，也严重影响到农村义务教育的发展。优质教育资源更多地流入县区、城区，拉大了城乡差距。

目前，上犹县城区只有1所公办普通高中。随着国家中招政策的调整，特别是普及高中政策的出台，以及上犹县初中毕业生人数逐年增多等因素，在上犹县读高中的初中毕业生将会有较大幅度的增长。预计到2019年，上犹县高中学位缺额将达到1300名。

三、教育信息化水平较低

上犹县学校硬件基础薄弱，还有20个教学点未通网络，班班通覆盖率只有83%；教师信息化应用培训不足，培训的力度、广度依然不够，还无法实现现代信息技术与教育教学工作的深度融合。

四、教师队伍建设有待强化

上犹县教师编制配备不足，未达到国家标准；城乡师资不均衡，教师培训深度、广度不够；人才吸引力不足，目前，具有硕士研究生学历的教师仅占全县教师队伍的0.92%。

五、职业教育、高等教育发展滞后

一是布局不合理，高等院校、职业技术教育院校主要分布在经济相对发达的县区，而大多数城镇、农村等急需人才的地方发展相对缓慢，有碍于地方经济的发展，从而拉大了地区差距。二是供给总量不足，由于职业技术人才、熟练劳动力的断层太大，加之经济发展速度很快，职业教育的供给总量按社会需求仍有关差距。三是作为办学主体，职业技术学校缺乏自主权。目前职业技术学校，尤其是职业中学、中等专业学校基本是由政府独家包办，其专增业设置的灵活性被软化，不能根据劳动人力市场的需求信号做出理性反映。四是整体教育体制改革落后于经济体制改革。当前，上犹县缺乏"双师型"教师，学校实训条件薄弱，还未形成与县域脱贫攻坚主打产业相对应的优势、特色专业。

下一步，上犹县将抓住赣南苏区振兴发展重大历史机遇，依托国家教育部对口支援，乘势而上，围绕"学前教育扩面，基础教育促均衡，高中教育更具规模，职业教育更专业"的发展思路做好教育各项工作。

第四节　赣南苏区教育事业发展对策
——以上犹县为例

一方面，政府应充分认识教育服务业对我国发展服务经济和产业结构调整的纽带作用、关联作用和引导作用，摒弃不利于教育服务业发展的观念；另一方面，要充分认识教育服务业在现代服务业中具有支柱业态、先导业态和核心业态的战略地位。发达国家的成功经验也验证了教育服务业的这种作用和地位。由于上犹县域经济社会发展基础薄弱、自身条件十分有限，恳请党中央、国务院和国家部委继续给予关心和支持。

一、恳请重点支持解决事项

（1）支持上犹县教育基础设施建设。上犹县正在实施"教育基础设施攻坚三年行动计划"，县级财政正多方筹集项目建设资金。特恳请在全面改善农村义务教育薄弱学校、"教师周转宿舍""义务教育学校建设""学校标准化建设"

"农村寄宿制学校建设""校舍维修改造""农村初中工程""乡村小规模学校建设"等方面进一步给予项目资金支持。特别是 2017 年，上犹县启动思源实验学校、上犹四小、黄埠初中迁建和回购民办上犹三中等"3+1"教育项目建设，项目总投资 2.1 亿元，并已纳入县重点工程项目，资金缺口超过 1 亿元，恳请给予项目资金支持。

（2）支持上犹县师资队伍建设。在中西部项目和校长、教师培训项目、中小学教师信息技术应用能力提升专项培训等参培名额继续向上犹县倾斜。探索国培计划下放到县自主实施模式；协调安排专家、名师到上犹县开展"一月一专题"讲座和送教活动；增加上犹县免费师范生招生计划；扩大集中连片地区乡村教师生活补助范围；帮助建立教师资源中心和教师研修交流平台；协调师范类院校为上犹县教师在职升本、考研等学历提升方面开辟绿色通道。

（3）支持上犹县与各类名校对接。促成华中科技大学、华东师范大学、厦门大学等一批高校及省内外知名中小学与上犹学校"结对子"，在教研、学校管理、师资培训及研学旅行等方面建立长效合作机制，协调安排上犹学校管理干部、教学骨干到省内外知名中小学校跟班学习。

（4）支持上犹县完善教育发展机制。募集资金设立上犹县教育发展专项基金和教师发展专项基金（在中国教育、教师发展基金会分别设立上犹专户），用于支持解决山区教育发展中的特殊困难，资助孤儿、单亲贫困学生顺利完成学业，奖励做出突出贡献的教师，资助特困教师；加大上犹县教育财政转移支付力度，对能够单列的工程项目和专项经费实行单列，不能单列的由省级统筹协调给予重点支持，普惠性项目向上犹县优先倾斜。

（5）支持上犹县教育信息化建设。加强对上犹教育信息化建设的规划指导，完善教育信息化硬件建设，援建一批"智慧校园示范校"，开展"翻转课堂""专递课堂"等教学改革试点，协调百度文库等知名教育资源平台为上犹县提供免费优质资源。

二、有关建议

（1）加大对城区教育资源的投入力度。近年来，随着农村薄弱学校改造、中小学标准化建设等工程的实施，农村教学条件得到有力改善。但随着新型城镇化、工业化步伐加快，大量农村适龄儿童随父母进入城区就读，导致城区教育资源紧缺，"大班额"问题突出，而农村有好的教学条件却生源不足，城乡教育资源出现新的不均衡。为此，建议在教育资金投向上，要进一步加大对城区教育资源的投入。

（2）加大对贫困县教育的特殊支持力度。目前，中央下达至江西省的教育资金，由省级按照因素法统筹分配，体现不出对贫困县的特殊支持。建议在教育资金分配上，不能让贫困县和非贫困县"在一口锅里分食"，而是要对贫困县划设专项渠道，体现特殊支持。

第十二章
赣南苏区县域交通运输事业发展
——以安远县为例

近年来，赣南苏区县域交通发展较快，但也面临着一些问题。安远县地处偏远，迫切需要改善交通，其中央对口支援单位是交通部，为此本章以安远县为例，分析赣南苏区县域交通运输事业振兴发展情况。

第一节 "十三五"期间国家交通运输发展规划

国家中长期交通运输发展以创新发展、协调发展、开放发展、绿色发展、共享发展五大发展理念为引领，坚持问题导向、目标导向，着重把握保基本、补短板、抓重点、促衔接、强服务五个要点。

一、发展目标

到 2020 年，完成全面建成小康社会公路发展目标，建成"安全可靠、便捷高效、绿色智能、服务优质"的公路交通运输网络，东部地区设施率先现代化，中部地区畅通成网，西部地区实现基本公共服务均等化，公路发展质量和效益明显提升，在综合交通运输体系中的基础地位和主体作用显著增强，与其他运输方式深度融合，公路交通运输对经济社会发展的先行引领作用更加明显。

二、主要任务

以服务全面建成小康社会新的目标要求，服务新型城镇化建设等为导向，充分考虑不同地区的发展实际，加快完善基础设施网络，着力增强管理服务效能，切实改善运输服务水平，重点实施"八大工程、两大行动"。"十三五"公路主要建设任务如表12-1所示。

表 12-1 　"十三五"公路主要建设任务

项目	建设任务
高速公路	建设国家高速公路 3.18 万千米，其中新建 2.64 万千米、改扩建 0.54 万千米，到 2020 年，国家高速公路建成通车 11.1 万千米（实线 10.8 万千米、展望线 0.3 万千米），国家高速公路网（实线）建成率达 90% 以上。此外，满足国家重大政治活动的需要，安排建设地方高速公路 1048 千米。分区域看，中西部地区优先打通未贯通路段，确保高速公路贯通成网；东部地区注重提升既有通道通行潜力，积极推进拥挤通道扩容改造
普通国道	建设改造普通国省道 9.9 万千米，其中普通国道 7.2 万千米、普通省道 2.7 万千米。西部地区重点加强低等级国道升级改造、提升国道网等级结构，东中部地区重点加强局部瓶颈路段改造，提升国道的服务品质，到 2020 年东部、中部、西部地区普通国道二级及以上公路比重分别达 92%、90%、65%
农村公路	解决 246 个乡镇通畅，建设硬化路 0.86 万千米，实现西藏 80%、其余地区 100% 的乡镇通硬化路；解决 3.3 万个建制村通畅，建设硬化路 22.9 万千米，实现西藏 30%、其余地区 100% 的建制村通硬化路。逐步消除客车通行风险，改造路基路面宽度不达标路段 25 万千米；对存在通行风险的县道、乡道及通客车的村道增设安保防护设施，约 65 万千米；改造现有农村公路四类、五类桥梁，约 3.6 万座、106.8 万延米。有序解决人口仍然聚居的撤并建制村通畅，解决 4.2 万个撤并建制村通硬化路，建设里程 13.5 万千米。根据中央资金供给可能，支持贫困地区改造县乡道 3.1 万千米
口岸公路	加强口岸公路建设，包括国家高速公路 497 千米、普通国省道 1490 千米、界河桥梁 8 座（3701 米），实现 56 个常年开通的边境公路全部通三级及以上公路、52 个通二级及以上公路（吉林古城里、新疆红山嘴、西藏樟木和吉隆通三级公路）
港口集疏运公路	加快完善 24 个沿海主要港口、28 个内河主要港口的集疏运体系，重点推进重要港区的集疏运公路建设，基本建成港口与腹地之间的集疏运国家高速公路，基本实现重要港区通二级及以上公路
客运场站	结合城市功能区划调整、城市新区建设等新要求，推进地市普通公路客运站建设；对建成时间较长、设施设备陈旧、与城市交通干扰严重的县级老旧客运站进行改造，实现东中部 100%、西部 80% 的县城建有二级及以上客运站。安排建设地级公路客运站 211 座、县级客运站 341 座。推进长途客运全国重点公共接驳点建设，对有条件建设接驳点的高速公路服务区进行改扩建，推进高速公路服务区综合开发利用

第二节 全国交通运输项目政策补助情况

目前，交通运输部对交通基础设施建设项目一般以车辆购置税形式进行补助，根据财政部、交通运输部联合下发的《关于进一步明确车辆购置税收入补助地方资金补助标准及责任追究有关事项的通知》（财建〔2016〕879号），各地享受的交通基础设施建设政策补助如下：

一、国家高速公路

东部地区按静态总投资的25%进行补助；中部地区按静态总投资的28%进行补助；西部地区按静态总投资的30%进行补助；西藏按项目总投资的100%进行补助；新疆南疆四地州、青海按项目建安费的70%进行补助；川滇甘三省藏区，新疆南疆四地州以外地区，贵州、云南、甘肃等地区按项目建安费的50%进行补助。目前，赣州市参照西部地区标准，即按静态总投资的30%享受补助。

二、普通国道

（1）一般补助标准。东部地区一级公路补助800万元/千米，二级公路400万元/千米；中部地区一级公路补助1000万元/千米，二级公路补助500万元/千米；西部地区享受一级公路补助1200万元/千米，二级公路补助600万元/千米。

（2）享受特殊政策地区。西藏按项目总投资的100%进行补助；新疆南疆四地州，川滇甘青藏区普通国道，G331、G219两条沿边国道，连接陆路边境口岸的路线，国家高速公路展望线建成前通道内的路线，边境县区域内路线，按项目建安费的100%补助；青海藏区以外地区按项目总投资的70%进行补助；海南省、吉林省延边州、黑龙江省大兴安岭地区、湖北省恩施州、湖南湘西州、福建原中央苏区、江西省赣州市执行西部地区一般补助标准，即一级公路补助1200万元/千米，二级公路补助600万元/千米。

三、普通省道

西藏、新疆南疆四地州按普通国道标准执行。其他地区按普通国道一般标准的 70% 执行，如地方申请低于国道一般标准的 70%，按照地方申请数执行。赣州市执行江西省标准，即一级、二级公路均补助 420 万元/千米。

四、公路灾毁恢复重建

公路灾毁恢复重建项目支出范围包括普通国道、省道因暴雨、台风、强震和雨雪冰冻等自然灾害及洪涝、滑坡、泥石流等次生灾害导致公路路基、路面、桥涵及其他交通设施严重受损，以恢复原用功能为主的重建性工程项目。具体项目补助标准按地方申请数与重建项目工程造价的 50% 孰低原则核定。

五、客运站场

（1）综合客运枢纽。东部地区一体化衔接项目补助 4000 万元/个，非一体化衔接项目补助 2500 万元/个；中部地区一体化衔接项目补助 4500 万元/个，非一体化衔接项目补助 3000 万元/个；西部地区一体化衔接项目补助 5000 万元/个，非一体化衔接项目补助 3500 万元/个。

（2）普通客运站。东部地区：地级客运站（一级 1500 万元/个，二级 800 万元/个）；县级客运站（二级及以上 600 万元/个，三级 400 万元/个）。中部地区：地级客运站（一级 2000 万元/个，二级 1000 万元/个）；县级客运站（二级及以上 800 万元/个，三级 500 万元/个）。西部地区：地级客运站（一级 2500 万元/个，二级 1200 万元/个）；县级客运站（二级及以上 1000 万元/个，三级 600 万元/个）。

六、货运枢纽（物流园区）

东部地区多式联运型补助 5000 万元/个，通用集散型补助 2500 万元/个；中部地区多式联运型补助 6000 万元/个，通用集散型补助 3000 万元/个；西部地区多式联运型补助 7000 万元/个，通用集散型补助 3500 万元/个。

七、信息化项目

西藏项目按项目投资的100%进行补助；部省共同推进区域性试点示范项目按项目投资的30%进行补助；新疆、青海项目按项目总投资的50%进行补助，且单个项目的补助投资不超过3000万元；西部其他省份项目按项目总投资的40%进行补助，且单个项目的补助投资不超过4000万元；东中部省份项目按项目总投资的30%进行补助，且单个项目的补助投资不超过5000万元。

八、内河水运建设

（1）航道。长江干线航道按总投资的100%进行补助；东部地区高等级航道按工程费用的70%进行补助，其他航道按工程费用的45%进行补助；中部地区高等级航道按工程费用的75%进行补助，其他航道按工程费用的55%进行补助；西部地区高等级航道按工程费用的80%进行补助，其他航道按工程费用的70%进行补助。

（2）航电枢纽。东部和中部地区按工程费用的20%与项目资本金的50%取低值进行补助；西部地区按工程费用的30%与项目资本金的50%取低值进行补助。

（3）通航设施。东部和中部地区按工程费用的40%与项目资本金的50%取低值进行补助；西部地区按工程费用的60%与项目资本金的50%取低值进行补助。

九、港口集疏运公路

东部地区不收费一级公路补助560万元/千米，收费二级公路补助280万元/千米；中部地区不收费一级公路补助700万元/千米，收费二级公路补助350万元/千米；西部地区不收费一级公路补助840万元/千米，收费二级公路补助420万元/千米；东部、中部、西部地区，收费一级公路均按不收费一级公路补助标准和项目资本金两项取低值进行补助。

十、港口集疏运铁路

东部地区双线等级补助800万元/千米，单线补助500万元/千米；中部地区双线等级补助 1000 万元/千米，单线补助 650 万元/千米；西部地区双线等级补助 1200 万元/千米，单线补助 800 万元/千米。赣州市执行西部地区标准，即双线等级补助 1200 万元/千米，单线补助 800 万元/千米。

十一、靠港船舶使用岸电项目

沿海和内河港口岸电设备设施建设和船舶受电设备设施改造项目，按照核定的项目设施设备投资额予以一次性奖励，2016 年、2017 年和 2018 年完成的项目分别补助核定投资额的 60%、50% 和 40%。

十二、农村公路

（1）窄路基路面公路加宽项目：西藏、新疆南疆四地州按 22 万元/千米标准进行补助；其他连片特困地区、国家级贫困县、"老少边"县按 13 万元/千米标准进行补助；东部一般地区按 8 万元/千米标准进行补助；中部一般地区按 10 万元/千米标准进行补助；西部一般地区按 12 万元/千米标准进行补助。

（2）扶贫地区资源路旅游路产业路建设项目：西藏、新疆南疆四地州按 200 万元/千米标准进行补助；其他连片特困地区、国家级贫困县、"老少边"县按 160 万元/千米标准进行补助，且与工程造价的 70% 取低值补助。

十三、安保工程、危桥（隧）改造、灾害防治工程

赣州市应执行西部地区标准，安全生命防护工程按照国道、村道 8 万元/千米，省道、县乡道 6 万/千米标准进行补助，而赣州市目前均按 7 万元/千米标准享受补助；危桥改造项目重建按 3200 元/平方米享受补助，而赣州市实际享受的补助为县道中小桥、乡村道中桥 2000 元/平方米、乡村道小桥 1500 元/平方米，与文件要求存在差距，其他连片特困地区、国家级贫困县、"老少边"县享受标准更高：安全生命防护工程国道为 12 万元/千米，省道、县乡道 7 万元/千米，村道 10 万元/千米；危桥改造重建项目按 3800 元/平方米标准进行。灾害防治项目西部地区补助标准为 35 万元/千米，其他连片特困地区、国家级贫困县、"老少边"县补助标准为 40 万元/千米，而江西省未下达过该类项目计划，故赣州市未享受灾害防治项目补助政策。

十四、乡镇公路客运站

东部、中部、西部地区乡镇客运站分别按 30 万元/个、40 万元/个、50 万元/个标准进行补助；纳入扶贫规划范围的贫困地区按 60 万元/个标准进行补助。

十五、普通国省干线公路服务区

（1）东部地区。新建服务区补助 100 万元/个，新建停车区补助 35 万元/个，改造服务设施补助 20 万元/个。

（2）中部地区。新建服务区补助 125 万元/个，新建停车区补助 40 万元/个，改造服务设施补助 20 万元/个。

（3）西部地区。新建服务区补助 150 万元/个，新建停车区补助 45 万元/个，改造服务设施补助 20 万元/个。

第三节　赣南苏区交通运输项目政策
——以安远县为例

一、比照边疆地区，道路补贴政策力度稍显不足

由表 12-2 可知，赣州市高速公路只按静态总投资的 30%进行补助，而新疆南疆四地州按项目建安费的 70%进行补助补助，西藏按项目总投资的 100%补助。此外，国道和省道建设补助也不足。赣州市国道执行一级公路 1200 万元/千米，二级千米 600 万元/千米政策，而新疆南疆四地州按项目总投资的 70%进行补助，西藏按项目总投资的 100%进行补助。

表 12-2　赣州市交通基础设施建设享受政策与有关地区对比情况

地区项目	赣州市	新疆南疆四地州	西藏
高速公路	按静态总投资的 30%进行补助	按项目建安费的 70%进行补助	按项目总投资的 100%进行补助

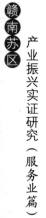

地区项目	赣州市	新疆南疆四地州	西藏
国道	一级公路补助 1200 万元/千米,二级千米补助 600 万元/千米	按项目总投资的70%进行补助	按项目总投资的 100%进行补助
省道	按江西省标准执行,一级、二级公路均补助 420 万元/千米	按普通国道标准执行(即按项目总投资的70%进行补助)	按普通国道标准执行(即按项目总投资 100%进行补助)
窄路基路面公路加宽项目	13 万元/千米	22 万元/千米	22 万元/千米
扶贫地区资源路、旅游路、产业路建设项目	县道参照 160 万元/千米标准进行,资源路、旅游路、产业路未享受政策	200 万元/千米	200 万元/千米
安保工程	平均7万元/千米	国道 16 万元/千米;省、县乡道 10 万元/千米;村道 14 万元/千米	国道 16 万元/千米;省、县乡道 10 万元/千米;村道 14 万元/千米
危桥改造(重建)	县道、中桥 2000 元/平方米,乡村道、小桥 1500 元/平方米	5500 元/平方米	5500 元/平方米
灾害防治	未享受补助政策	50 万元/千米	50 万元/千米
隧道隐患改造	5 类隧道 16000 元/延米;4 类隧道 2500 元/延米;安全及机电设施 2100 元/延米	5 类隧道 22000 元/延米;4 类隧道 3600 元/延米;安全及机电设施 3000 元/延米	5 类隧道 22000 元/延米;4 类隧道 3600 元/延米;安全及机电设施 3000 元/延米

二、比照边疆地区,道路辅助工程支持政策不足

由表 12-2 可知,比照边疆地区,赣州市道路辅助工程支持政策不足,主要

表现在：

（1）在窄路基路面公路加宽项目中，赣州市享受 13 万元/千米的政策支持，而新疆南疆四地州和西藏享受 22 万元/千米的政策支持。

（2）在扶贫地区资源路、旅游路、产业路建设项目中，赣州市县道参照 160 万元/千米标准，其他资源路、旅游路、产业路未享受政策，而新疆南疆四地州和西藏享受 200 万元/千米的政策支持。

（3）在安保工程方面，赣州市享受均 7 万元/千米的政策支持，而新疆南疆四地州和西藏享受国道 16 万元/千米，省、县乡道 10 万元/千米，村道 14 万元/千米的政策支持，其政策支持远高于赣州市。

（4）在危桥改造项目中，赣州市享受县道、中桥 2000 元/平方米，乡村道、小桥 1500 元/平方米的政策支持。然而，新疆南疆四地州和西藏享受 5500 元/平方米的政策支持。

（5）在灾害防治方面，南疆四地州和西藏享受 50 万元/千米的政策支持，但赣州市未享受该政策。

（6）在隧道隐患改造方面，赣南苏区享受 5 类隧道补贴 16000 元/延米，4 类隧道补贴 2500 元/延米，安全及机电设施补贴 2100 元/延米政策支持。然而，新疆南疆四地州和西藏享受 5 类隧道补贴 22000 元/延米；4 类隧道补贴 3600 元/延米；安全及机电设施补贴 3000 元/延米政策支持。

第四节　国家层面支持赣州市交通运输事业建议

一、对口支援延长至 2028 年，加大对口支援的扶持力度

2012 年以来，国家安排赣州市民生和社会事业项目要求地方配套 20%，大部分资金由县级财政承担。赣州市地方资金压力大，脱贫"摘帽"任务艰巨。为此，恳请国家交通运输部增加对赣州市安远县对口支援切块资金，用于解决县级配套缺口资金，补齐"四好农村路"建设"短板"。

二、参照西藏等地区特殊政策提高赣州市公路建设补助标准

赣州市地形以山地、丘陵为主，公路建设成本高，且为革命老区，经济落

后，财力有限，交通基础设施欠账多，按照现有补助政策，完善交通基础设施，地方配套资金压力巨大，难以承担。为此，恳请财政部、交通运输部参照西藏等地区特殊政策提高赣州市公路建设补助标准，并对赣州市出台特殊扶持政策。

三、支持赣州市高速铁路项目建设，将其纳入国家中长期铁路网规划

目前，赣州市的交通条件还相对落后，铁路网还不完善，还有 7 个县未通铁路，并且严重滞后于周边地市，迫切需要加快铁路项目建设。为此，恳请国家发改委、交通运输部、中铁总支持赣州市高速铁路项目建设，将其纳入国家中长期铁路网规划。

四、支持赣州市高速公路扩容改造工程建设

赣州市高速公路繁忙路段通行能力差，部分项目急需进行扩容改造。为此，恳请国家交通运输部支持赣州市高速公路扩容改造工程建设，安排车购税补助，并在"十三五"规划中期调整时将项目纳入国家高速公路网规划。

五、参照西藏等地区特殊政策提高赣州市补助标准

目前，赣州市普通国省干线公路总体技术等级偏低，通行能力严重不足，重要路段长期通行不畅；农村公路普遍存在技术等级低、通行能力不足的问题，严重制约农村经济社会发展和农民脱贫致富步伐。为此，恳请交通运输部支持赣州加快普通公路建设改造，追加赣州市国省道升级改造、县道升级改造建设规模，并新增资源路、旅游路、产业路建设项目和灾害防治项目建设计划，同时参照西藏等地区特殊政策提高赣州市补助标准。

第十三章
赣南苏区深化医药卫生体制改革
——以于都县为例

第一节　于都县医药卫生事业基本情况

近年来，于都县通过开展全方位、动真格的医改工作，群众看病就医负担明显减轻，获得感大幅提升，实现了六个下降：医院药占比由改革前的 41.9% 降至 26.1%，门诊次均费用由 262 元降至 182 元，住院次均费用由 6286 元降至 5176 元，患者自付比例由 48.5% 降至 29.6%，外转率由 25.2% 降至 11.2%，平均住院天数由 11.2 天降为 7.3 天。

一、加大政府投入，履行政府办医责任

（1）强化投入保障。于都县财政每年以不低于 20% 的增幅投入卫生事业经费，其中每年安排 5000 万元公立医院改革发展基金，用于学科建设、人才培养以及各种补偿。对 4 家县级公立医院按编制数予以每人 1.2 万元/年工资补助，乡镇卫生院职工养老保险单位缴纳部分由财政保障。安排预算 14 亿元用于人民医院、妇保院建设和第二人民医院整体搬迁；投入 1 亿元对全县 27 所乡镇卫生院进行全面升级改造；安排预算 8000 万元在全县规划建设 316 个产权公有制村级卫生计生服务室，近 4 年各级财政总投入达 18 亿元。

（2）强化兜底保障。全面实施健康扶贫工程，在江西省和赣州市"四道保障线"的基础上，于都县出资 3000 万元设"暖心工程"救助基金，形成了健康扶贫"五道保障线"，贫困人口住院费用自付比例不超过 10%。另外，为全县所有 60 周岁以上户籍人口购买了商业补充保险；建立全民健康一卡通，实行出院"一站式"即时结算服务。

（3）强化队伍保障。改革人事编制制度，县级公立医院直接签约二本以上（含二本）医学类毕业生；明确副高七级及以上岗位不受岗位职数限制，实行"即评即聘"。重新核定县级医院编制数，实行编制备案制动态化管理，5 年时间分 3 次增编 962 个。

二、成立医管会，理顺医院管理机制

（1）成立县长任主任的医管会，负责医改决策部署、重大项目实施、院长选聘与考核、医院绩效考核。同时，下设医管办负责日常工作，每月召开 1～2 次专题会议，及时协调改革过程中遇到问题。

（2）建立总会计师制度，实现医院精细化管理。遴选了 4 名总会计师，派驻 4 个医共体，代表政府出资人对医院运行情况进行监督分析，定期上报宁都县医管会。

（3）建立院长年薪制，实现薪酬阳光化。院长年薪由宁都县财政全额保障，由基本年薪和绩效年薪构成。基本年薪随县行政事业单位职工薪酬的调整而调整；绩效年薪上限为三级医院每人 25 万元/年；二甲医院每人 22 万元/年；二乙医院每人 20 万元/年，实际发放金额依据医改考核结果确定。

三、组建医共体，深入推进分级诊疗

（1）组建医共体，按"1+3"模式组建了 4 个医共体（"1"指县人民医院直属医共体，"3"指县人民医院为总牵头，其他 3 家县级医院牵头的二级医共体）。实行医保资金按人头总额预付，年底结算、超支合理分担，结余按县、乡、村 5：4：1 的比例奖励。

（2）改革医保支付和监管方式，实行按人头付费、按床日付费和按病种付费的支付制度，由宁都县医保部门派驻专业人员入驻 4 个医共体成立医保资金结算中心，专项负责医保资金的监管结算。实行医保智能控费审核系统，监督过度用药、重复检查等行为。

（3）创新分级诊疗制度，通过调整报账比例促进群众基层首诊、有序就医，对自行到县外就医的在原报账比例上降低 20 个百分点，县内自行跨级就医的降低 10 个百分点。筹资 1.05 亿元恢复执行基层卫生院门诊统筹。

四、实行药品限价采购，形成三医联动机制

（1）取消药品加成，明确药占比例，县级医院不得超过 30%，乡镇卫生院不得超过 38%。

（2）实施药品联合限价采购，借鉴"三明联盟"，结合江西省平台，按照低价准入的原则，形成于都县药品联合限价采购目录，要求全县所有医疗机构按目录在平台上采购所需药品。公开遴选了 3~5 家配送企业进行集中配送，严格实行两票制。目录内药品最高降幅达到 100% 以上，最小降幅 10%，平均降幅为 40% 左右（挤掉药价水分 5307.9 万元）。

（3）调整医疗服务价格。按照"总量控制、结构调整、有升有降、小步快走、逐步到位"的原则，先期调整 20% 共 1059 项，其中提高服务价格 1007 项（累计提高 1596.5 万元），并全部纳入医保报销范畴。

第二节　于都县医药卫生事业发展存在的问题

一、医疗资源总量不足

于都县每千人口拥有病床 3.03 张（全国 5.11 张，江西省 4.33 张），每千人口卫生技术人员数 3.17 人（全国 5.72 人，江西省 4.62 人），每千人口拥有执业（助理）医师 1.2 人（全国 2.21 人，江西省 1.68 人），多项指标低于全国、江西省平均水平，医药卫生事业发展的基础稍显薄弱。

二、人才学科建设比较滞后

由于县级财力有限，医务人员待遇偏低，工作任务繁重，于都县不同程度地存在临床专业人员队伍不稳、素质不高、高尖精人才缺乏等卫生专业技术人才"引进难、留不住"问题，而高端人才的匮乏直接导致技术水平不高，其中神经外科、心血管内科、肿瘤科、烧伤科等学科建设滞后，学术和学科带头人缺乏，技术水平提高缓慢，受卫生服务能力薄弱的制约，群众患重大疾病不得不转诊省、市大医院就医，增加了就医负担。

三、医疗卫生信息化程度不高

医疗卫生信息系统未全部实现互联互通，检验结果各医疗机构互不认可，群众在转院转诊时重复多次检查，增加了经济负担，另外，由于尖端医用设备的缺少和专业技术人才的缺乏，部分罹患重病须临床医学影像诊断的群众，不得已外转至县外甚至省外治疗，加重了群众看病就医负担，给分级诊疗的实施带来困难。

四、药品采购供应机制不畅

于都县借鉴三明市经验，将三明市药品目录与江西省平台、于都县 4 家县级医院集中议价药品价格进行比对，按照低价准入原则，形成了于都县药品联合限价采购目录，同时搭建了于都县药品联合限价采购平台，实施药品联合限价采购。在平台运行期间，同时入围江西省和三明平台的生产企业担心影响其入围省标价格，加入于都县药品采购体量有限，不愿意按三明市价格供应于都县。

五、医保、农保系统和药品目录尚未并轨

于都县实施药品联合限价采购后，全县医疗机构统一使用《于都县药品联合限价采购目录》，一个品种的药品最多只有两种规格，医生只能在限价采购目录范围选择药品。由于目前医保、农保系统和药品目录尚未并轨，容易出现部分药品无法报销的问题。

第三节　推进于都县医药卫生事业发展的对策

一、支持于都县在全国健康扶贫示范县、暖心工程项目实施县上先行先试

用 3 年时间将于都县因病致（返）贫率下降 50% 以上，县外转诊率降低至

10%以下，贫困群众就医费用自付比例降低至5%以下。在于都县开展"一免三助"计划、基层医疗装备联心助医计划、锐珂贫困地区基层医生培训润土计划、万名贫困乡村医生资助计划等项目。

二、加大健康产业的支持力度

一是帮助于都县加快健康产业园建设。在建设资金、企业落户等方面给予扶持，组织和引进国内外大型药品、医疗器械设备、卫生计生保健产品等企业集团入驻于都县，支持地方经济发展，增强造血功能。二是支持于都县医疗卫生基础设施建设。于都县 2014 年启动了于都县人民医院（新区）建设，2015年启动了于都县妇保院（新区）和于都县第二人民医院整体搬迁项目，2016 年启动精神病专科和传染病防治专科医院，预计各类项目资金需求 20 亿元，资金缺口 15 亿元。

三、加快医疗卫生信息化建设

一是于都县计划在现有北大医疗共同体远程会诊项目的基础上，将全县所有县直医院、乡镇卫生院、部分村（社区）卫生计生服务室全部纳入北大医疗服务共同体，打造县、乡、村一体化服务平台，通过开展远程会诊、远程手术示教、远程预约挂号、远程病历讨论、远程继续教育等方式，提升基层医疗服务能力。二是于都县计划实施基层医疗信息系统支撑与信息安全集成改造工程，构建一个覆盖县、乡、村，实现医疗服务、公共卫生、计划生育、医疗保障、药品供应、综合管理等信息互联互通的综合性卫生计生信息支撑系统，提升服务能力，方便群众就医。恳请予以指导和帮助，并加大资金、技术、人才支持力度。

四、加快人才培养和学科建设

一是协调中国医科大学对口支援于都县，采取以"组团式"的方式，派出专家、医疗骨干和护理人员赴于都县各帮扶医院实施点对点、一对一、手把手的现场手术示教。二是继续支持于都县全科医生培养、"5+3"住院医师规范化培训、定向医学生培养等人才培养项目。三是继续将于都县纳入西部卫生人才培养项目范围，把每年培养批次提升至 2 次，分批次到北京大学人民医院、北京大学第三医院、四川大学华西医院、中南大学湘雅医院和西安交通大学医学院第一附属医院等医院进修培训。四是支持于都县级医院建设 3~5 个省级、市级重点学科，帮扶于都县人民医院重点建设神经外科、心血管内科、肿瘤科、烧伤科、核医学、皮肤性病学等专科；帮扶于都县中医院重点建设急诊科、妇产科、肛肠科、骨伤科、针灸康复科等专科；帮扶于都县妇幼保健院重点建设妇科、产科、儿科、NICU、儿保科、儿童康复科、小儿外科；帮扶于都县第二人民医院重点建设产科、骨科、急诊科等专科。

五、进一步理顺药品采购供应及报销目录整合

由江西省卫生健康委员会对相关生产企业进行约谈，要求其按照三明药品价格将药品及时供应给于都县遴选的药品配送企业，并对不按规定价格供应药品的生产企业予以处罚；尽快整合医保、农保系统和药品报销目录，扩大可报药品范畴，减轻群众看病就医负担。

参考文献

[1] 陈富生，朱国平. 赣州市物流业发展的现状、问题及其对策研究 [J]. 科技信息：科学教研，2007（34）：145-146.

[2] 陈建军，陈国亮，黄洁. 新经济地理学视角下的生产性服务业集聚及其影响因素研究——来自中国 222 个城市的经验证据 [J]. 管理世界，2009 （4）：83-95.

[3] 陈敏，张小玲，吴亚婷，刘柏阳. 赣州区域物流人才培养研究 [J]. 现代商业，2018（34）：51-52.

[4] 陈小兵. 赣南教育事业迎来发展"春天" [J]. 江西教育，2012 （12）：24.

[5] 陈小兵，雷杰能. 强硬件建设，提学校品质，促均衡发展——访赣州市教育局局长余炜 [J]. 江西教育，2016（28）：22-23.

[6] 陈燕，幸菲菲. 成果丰硕　前景可期——2018 年赣州市现代物流产业发展工作报告解读 [N]. 赣南日报，2019-03-15（008）.

[7] 程大中. 中国服务业增长的特点、原因及影响——鲍莫尔—富克斯假说及其经验研究 [J]. 中国社会科学，2004（2）：18-32.

[8] 程中华，李廉水，刘军. 生产性服务业集聚对工业效率提升的空间外溢效应 [J]. 科学学研究，2017，35（3）：364-371+378.

[9] 崇义上犹大余成立旅游联盟　将打造"赣州西部绿海" [J]. 老区建设，2014（11）：6.

[10] 丁宁. 中国商贸服务业空间布局优化研究 [J]. 创新，2018（4）：49-52.

[11] 丁媛媛. 现代物流业转型升级的对策研究 [D]. 赣州：江西理工大学硕士学位论文，2015.

[12] 甘心怡. 赣州商业大调查：市场存量超 151.07 万平方米章江新区商圈力扛城市商业发展——百万人口撑腰　华中地级市商业发展几何？ [EB/OL]. [2019-05-09]. http：//news. winshang. com/html1065/7494. html.

[13] 赣州市商务局. 第三批赣州市电子商务示范基地、示范企业名单公示 [EB/OL]. [2019-05-05]. http：//swj. ganzhou. gov. cn/n3088/n3096/c194532/

content. html.

［14］赣州市商务局. 第一批赣州市电子商务示范基地、示范企业名单公示［EB/OL］.［2019-05-05］. http：//swj. ganzhou. gov. cn/n3088/n3096/c194533/content. html.

［15］郭金妹，张建荣，邬金萍. 江西省赣州市农村留守儿童教育发展和改革对策探讨［J］. 科技广场，2015（11）：246-250.

［16］胡日旺. 实行错位发展 打造龙头景区［N］. 赣南日报，2018-09-08（003）.

［17］黄平芳. 以"三个融合"引领赣州红色旅游转型升级［N］. 赣南日报，2018-10-14（003）.

［18］江贝，冯训阳. 电子商务环境下赣州市物流业的发展策略研究［J］. 中国商论，2018（3）：12-13.

［19］江西兴国工业园区网. 大力创新项目服务方式 不断提升项目服务水平［EB/OL］.［2010-10-13］. http：//www. jxgydc. com/eips_content-85-1676. html.

［20］江西兴国工业园区网. 兴国工业园创建最优发展环境实施方案［EB/OL］.［2010-11-20］. http：//www. jxgydc. com/eips_content-85-1677. html.

［21］江西招商局. 江西省瑞金综合商贸物流园项目［EB/OL］.［2015-10-30］. http：//www. zgsxzs. com/view-1557211. html.

［22］江小涓. 高度联通社会中的资源重组与服务业增长［J］. 经济研究，2017，52（3）：4-17.

［23］江小涓，李辉. 服务业与中国经济：相关性和加快增长的潜力［J］. 经济研究，2004（1）：4-15.

［24］来有为，陈红娜. 以扩大开放提高我国服务业发展质量和国际竞争力［J］. 管理世界，2017（5）：17-27.

［25］兰丽英. 赣州现代物流业发展现状研究［J］. 现代经济信息，2017（23）：503.

［26］冷新生. 奋力谱写赣州旅游振兴发展新篇章［N］. 江西日报，2014-02-26（A02）.

［27］李江帆，毕斗斗. 国外生产服务业研究述评［J］. 外国经济与管理，2004，26（11）：16-19，25.

［28］李江帆，曾国军. 中国第三产业内部结构升级趋势分析［J］. 中国工业经济，2003（3）：34-39.

［29］李平，付一夫，张艳芳. 生产性服务业能成为中国经济高质量增长新

动能吗［J］. 中国工业经济, 2017（12）：5-21.

［30］李祝玲. 江西省服务贸易发展的现状与对策［J］. 武汉金融, 2008（10）：67-68.

［31］林远洲, 彭小亮. 赣州改革开放 40 年社会经济发展成就与经验总结［J］. 中国市场, 2019（23）：21-23.

［32］刘瑞珍, 常欣峰, 赵真涵. 浅谈跨景区、跨区域精品旅游线路的建设——以赣州为例［J］. 经济研究导刊, 2014（34）：229-230.

［33］刘奕, 夏杰长, 李垚. 生产性服务业集聚与制造业升级［J］. 中国工业经济, 2017（7）：24-42.

［34］陆澜清. 2018 年对外贸易行业现状及发展趋势分析, 服务进出口占比进一步提高［N/OL］. 前瞻产业研究院, 2018-02-09/2019-06-04.

［35］罗光旺, 王达全. 对江西赣州构建现代物流体系的思考［J］. 商场现代化, 2005（29）：113-114.

［36］罗沪京. 奋力打造全国著名红色旅游目的地［N］. 赣南日报, 2018-03-23（006）.

［37］毛飘洋, 陈鹏. 兴国 7 个重点项目集中开工　总投资 45 亿元［EB/OL］.［2019-04-22］. https：//www. thepaper. cn/newsDetail_forward_3329919.

［38］凝心聚力建设革命老区高质量发展示范区［N］. 赣南日报, 2019-07-12（001）.

［39］潘斌林, 谢风, 胡福兴. CPTED 在乡村旅游规划中的应用价值及应用现状研究——以赣州市宁都小布镇为例［J］. 旅游纵览（下半月）, 2019（3）：39+41.

［40］邱俊霖. 赣州市南康区："三个一系列"服务用工促就业［J］. 中国就业, 2019（7）：35.

［41］邱仁斌, 胡榕, 温居林. 保持战略定力 推进工业三年再翻番——访赣州市工信局局长肖东.［N/OL］.［2019-03-08］. http：//www. newskj. com/news/system/2019/03/18/030033572. shtml.

［42］全南县人民政府. 全南电子商务产业园及孵化基地项目简介［EB/OL］.［2015-06-03］. http：//www. quannan. gov. cn/html/zsxm/20150603/1247. html.

［43］阙师鹏, 李陈波, 张修志, 贾扬蕾. 赣粤闽湘边界区域物流中心建设研究［J］. 江西理工大学学报, 2018, 39（2）：57-61.

［44］瑞金市政府信息公开栏. 瑞金市情况介绍［EB/OL］.［2015-07-20］. http：//xxgk. ruijin. gov. cn/bmgkxx/swjmj/gkxx/bjzfbmjs/201507/t20150720_

223139. htm.

　　[45] 沙乐. 港口物流业与临港核心产业生态协同研究 [D]. 赣州：江西理工大学硕士学位论文，2017.

　　[46] 舒畅. 产业扶贫的困境及对策分析——基于赣州市扶贫产业的调查 [J]. 边疆经济与文化，2019（6）：33-34.

　　[47] 陶长琪，昌亚波. 江西省信息服务业发展的必然性与可能性 [J]. 企业经济，2002（11）：183-184.

　　[48] 投资赣州. 商务部召开 2018 年商务工作及运行情况新闻发布会 [EB/OL].［2019-02-14］. https：//mp. weixin. qq. com/s/0-d9NkDTguw1fh_CfGQ8cQ.

　　[49] 涂家福. 五个发力决胜三年再翻番——访兴国县委副书记、县长陈黎 [N/OL].［2019-04-08］. http：//jxgz. jxnews. con. cn/system/2019/04/08/017450359. shtml.

　　[50] 王凤国. 我国教育服务业的现状浅析 [J]. 中国市场，2009（9）：30-31.

　　[51] 王小聪，卢敏，曾晓锋. 通识教育视阈下公选课教学质量体系优化研究——以赣州市高职高专院校为例 [J]. 牡丹江教育学院学报，2018（2）：27-30.

　　[52] 温金英，刘勇. 义务教育均衡发展视野下城乡教师资源配置问题研究——以赣州市义务教育资源配置为例 [J]. 山西青年（下半月），2013（2）：174-175.

　　[53] 吴钧. 教育服务业：孕育着市场化、国际化机遇 [J]. 教育发展研究，2007（21）：76-79.

　　[54] 吴强. 提升赣州红色旅游的顾客感知价值 [N]. 赣南日报，2018-11-04（003）.

　　[55] 吴荣康. 打好阳明文化牌　推动赣州旅游发展 [N]. 赣南日报，2017-07-23（003）.

　　[56] 吴晓慧. 借鉴深圳经验　推进赣州旅游产业提质发展 [N]. 赣南日报，2019-03-10（003）.

　　[57] 肖福荣，李良霄. "旅游+" 视角下赣州市全域旅游发展路径探析 [J]. 旅游纵览（下半月），2018，283（11）：94-95.

　　[58] 肖忠优，温德华. 赣州现代物流业的现状与对策 [J]. 江苏商论，2007（14）：136-137.

　　[59] 谢世金. 改革开放 40 年赣州教育事业发展步入良性轨道 [N/OL].［2019-01-05］. http：//jxgz. jxnews. com. cn/system/2019/01/15/017324261.

shtml.

[60] 兴国县人民政府. 政府工作报告（2018 年 2 月 6 日在兴国县第十八届人民代表大会第三次会议上）[EB/OL]. [2018-03-10]. http：//www. xingguo. gov. cn/xxgk/jcxx/zfgzbg/201804/t20180402_473536. html.

[61] 许世建. 赣南原中央苏区职业教育发展：现状与期待 [J]. 职业技术教育, 2013, 34（24）：69-73.

[62] 于斌斌. 生产性服务业集聚能提高制造业生产率吗？——基于行业、地区和城市异质性视角的分析 [J]. 南开经济研究, 2017（2）：112-132.

[63] 于军. 推动江西省标准信息服务事业的新发展 [J]. 质量探索, 2006（9）：20-21.

[64] 曾攀. 江西省农业信息化建设现状及可行性对策研究 [D]. 南昌：江西农业大学硕士学位论文, 2017.

[65] 曾艳. 2018 年度赣州市推进现代服务业发展扫描 [N/OL]. [2019-01-07]. http：//jxgz. jxnews. con. cn/system/2019/01/07/017309676. shtml.

[66] 张少华, 于军胜, 张兆芹, 付彰. 纽约生产服务业的发展经验及启示 [J]. 现代商贸工业, 2019, 40（26）：51-52.

[67] 钟韵, 阎小培. 我国生产性服务业与经济发展关系研究 [J]. 人文地理, 2003, 18（5）：46-51.

[68] 周江林. 对我国发展教育服务业的思考和建议 [J]. 教育发展研究, 2006（20）：55-58.

[69] 朱新莲. 浅谈赣州旅游资源开发中存在的问题 [J]. 旅游纵览（下半月）, 2013（2）：120.

参考文献